财务管理学

主　编　肖超栏
副主编　李　珂　余海涛
参　编　李淑婧　许晓璐　贾舒凡

北京理工大学出版社
BEIJING INSTITUTE OF TECHNOLOGY PRESS

内 容 简 介

财务管理学是财经类专业的核心课程,本书在理论与实践结合的基础上,系统阐述了财务管理过程中的筹资管理、投资管理、营运资金管理和收益分配管理等问题。本书设计了二维码等数字资源,帮助学生理解晦涩的财务管理知识及公式推导。每章配有学习目标、例题和习题,辅助学生掌握和巩固所学知识。本书可作为应用型本科院校财经类专业学生的学习教材,也可作为财经类专业教师的授课参考用书,同时,也可供致力于企业财务管理的业界人士参考。

版权专有 侵权必究

图书在版编目(CIP)数据

财务管理学 / 肖超栏主编. —北京:北京理工大学出版社,2020.9(2023.8重印)
ISBN 978-7-5682-9040-1

Ⅰ. ①财… Ⅱ. ①肖… Ⅲ. ①财务管理-高等学校-教材 Ⅳ. ①F275

中国版本图书馆 CIP 数据核字(2020)第 173818 号

出版发行 / 北京理工大学出版社有限责任公司
社　　址 / 北京市海淀区中关村南大街 5 号
邮　　编 / 100081
电　　话 / (010) 68914775(总编室)
　　　　　 (010) 82562903(教材售后服务热线)
　　　　　 (010) 68944723(其他图书服务热线)
网　　址 / http://www.bitpress.com.cn
经　　销 / 全国各地新华书店
印　　刷 / 涿州市新华印刷有限公司
开　　本 / 787 毫米×1092 毫米　1/16
印　　张 / 17　　　　　　　　　　　　　　　　　责任编辑 / 王俊洁
字　　数 / 393 千字　　　　　　　　　　　　　　文案编辑 / 王俊洁
版　　次 / 2020 年 9 月第 1 版　2023 年 8 月第 3 次印刷　责任校对 / 刘亚男
定　　价 / 49.80 元　　　　　　　　　　　　　　责任印制 / 李志强

图书出现印装质量问题,请拨打售后服务热线,本社负责调换

前　言

　　财务管理学作为财经类专业的一门核心课程，应用广泛，兼具较强的理论性与实用性。随着社会经济的迅速发展，对于企业而言，外部环境变化迅速，市场竞争也日趋激烈，财务管理人员既要熟练掌握传统财务管理的基本理念与方法，也要掌握国内外前沿的财务管理理论与方法，以有效而实用的理论指导实践，并在实践中不断创新，以优化资源配置、提高资金使用效率、有效规避风险。对于个人而言，不断升级的消费方式、不断涌现的理财产品、不断丰富的投资方式，都需要个人通过基本的财务管理知识去选择和运用。

　　财务管理学以公式模型多、计算量大为特点，是一门较难学习的课程。尤其是对应用型本科高校学生来说，如何轻松理解财务管理理论、掌握财务管理知识是一个难题。鉴于此，编者结合应用型本科高校学生的特点、自己的教学经验及国内外优秀教材和最新的财务管理成果编写了本书。本书在结构上以财务管理活动的筹资、投资、营运、分配为主线，阐述了各部分涉及的财务管理问题，并将理论与实务结合、理论与例题结合，将公式的详细推导、知识的链接、延展阅读以及较易混淆的知识点以二维码的形式呈现，方便学生全面学习和总结。除此之外，每章都有精选配套的习题供学生练习和巩固所学知识。除财务管理专业的老师和学生外，本书也可供从事财务管理的业界人士参考。

　　本书共九章，第一章为财务管理总论，阐述了财务管理的概念及实质，梳理了财务管理的目标，并在此基础上明确了财务管理的原则，分析了财务管理的重要环境；第二章为价值衡量，阐述了财务管理最基本、最核心的时间价值观念与风险价值观念，并延伸出证券评价；第三章为财务分析，主要介绍了常见的财务报表比率分析法与综合分析法；第四章为长期筹资管理，介绍了不同类型的长期筹资的方式与特点；第五章为资本结构决策，阐述了资本结构的基本理论与决策方法；第六章为项目投资管理，介绍了项目投资现金流量、评价指标和投资决策；第七章为营运资金管理，介绍了现金、应收账款、存货和流动负债短期投资策略及短期筹资方式；第八章为利润分配管理，阐述了股利分配的主要理论及股利分配的主要政策与方式；第九章为预算管理，阐述了预算的编制、程序、执行与考核。

　　本书由肖超栏担任主编，负责总体框架及内容的设计与定稿，由李珂、余海涛担任副主编，由李淑婧、许晓璐、贾舒凡参编。具体编写分工如下：第一章、第九章由贾舒凡执笔，第二章由李淑婧执笔，第三章由许晓璐执笔，第四章、第六章、第七章由肖超栏、余海涛执笔，第五章、第八章由李珂执笔。本书配有二维码数字资源，读者可以扫描使用，同时，本书也有配套课件、习题答案等相关教学资源，教师可下载使用。

  本书在编写过程中进行了多次讨论研究，但由于编者水平有限，书中难免存在不当与疏漏之处，恳请读者及时提出批评和建议，以便我们修订完善。

编 者
2020 年 6 月

第一章 财务管理总论 ……………………………………………………… (1)
　第一节 财务管理概述 …………………………………………………… (1)
　　一、财务管理的概念和特点 …………………………………………… (1)
　　二、财务管理的内容 …………………………………………………… (2)
　　三、企业财务关系 ……………………………………………………… (4)
　第二节 财务管理的目标与相关者利益协调 …………………………… (5)
　　一、财务管理的目标 …………………………………………………… (5)
　　二、相关者利益冲突与协调 …………………………………………… (9)
　　三、企业的社会责任 …………………………………………………… (11)
　第三节 财务管理的环节与原则 ………………………………………… (12)
　　一、财务管理的环节 …………………………………………………… (12)
　　二、财务管理的原则 …………………………………………………… (14)
　第四节 财务管理的环境 ………………………………………………… (15)
　　一、社会文化环境 ……………………………………………………… (15)
　　二、技术环境 …………………………………………………………… (15)
　　三、经济环境 …………………………………………………………… (16)
　　四、金融环境 …………………………………………………………… (17)
　　五、法律环境 …………………………………………………………… (21)
　习题 ………………………………………………………………………… (23)

第二章 价值衡量 …………………………………………………………… (26)
　第一节 资金时间价值衡量 ……………………………………………… (26)
　　一、资金时间价值的含义 ……………………………………………… (26)
　　二、资金时间价值的实质 ……………………………………………… (26)

三、资金时间价值的计量 ································· (27)
　第二节　资金风险价值衡量 ······································ (37)
　　一、风险的含义与分类 ······································· (37)
　　二、资金风险价值的含义 ···································· (38)
　　三、单项投资风险价值的计量 ······························· (39)
　　四、证券投资组合风险价值的衡量 ·························· (42)
　　五、资本资产定价模型 ······································· (44)
　第三节　价值与风险观念应用——证券评价 ···················· (46)
　　一、债券价值评价 ·· (46)
　　二、股票价值评价 ·· (48)
　习题 ·· (49)

第三章　财务分析 ·· (53)
　第一节　财务分析概述 ··· (53)
　　一、财务分析的含义及作用 ·································· (53)
　　二、财务分析的主要资料 ···································· (54)
　　三、财务分析的目的 ··· (64)
　　四、财务分析的方法 ··· (64)
　　五、财务分析的局限性 ······································ (66)
　第二节　财务能力分析 ··· (67)
　　一、偿债能力分析 ·· (67)
　　二、盈利能力分析 ·· (71)
　　三、营运能力分析 ·· (73)
　　四、发展能力分析 ·· (77)
　第三节　财务综合分析 ··· (78)
　　一、杜邦分析法 ··· (78)
　　二、沃尔评分法 ··· (80)
　习题 ·· (81)

第四章　长期筹资管理 ··· (84)
　第一节　长期筹资概述 ··· (84)
　　一、长期筹资的概念与企业筹资的动机 ···················· (84)
　　二、长期筹资的分类 ··· (86)
　　三、长期筹资的渠道与方式 ································· (86)
　　四、筹资管理的原则 ··· (88)
　　五、资金需要量的预测方法 ································· (88)
　第二节　权益筹资 ·· (92)

一、吸收直接投资 ··· (92)
　　二、发行股票 ··· (95)
　　三、利用留存收益 ·· (100)
　第三节　负债筹资 ··· (101)
　　一、长期借款 ·· (101)
　　二、发行公司债券 ·· (104)
　　三、融资租赁 ·· (107)
　习题 ·· (110)

第五章　资本结构决策 ·· (113)
　第一节　资本结构概述 ··· (113)
　　一、资本结构的概念 ··· (113)
　　二、资本结构理论 ·· (113)
　　三、影响资本结构的因素 ··· (115)
　第二节　资本成本 ··· (116)
　　一、资本成本的概念和作用 ·· (116)
　　二、资本成本的影响因素 ··· (117)
　　三、个别资本成本的计算 ··· (118)
　　四、平均资本成本的计算 ··· (121)
　第三节　杠杆效应 ··· (122)
　　一、经营杠杆效应 ·· (123)
　　二、财务杠杆效应 ·· (125)
　　三、总杠杆效应 ··· (127)
　第四节　资本结构决策 ··· (128)
　　一、平均资本成本比较法 ··· (129)
　　二、每股收益分析法 ··· (129)
　　三、公司价值分析法 ··· (132)
　习题 ·· (133)

第六章　项目投资管理 ·· (139)
　第一节　投资管理概述 ··· (139)
　　一、投资的含义 ··· (139)
　　二、企业投资的分类 ··· (139)
　　三、企业投资的意义 ··· (141)
　　四、投资管理的程序 ··· (142)
　第二节　投资项目的现金流量分析 ·· (143)
　　一、现金流量的含义 ··· (143)

二、投资项目现金流量相关假设 …………………………………… (143)
　　三、投资项目的现金流量分析 …………………………………… (144)
第三节　投资项目的评价指标计算 …………………………………… (148)
　　一、净现值 ……………………………………………………… (148)
　　二、现值指数 …………………………………………………… (150)
　　三、内含报酬率 ………………………………………………… (151)
　　四、回收期 ……………………………………………………… (153)
　　五、评价指标之间的比较分析 …………………………………… (156)
第四节　项目投资决策 ………………………………………………… (158)
　　一、新建项目投资决策 …………………………………………… (158)
　　二、固定资产更新决策 …………………………………………… (158)
习题 ……………………………………………………………………… (162)

第七章　营运资金管理 (170)

第一节　营运资金管理概述 …………………………………………… (170)
　　一、营运资金的概念及特点 ……………………………………… (170)
　　二、营运资金的管理原则 ………………………………………… (172)
第二节　现金管理 ……………………………………………………… (173)
　　一、持有现金的动机 ……………………………………………… (173)
　　二、持有现金的成本 ……………………………………………… (174)
　　三、现金持有量决策 ……………………………………………… (175)
　　四、现金的日常管理 ……………………………………………… (178)
第三节　应收账款管理 ………………………………………………… (179)
　　一、应收账款的功能 ……………………………………………… (179)
　　二、应收账款的成本 ……………………………………………… (180)
　　三、信用政策 …………………………………………………… (181)
　　四、应收账款的日常管理 ………………………………………… (186)
第四节　存货管理 ……………………………………………………… (187)
　　一、存货管理的目标 ……………………………………………… (188)
　　二、存货的成本 …………………………………………………… (188)
　　三、经济订货批量的确定 ………………………………………… (189)
　　四、存货的日常管理 ……………………………………………… (191)
第五节　流动负债管理 ………………………………………………… (193)
　　一、短期借款 …………………………………………………… (193)
　　二、短期融资券 ………………………………………………… (195)
　　三、商业信用 …………………………………………………… (196)
习题 ……………………………………………………………………… (198)

第八章 利润分配管理 (202)

第一节 利润分配概述 (202)
- 一、利润分配的内容 (202)
- 二、利润分配的原则 (203)
- 三、利润分配的程序 (204)

第二节 股利的种类和发放程序 (205)
- 一、股利的种类 (205)
- 二、股利发放程序 (206)

第三节 股利理论与股利分配政策 (207)
- 一、股利理论 (207)
- 二、股利政策类型 (210)
- 三、影响股利政策的因素 (214)

第四节 股票分割与股票回购 (216)
- 一、股票分割 (216)
- 二、股票回购 (218)

习题 (220)

第九章 预算管理 (223)

第一节 预算管理概述 (223)
- 一、预算的特征与作用 (223)
- 二、预算的分类 (224)
- 三、预算体系 (225)
- 四、预算工作的组织 (226)

第二节 预算的编制方法与程序 (226)
- 一、预算的编制方法 (226)
- 二、预算的编制程序 (230)

第三节 预算编制 (231)
- 一、业务预算的编制 (231)
- 二、专门决策预算的编制 (236)
- 三、财务预算的编制 (236)

第四节 预算的执行与考核 (241)
- 一、预算的执行 (241)
- 二、预算的调整 (241)
- 三、预算的分析与考核 (242)

习题 (243)

附录 财务管理常用系数表 (247)

参考文献 (257)

第一章

财务管理总论

学习目标

（1）了解财务管理的概念、特点、环节、原则，以及企业财务关系。
（2）理解财务管理的内容、相关者利益冲突与协调、财务管理的环境。
（3）掌握财务管理的目标、利息率机制。

第一节　财务管理概述

一、财务管理的概念和特点

（一）财务管理的概念

财务管理是指在一定的整体目标下，关于资产的购置（投资）、资本的融通（筹资）、经营中现金流量（营运资金）以及利润分配的管理。它是企业管理的一个组成部分，也是根据财经法规制度，按照财务管理的原则，组织企业财务活动，处理财务关系的一项经济管理工作。企业的财务活动就是企业再生产过程中的资金运动；财务关系就是由企业的资金运动形成的企业与其他各个经济主体的经济利益关系。

（二）财务管理的特点

1. 涉及面广

首先，就企业内部而言，财务管理活动涉及企业生产、供应、销售等各个环节，企业内部各个部门与资金不发生联系的现象是不存在的，每个部门也都在合理使用资金、减少资金支出、提高资金使用率上接受财务的指导，受到财务管理部门的监督和约束。同时，财务管理部门也为企业生产管理、营销管理、质量管理、人力物资管理等活动提供及时、准确、完整、连续的基础资料。另外，现代企业的财务管理也涉及企业外部的各种关系。在市场经济条件下，企业在市场上进行融资、投资以及收益分配的过程中与各种利益主体发生着千丝万缕的联系，主要包括企业与其股东之间、企业与其债权人之间、企业与政府之间、企业与金融机构之间、企业与其供应商之间、企业与其客户之间、企业与其内部职工之间的关系。

2. 综合性强

现代企业制度下的企业管理是一个由生产管理、营销管理、质量管理、技术管理、设备管理、人事管理、财务管理、物资管理等诸多子系统构成的复杂系统。诚然，其他管理都是从某一个方面并大多采用实物计量的方法，对企业在生产经营活动中的某一个部分进行组织、协调、控制，所产生的管理效果只能对企业生产经营的局部起到制约作用，不可能对整个企业的营运实施管理。财务管理则不同，作为一种价值管理，它包括筹资管理、投资管理、权益分配管理、成本管理等，是一项综合性强的经济管理活动。正因为是价值管理，所以财务管理通过资金的收付及流动的价值形态可以及时全面地反映商品物资运行状况，并通过价值管理形态进行商品管理。也就是说，财务管理渗透在所有的经营活动之中，涉及生产、供应、销售各个环节和人、财、物各个要素，所以抓企业内部管理要以财务管理为突破口，通过价值管理来协调、促进、控制企业的生产经营活动。

3. 灵敏度高

在现代企业制度下，企业是面向市场的独立法人实体和市场竞争主体。企业经营管理的目标是经济效益最大化，这是由现代企业制度要求投入资本实现保值、增值所决定的。企业要想生存，必须能以收抵支、到期偿债；企业要想发展，必须扩大收入。收入增加意味着人、财、物相应增加，都将以资金流动的形式在企业财务上得到全面反映，并对财务指标的完成产生重大影响。因此，财务管理是一切管理的基础，抓好财务管理就是抓住了企业管理的"牛鼻子"，管理也就落到了实处。

二、财务管理的内容

公司的基本活动包括投资、筹资、运营和利润分配四个方面。对于生产企业而言，还需进行有关生产成本的管理与控制。从财务管理角度看，投资可以分为长期投资和短期投资，筹资也可以分为长期筹资和短期筹资。由于短期投资、短期筹资和营运现金流管理有着密切的关系，故通常合并在一起讨论，称为营运资金管理。因此，本书把财务管理的内容分为投资管理、筹资管理、营运资金管理和利润分配管理四个部分。

（一）投资管理

投资是企业生存、发展以及进一步获取利润的基本前提。企业取得资金后，必须将其投入使用，以取得良好的经济效益。在进行投资管理活动时，企业必须考虑投资规模，同时还必须通过投资方向和投资方式的选择来确定合适的投资结构，提高投资效益，降低投资风险。不同的投资项目，对企业价值和财务风险的影响程度不同。企业的投资有对内投资和对外投资之分。对内投资是指企业把筹集到的资金用于本企业的资产上，如购置固定资产、无形资产等；对外投资是指企业把筹集到的资金用于购买股票或债券、出资组建新公司或与其他企业联营等项目，以期在未来获得投资收益的经济行为。如果投资决策不科学、投资结构不合理，那么投资项目往往不能达到预期效益，这会影响企业盈利水平和偿债能力。投资决策的正确与否，直接关系到企业的兴衰成败，因此要科学做好投资管理。

（二）筹资管理

企业要根据其生产经营、发展战略、投资和资本结构等的需要，通过筹资渠道和资本市场，运用筹资方式，依法、经济有效地筹集企业所需资金，进行筹资管理。无论是建立新企业，还是经营现有企业，都需要筹措一定数量的资金。在进行筹资活动时，企业一方面要科学预测筹资的总规模，保证筹集到所需资金；另一方面要通过筹资渠道和筹资方式的选择，确定合理的筹资结构，降低成本，增加公司的利益，控制相关的风险。筹资管理是企业财务管理的一项重要内容。

（三）营运资金管理

企业在日常的生产经营活动中，会发生一系列流动资产和流动负债资金的收付。企业的营运资金在全部资金中占有较大的比重，是企业财务管理的一项重要内容。营运资金管理主要涉及现金持有计划的确定，应收账款的信用标准、信用条件和收款政策的确定，存货周期、存货数量、订货计划的确定，短期借款计划和商业信用筹资计划的确定等。如何节约资金、如何提高资金使用效率、如何进行流动资产的投融资以及如何管理流动负债，都需要企业提前做好规划。

（四）利润分配管理

利润分配管理是对企业利润分配活动及其形成的财务关系的组织与调节，是企业进行销售预测和定价管理，并将一定时期内所创造的经营成果合理地在企业内、外部各利益相关者之间进行有效分配的过程。利润反映的是企业经济利益的来源，而分配反映的是企业经济利益的去向，两者共同构成企业经济利益流动的完整链条。收入的初次分配是对成本费用的弥补，这一过程随着再生产的进行而自然完成，而利润分配则是对收入初次分配的结果进行再分配。根据投资者的意愿和企业生产经营的需要，企业实现的净利润可以作为投资收益分配给投资者，也可以暂时留存在企业中，形成未分配利润，或者作为投资者的追加投资。企业的财务人员要合理确定分配的规模和结构，确保企业取得最大的长期利益。

企业财务管理的上述四部分内容是相互联系、相互制约的。筹资是基础，离开对企业生产经营所需资金的筹措，企业就不能生存与发展，而且公司筹资数量还制约着公司投资的规模。企业筹措的资金只有有效地投放出去，才能实现筹资的目的，并不断增值与发展，而投资反过来又决定了企业需要筹资的规模和时间。投资和筹资的成果都需要依赖资金的营运才能实现，筹资和投资在一定程度上决定了公司日常经营活动的特点和方式，但企业日常活动还需要对营运资金进行合理的管理与控制，努力提高营运资金的使用效率。利润分配影响着筹资、投资和营运资金的各个方面，利润分配的来源是企业上述各方面共同作用的结果，同时又会对上述各方面产生反作用。因此，投资管理、筹资管理、营运资金管理和利润分配管理都是企业创造价值的必要环节，是保障企业健康发展、实现可持续增长的重要内容。

三、企业财务关系

企业财务关系是指企业在组织财务活动过程中与各有关方面发生的经济利益关系。企业的筹资、投资、经营、利润分配等管理活动与企业内部和外部的方方面面都有着广泛的联系。企业的财务关系可概况为以下八个方面：

（一）企业与投资者之间的财务关系

企业与投资者之间的财务关系主要是指企业的投资者向企业投入资金，企业向其投资者支付投资报酬所形成的经济关系，是最根本的财务关系。企业的投资者主要有国家、法人、个人和境外投资者。企业的投资者按照投资合同、协议、章程的约定履行出资义务，而企业利用投资者的出资经营，实现利润后，按照出资比例、合同和章程的约定向投资者分配利润。企业同其所有者之间的财务关系体现着所有权的性质，反映着经营权和所有权的关系。

（二）企业与债权人之间的财务关系

企业与债权人之间的财务关系主要是指企业向债权人借入资金，并按借款合同的规定按时支付利息和归还本金而形成的经济关系。企业除利用自有资金进行经营活动外，还要借入一定数量的资金，以降低企业的资金成本，扩大企业经营规模。企业的债权人主要有债券持有人、贷款机构、商业信用提供者、其他出借资金给企业的单位和个人。企业占用债权人资金后，要按约定的利息率和时间向债权人支付利息；债务到期时，要按时向债权人归还本金。企业与债权人之间的财务关系是体现债权性质的债务与债权关系。

（三）企业与被投资单位之间的财务关系

这主要是指在企业经营规模不断扩大后，企业以购买股票或直接投资的形式向其他企业投资所形成的经济关系。企业向其他单位投资，应按照约定履行出资义务，参与被投资单位的利润分配。企业与被投资单位之间的关系体现的是所有权性质的投资与受资关系。

（四）企业与债务人之间的财务关系

企业与债务人之间的财务关系是指企业将其资金以购买债券、提供借款或商业信用等形式借出给其他单位所形成的经济关系。企业将资金借出后，有权要求其债务人按约定的条件支付利息和归还本金。企业与债务人之间体现的是债权与债务的关系。

（五）企业与往来单位之间的财务关系

企业与往来单位之间的财务关系主要体现在企业与供应商、客户之间由于购买商品、销售产品、提供劳务等发生经济交往所形成的经济关系。该类经济关系主要涉及业务往来中的收支结算，要及时收付款项，以免相互占用资金。企业与往来单位之间的财务关系体现的是购销合同义务关系，在性质上属于债权与债务关系。

(六) 企业内部各单位之间的财务关系

这主要是指企业内部各单位之间在生产经营各环节相互提供产品或劳务所形成的经济关系。在实行内部责任核算制度的条件下,企业供、产、销各部门以及各生产经营单位之间相互提供产品和劳务,要确定内部转移价格,进行计价结算,因而形成了企业内部的资金结算关系。

(七) 企业与员工之间的财务关系

企业与员工之间的财务关系主要是指企业在向职工支付劳动报酬的过程中形成的经济关系。企业要用自身的产品销售收入,向职工支付工资、津贴、奖金等,按照职工提供的劳务数量和质量支付职工的劳动报酬。企业与职工之间的这种财务关系,体现了企业与职工在劳动成果上的分配关系。

(八) 企业与政府之间的财务关系

企业与政府之间的财务关系主要体现为税收法律关系。政府作为社会的管理者,需要相当的财政收入作为保障。因此,企业应根据税法的规定,向政府缴纳各种税款,同时,政府有义务为企业提供必要的社会服务和良好的经营环境。企业与政府之间的财务关系是一种依法纳税和提供基础服务的关系。

第二节 财务管理的目标与相关者利益协调

一、财务管理的目标

财务管理的目标又称理财目标,是指企业进行财务活动所要达到的最终目的。一般而言,企业的目标就是创造财富或价值,企业财务管理的目标就是为实现企业创造财富或价值这一目标服务。鉴于财务活动直接从价值方面反映企业的商品或者服务提供过程,因而财务管理可对企业的价值创造发挥重要作用。企业财务管理的目标有如下几种具有代表性的理论:

(一) 利润最大化

利润最大化就是假定企业财务管理以实现最大利润为目标。以利润最大化作为财务管理的目标,其主要原因有三:一是人类从事生产经营活动的目的是创造更多的剩余产品,在市场经济条件下,剩余产品的多少可以用利润这个指标来衡量;二是在自由竞争的资本市场中,资本的使用权最终属于获利最多的企业;三是只有每个企业都最大限度地创造利润,整个社会的财富才可能实现最大化,从而带来社会的发展和进步。

这种观点认为,利润是衡量企业经营成果的标志,代表了企业新创造的财富。利润越多,说明企业的财富增加得越多,越接近企业的目标。

1. 利润最大化目标的优点

企业要想追求利润最大化,就必须进行经济核算,加强管理,改进技术,提高劳动生产率,降低产品成本。这些措施都有利于企业资源的合理配置,有利于企业整体经济效益的提高。

2. 利润最大化目标的缺点

(1) 没有考虑利润的实现时间和资金的时间价值。

例如,今年 100 万元的利润和 10 年以后同等数量的利润其实际价值是不一样的,10 年间还会有时间价值的增加,而且这一数值会随着贴现率的不同而不同。

(2) 没有考虑风险问题。

不同行业具有不同的风险,同等利润值在不同行业中的意义也不相同。例如,同样投入 500 万元,本年获利 100 万元,一家公司的获利全部转化为现金,另一家公司的获利则全为应收账款,并可能发生坏账损失。如果盲目追求利润最大化,则可能会导致企业规模的无限扩张,带来更大的财务风险。

(3) 没有反映创造的利润与投入资本之间的关系。

例如,项目 A 和项目 B 为企业带来的利润都是 100 万元,但是项目 A 需要投入 1 000 万元,而项目 B 需要投入 1 500 万元。如果不考虑投入资本,企业就无法做出正确判断。因而,利润最大化的观点不能科学地说明企业经济效益水平的高低,不便于不同资本规模的企业之间或同一企业不同时期之间的比较。

(4) 可能导致企业短期财务决策倾向,影响企业长远发展。

由于利润指标通常按年计算,因此,企业决策也往往会服务于年度指标的完成,而忽视产品开发、人才开发、生产安全等方面的发展,结果可能使企业后力枯竭,最终走向"死亡"。

利润最大化的另一种表现方式是每股收益最大化。每股收益是指企业净利润与普通股股数的比率。每股收益最大化的观点认为,应当把企业的利润和股东投入的资本联系起来考察,用每股收益来反映企业的财务目标。这种观点把企业实现的利润额同投入的资本进行对比,能够说明企业的盈利水平,可在不同资本规模的企业或同一企业的不同时期之间进行比较,揭示其盈利水平的差异。因此,可以克服利润最大化目标的局限性。

除了反映企业所创造利润与投入资本之间的关系外,每股收益最大化与利润最大化目标的缺点基本相同。其仍然没有考虑每股收益取得的时间,也没有考虑每股收益的风险,难以避免企业的短期行为。但如果假设风险相同、每股收益时间相同,则每股收益的最大化也是衡量公司业绩的一个重要指标。事实上,许多投资人都把每股收益作为评价公司业绩的重要指标之一。

(二) 股东财富最大化

股东财富最大化的观点认为,股东创办企业、有效经营的目的就是获得更多的财富,因此财务管理的目标是增加股东财富。如果企业不能为股东创造价值,他们就不会为企业提供资本；没有了权益资本，企业也就不复存在了。

对于上市公司，股东财富可以用股东权益的市场价值来衡量。股东财富的增加可以用股东权益的市场价值与股东投资资本的差额来衡量，这称为股东权益的市场增加值。此观点所指的股东财富最大化就是指股东权益的市场增加值而非股东权益的市场价值，因为权益的增加值才是企业为股东创造的价值。

1. 股东财富最大化目标的优点

（1）考虑了资金的时间价值和风险因素。股价反映投资者对公司未来经营成果和经营状况的预期，股价高低体现了投资者对公司价值客观评价的高低。股价受企业利润水平、经营风险、未来发展前景等因素的影响，如果股东对企业未来的经营状况和经营成果抱有良好的预期，则股价上涨；反之，股价下跌。

（2）在一定程度上能避免企业短期行为，因为不仅目前的利润会影响股票价格，预期未来的利润同样会对股价产生重要影响。

（3）对上市公司而言，股东财富最大化目标比较容易量化，便于考核和奖惩。

2. 股东财富最大化目标的缺点

（1）它通常只适用于上市公司，非上市公司难以应用，因为非上市公司无法像上市公司一样随时获得准确的公司股价。

（2）股价受众多因素影响，特别是企业外部的因素，有些还可能是非正常因素。

（3）股价不能完全准确反映企业财务管理状况，如有的上市公司处于破产的边缘，但由于可能存在某些机会，其股票市价可能还会上涨。

（三）企业价值最大化

企业价值最大化是指企业财务管理行为以实现企业的最大价值为目标。企业价值可以理解为企业所有者权益和债权人权益的市场价值，或者是企业所能创造的预计未来现金流量的现值。未来现金流量这一概念，包含了资金的时间价值和风险价值两个方面的因素。因为未来现金流量的预测包含了不确定性和风险因素，而现金流量的现值是以资金的时间价值为基础对现金流量进行折现计算得出的。

企业价值最大化要求企业通过采用最优的财务政策，充分考虑资金的时间价值和风险与报酬的关系，在保证企业长期稳定发展的同时，使企业总价值达到最大。

1. 企业价值最大化目标的优点

（1）考虑了资金的时间价值和风险因素。

投资者在评价企业价值时，会计算未来自由现金流量的现值之和，考虑了资金的时间价值。同时，自由现金流量的估算是按可能实现的概率进行的，考虑了风险因素。该目标有利于统筹安排长短规划、合理选择投资方案、有效筹措资金、合理制定股利政策等。

（2）兼顾了股东以外的其他利益相关者的利益。

企业价值最大化不仅考虑了股东的利益，还考虑了债权人、经理层、一线职工的利益。

(3) 能克服企业在追求利润上的短期行为。

将企业长期、稳定的发展和持续的获利能力放在首位，能克服企业在追求利润上的短期行为，因为不仅过去和目前的利润会影响企业的价值，预期未来利润的多少对企业价值的影响更大。

(4) 有利于社会资源的合理配置。

社会资金通常流向企业价值最大化的企业或行业，淘汰经营不善的企业。因此，该目标有利于实现社会效益最大化。

2. 企业价值最大化目标的缺点

以企业价值最大化作为财务管理的目标过于理论化，不易操作，如自由现金流量和折现率的预计很难，预计的时间越长，误差就越大，因而很难准确估算出企业的价值。对于非上市公司而言，只有对企业进行专门的评估才能确定其价值，而在评估企业的资产时，由于受评估标准和评估方式的影响，很难做到客观和准确。

(四) 相关者利益最大化

在现代企业是多边契约关系总和的前提下，要确立科学的财务管理目标，需要考虑哪些利益关系会对企业发展产生影响。在市场经济中，企业的理财主体更加细化和多元化。股东作为企业所有者，在企业中拥有最高的权力，也承担着最大的义务和风险，但是债权人、员工、企业经营者、客户、供应商和政府也为企业承担着风险。因此，企业的利益相关者不仅包括股东，还包括债权人、企业经营者、客户、供应商、员工、政府等。在确定企业财务管理的目标时，不能忽视这些相关利益群体的利益。

1. 相关者利益最大化目标的具体内容

(1) 强调风险与报酬的均衡，将风险限制在企业可以承受的范围内。

(2) 强调股东的首要地位，并强调企业与股东之间的协调关系。

(3) 强调对代理人即企业经营者的监督和控制，建立有效的激励机制以便企业战略目标能够顺利实施。

(4) 关心本企业普通职工的利益，创造优美和谐的工作环境和提供合理恰当的福利待遇，使职工长期为企业努力工作。

(5) 不断加强企业与债权人的关系，培养可靠的资金供应者。

(6) 关心客户的长期利益，以保持销售收入的长期稳定增长。

(7) 加强企业与供应商的协作，共同面对市场竞争，并注重企业形象的宣传，遵守承诺，讲究信誉。

(8) 保持企业与政府部门的良好关系。

2. 以相关者利益最大化作为财务管理目标的优点

(1) 有利于企业长期稳定发展。这一目标注重企业在发展过程中各利益相关者的利益关系。在追求长期稳定发展的过程中，站在企业的角度上进行投资研究，可以避免只站在股东的角度进行投资可能导致的一系列问题。

（2）体现了合作共赢的价值理念，有利于实现企业经济效益和社会效益的统一。由于兼顾了企业、股东、政府、客户等的利益，企业就不仅仅是一个单纯牟利的组织，还承担了一定的社会责任。

（3）这一目标本身是一个多元化、多层次的目标体系，较好地兼顾了各利益主体的利益，可使企业各利益主体相互作用、相互协调，并在企业利益、股东利益达到最大化的同时，使其他利益相关者的利益达到最大化。

（4）体现了前瞻性和现实性的统一。不同的利益相关者有各自的指标，只要合理合法、互利互惠、相互协调，就可以实现所有相关者利益最大化。

上述四种财务管理的目标，都以股东财富最大化为基础。因为企业是市场经济的主要参与者，企业的创立和发展都必须以股东的投入为基础，离开了股东的投入，企业就不复存在。并且，在企业的日常经营过程中，作为所有者的股东在企业中承担着最大的义务和风险，相应也需享有最高的报酬，即股东财富最大化，否则就难以为市场经济的持续发展提供动力。

当然，在以股东财富最大化为核心和基础的同时，还应该考虑利益相关者的利益。《中华人民共和国公司法》规定，股东权益是剩余权益，只有满足了其他方面的利益之后才会有股东的利益。企业必须缴税、给职工发工资、给顾客提供满意的产品和服务，然后才能获得税后收益。可见，其他利益相关者的要求先于股东被满足，因此这种满足是有限度的。如果对其他利益相关者的要求不加限制，股东的利益就不会有剩余了。除非股东确信投资会带来满意的回报，否则股东不会出资。没有股东财富最大化的目标，利润最大化、企业价值最大化以及相关者利益最大化的目标也就无法实现。因此，在强调公司承担应尽的社会责任的前提下，应当允许企业以股东财富最大化为目标。

财务管理的目标最新观点

二、相关者利益冲突与协调

与企业相关的主要利益相关者有股东、债权人、供应商、客户、员工、政府等，各利益相关者与公司之间既存在共同利益关系，也有冲突。协调相关者的利益冲突要把握的原则是：尽可能使企业相关者的利益分配在数量上和时间上达到动态的协调平衡。而在所有的相关者利益冲突协调中，所有者与经营者、股东与债权人的利益冲突与协调至关重要。

（一）所有者和经营者的利益冲突与协调

在现代企业中，经营者一般不拥有占支配地位的股权，他们只是所有者的代理人。所有者期望经营者代表他们的利益工作，实现所有者财富最大化，而经营者则希望在创造财富的同时，能够获取更多的报酬、更多的享受，并且尽可能地避免风险，二者的目标经常会不一致。

因此，经营者有可能为了自身的利益而背离股东的利益，这种背离主要表现在两个方面：一是道德风险，二是逆向选择。道德风险指的是经营者为了自己的目标，不是尽最大努力去实现企业财务管理的目标。因为股价上涨的好处将归于股东，若股价下跌，营经者的"身份"也将下跌。经营者不做错事，只是不十分卖力，以增加自己的闲暇时间。这种行为只是道德问题，不构成法律问题，股东很难追究他们的责任。逆向选择是指经营者为了自己的目标而背离股东的目标。例如，装修豪华的办公室、购置高档汽车、产生过高的在职消费等，这些行为都损害了股东的利益。

为了协调这两个方面的利益冲突，防止经营者背离自身的目标，股东通常采取以下方式解决：

1. 解聘

这是一种通过所有者约束经营者的办法。所有者对经营者进行监督，如果经营者绩效不佳，就解聘经营者；经营者为了不被解聘，就需要努力工作，为实现财务管理的目标服务。

2. 接收

这是一种通过市场约束经营者的办法。如果经营者决策失效、经营不力、绩效不佳，该企业就可能被其他企业强行接收或吞并，经营者也会被解聘。经营者为了避免这种接收，就必须努力实现财务管理的目标。

3. 激励

激励就是将经营者的报酬与其绩效直接挂钩，使经营者自觉采取能提高所有者财富的措施。激励通常有两种方式：

（1）股票期权。它是允许经营者以预先确定的条件购买本企业一定数量股份的权利，当股票的市场价格高于约定的价格时，经营者就会因此获取收益。经营者为了获得更大的股票涨价益处，就必然主动采取能够提高股价的行动，从而增加所有者的财富。

（2）绩效股。它是企业运用每股收益、资产收益率等指标来评价经营者的绩效，并视其绩效大小给予经营者数量不等的股票作为报酬。如果经营者的绩效未能达到规定目标，经营者将丧失原先持有的部分绩效股。这种方式使经营者不仅为了多得绩效股而不断采取措施提高绩效，而且为了使每股市价最大化，也会采取各种措施使股票市价稳定上升，从而增加所有者的财富。即使由于客观原因股价并未提高，经营者也会因为获取绩效股而获利。

（二）股东和债权人的利益冲突与协调

股东的目标可能与债权人期望实现的目标发生矛盾。股东与债权人的利益冲突表现在两个方面：第一，股东未经债权人同意，要求经营者投资于比债权人预计风险高的项目。这会增大偿债风险，债权人的负债价值也必然会降低，造成债权人风险与收益的不对称。因为高风险的项目一旦成功，额外的利润就会被所有者独享；若失败，债权人却要与所有者共同负担由此造成的损失。第二，未经现有债权人同意，股东举借新债，致使原有债权的价值降低。原有债权价值下降的原因是发行新债后公司负债比率加大，公司破产的可能性增加。如果公司破产，原债权人和新债权人要共同分配破产后的财产，使原有债权的风险增加、价值下降。

为了防止利益被股东损害，债权人可以通过以下方式解决：

1. 限制性借债

债权人通过事先规定借债用途、借债担保和借债信用的方法，使所有者不能通过以上两种方式削弱债权人的债权价值。

2. 收回借款或停止借款

当债权人发现企业有侵蚀其债权价值的意图时，可采取收回债权或不再给予新的借款的措施，从而保护自身权益。

三、企业的社会责任

企业的社会责任是指企业在谋求所有者或股东权益最大化之外所负有的维护和增进社会利益的义务。具体来说，企业的社会责任主要包括以下内容：

（一）对员工的责任

企业除了有向员工支付报酬的法律责任外，还负有为员工提供安全的工作环境、职业教育等保障员工利益的责任。《中华人民共和国公司法》规定，企业对员工承担的社会责任有：①按时足额发放劳动报酬，并根据社会发展水平逐步提高工资水平；②提供安全健康的工作环境，加强劳动保护，实现安全生产，积极预防职业病；③建立公司职工的职业教育和岗位培训制度，不断提高职工的素质和能力；④完善工会、职工董事和职工监事制度，培育良好的企业文化。

（二）对债权人的责任

债权人是企业的重要利益相关者，企业应依据合同的约定以及法律的规定对债权人承担相应的义务，保障债权人的合法权益。这种义务既是公司的民事义务，也可视为公司应承担的社会责任。公司对债权人承担的社会责任主要有：①按照法律、法规和公司章程的规定，真实、准确、完整、及时地披露公司信息；②诚实守信，不滥用公司人格；③主动偿债，不无故拖欠；④确保交易安全，切实履行合法订立的合同。

（三）对消费者的责任

公司价值的实现，在很大程度上取决于消费者的选择，因而企业理应重视对消费者承担的社会责任。企业对消费者承担的社会责任主要有：①确保产品质量，保障消费安全；②诚实守信，保障消费者的知情权；③提供完善的售后服务，及时为消费者排忧解难。

（四）对社会公益的责任

企业对社会公益的责任主要涉及慈善、社区等，企业对慈善事业的社会责任是指承担扶贫济困和发展慈善事业的责任，表现为企业对不确定的社会群体（尤其指弱势群体）进行帮助。捐赠是最主要的表现形式，受捐赠的对象主要有社会福利院、医疗服务机构、教育事业、贫困地区、特殊困难人群等。此外，还包括招聘残疾人、生活困难的人、缺乏就业竞争力的人到企业工作，以及举办与公司营业范围有关的各种公益性的社会教育宣传活动等。

(五) 对环境和资源的责任

企业对环境和资源的社会责任可以概括为两大方面：一是承担可持续发展与节约资源的责任；二是承担保护环境和维护自然和谐的责任。

此外，企业还有义务和责任遵从政府的管理、接受政府的监督。企业要在政府的指引下合法经营、自觉履行法律规定的义务，同时尽可能地为政府献计献策、分担社会压力、支持政府的各项事业。

一般而言，一个利润或投资报酬率处于较低水平的公司，在激烈竞争的环境下，是难以承担额外增加其成本的社会责任的；而对于那些利润超常的公司，它们可以适当地承担而且有的也确已承担一定的社会责任。因为对利润超常的公司来说，适当地从事一些社会公益活动有助于提高公司的知名度，促进其业务活动的开展，进而使股价升高。但不管怎样，任何企业都无法长期单独地负担因承担社会责任而增加的成本。过分地强调社会责任而使企业价值减少，就可能导致整个社会资金运用的次优化，从而使社会经济发展步伐减缓。事实上，企业的大多数社会责任都必须通过立法以强制的方式让每一个企业平均负担。然而，企业是社会的经济细胞，理应关注并自觉改善自身的生态环境，重视履行对员工、消费者、环境、社区等利益相关方的责任，重视其生产行为可能对未来环境的影响，特别是在员工健康与安全、废弃物处理、污染等方面，应尽早采取相应的措施，减少企业在这些方面可能会遭遇的各种困扰，从而使企业可持续发展。

第三节 财务管理的环节与原则

一、财务管理的环节

财务管理的环节是企业财务管理的工作步骤与一般工作程序。一般而言，企业财务管理包括以下几个环节。

(一) 计划与预算

1. 财务预测

财务预测是根据企业财务活动的历史资料，考虑现实的要求和条件，对企业未来的财务活动做出较为具体的预计和测算的过程。财务预测可以测算各项生产经营方案的经济效益，为决策者提供可靠的依据；可以预计财务收支的发展变化情况，以确定经营目标；可以测算各项定额和标准，为编制计划、分解计划指标服务。

财务预测的方法主要有定性预测法和定量预测法两类。定性预测法主要是利用直观材料，依靠个人的主观判断和综合分析能力对企业未来的状况和趋势进行预测的一种方法；定量预测法主要是根据变量之间存在的数量关系建立数学模型来进行预测的方法。

2. 财务计划

财务计划是企业根据整体战略目标和规划，结合财务预测的结果，对财务活动进行规划，并以指标的形式落实到每一项计划中。财务计划主要通过指标和表格，以货币的形式反映在一定的计划期内企业生产经营活动所需要的资金及其来源、财务收入和支出、财务成果及其分配的情况。

确定财务计划指标的方法一般有平衡法、因素法、比例法和定额法等。

3. 财务预算

财务预算是根据财务战略、财务计划和各种预测信息，确定预算期内各种预算指标的过程。它是财务战略的具体化，也是财务计划的分解和落实。

财务预算的编制方法通常包括固定预算与弹性预算、增量预算与零基预算、定期预算与滚动预算等。

（二）决策与控制

1. 财务决策

财务决策是指按照财务战略目标的总体要求，利用专门的方法对各种备选方案进行比较和分析，从中选出最佳方案的过程。财务决策是财务管理的核心，决策的成功与否直接关系到企业的兴衰成败。

财务决策的方法主要有两类：一类是经验判断法，就是根据决策者的经验来判断，常用的方法有淘汰法、排队法、归类法等；另一类是定量分析法，常用的方法有优选对比法、数学微分法、线性规划法、概率决策法等。

2. 财务控制

财务控制是指利用有关信息和特定手段，对企业的财务活动施加影响或调节，以便实现计划所规定的财务目标的过程。

财务控制的方法包括前馈控制、过程控制、反馈控制。财务控制措施一般包括预算控制、运营分析控制和绩效考评控制等。

（三）分析与考核

1. 财务分析

财务分析是指根据企业财务报表等信息资料，采用专门的方法，系统分析和评价企业财务状况、经营成果以及未来趋势的过程。

财务分析的方法通常有比较分析法、比率分析法和因素分析法等。

2. 财务考核

财务考核是指将报告期实际完成数与规定的考核指标进行对比，确定有关责任单位和个人任务完成情况的过程。财务考核与奖惩紧密联系，是贯彻责任制原则的要求，也是构建激励与约束机制的关键环节。

财务考核的形式多种多样，可以用绝对指标、相对指标、完成百分比考核，也可采用多种财务指标进行综合评价考核。

二、财务管理的原则

(一) 风险与收益权衡原则

风险与收益权衡原则是指风险和收益之间存在一个权衡关系。投资人必须对收益和风险进行权衡,为追求较高的收益而承担较大风险,或者为减少风险而接受较低的报酬。所谓权衡,是指高收益的投资机会必然伴随巨大的风险,风险小的投资机会必然只有较低的收益。

人们普遍倾向于高报酬低风险,但现实中人们通常不可能在承担低风险的同时获取高报酬。即使有人最先发现了这样的机会并率先行动,别人也会迅速跟进,竞争会使报酬率降低至与风险相当的水平。因此,现实的市场中只有高风险同时高报酬和低风险同时低报酬的投资机会。市场上虽然既有偏好高风险、高收益的投资者,也有偏好低风险、低收益的投资者,但他们都要求风险与报酬对等,不会去冒没有价值的风险。

(二) 资本市场有效原则

资本市场是指证券买卖的市场。资本市场有效原则,是指在资本市场上频繁交易的金融资产的市场价格反映了所有可获得的信息,而且面对新信息完全能迅速进行调整。

资本市场有效原则要求企业管理人重视市场对企业的股价。资本市场既是企业的一面镜子,又是企业行为的矫正器。股价可以综合反映公司的业绩,弄虚作假、人为改变会计方法对企业价值的提高毫无用处。一些公司把不少精力和智慧放在报告信息的粉饰上,企图用财务报表给使用人制造假象,这在有效市场中是无济于事的。当市场对公司的评价降低时,应分析公司的行为是否出现了偏差并设法改进,而不应设法欺骗市场。妄图欺骗市场的人,终将被市场抛弃。

市场有效性原则要求企业管理人慎重使用金融工具投资,实业公司的管理者责任应是管理好自己的公司,利用竞争优势在产品或服务市场上赚取净利润。因此,实业公司的管理者只有很少的时间和精力研究金融市场,属于金融产品的"业余投资者",他们不太可能拥有关于股价的特别信息,仅靠公开信息很难从金融投机中获得超额收益。此外,实业公司在资本市场上的角色主要是筹资者,而非投资者,即使从事利率、外汇等期货交易,目的也应当是套期保值,锁定其价格,降低金融风险,而非指望通过金融投机获利。

(三) 净增收益原则

净增收益原则是指财务决策要建立在净增收益的基础上,一项决策的价值取决于它和替代方案相比所增加的净收益。

一项决策的优劣,是与其他可替代方案(包括维持现状而不采取行动)相比较而言的。如果一个方案的净收益大于替代方案,那么它是一个比替代方案好的决策,其价值是增加的净收益。在财务决策中,净收益通常用现金流量计量,一个方案的净收益是指该方案现金流入减去现金流出的差额,也称为现金流量净额。

净增收益原则的应用之一是差额分析法,也就是在分析投资方案时只分析它们有区别的部分,而省略其相同的部分。

净增收益原则的另一个应用是沉没成本概念。沉没成本是指已经发生、不会被以后的决策改变的成本。沉没成本与将要采纳的决策无关,因此,在分析决策方案时,应将其排除。

(四) 资金的时间价值原则

资金的时间价值,是指资金在经过一定时间的投资和再投资后增加的价值。资金投入市场后其数额会随着时间的延续而不断增加,这是一种普遍的客观经济现象。因此,在进行财务计量时要考虑资金的时间价值因素。资金的时间价值主要有两个方面的应用:

1. 现值概念

由于现在的1元钱比将来的1元钱经济价值大,所以不同时间的资金价值不能直接相加,而需要折现,即把不同时间的资金价值折算到同一时点,然后再进行比较。在财务估值中,广泛应用现值的概念。

2. 早收晚付观念

对于不附带利息的货币收支,与其晚收,不如早收,与其早付,不如晚付。资金在自己手里可以立即用于投资、消费、支付而不用等待,因此,早收晚付在经济上是有利的。

第四节 财务管理的环境

财务管理的环境是指对企业财务活动和财务管理产生影响的企业内外各种条件的统称。环境构成了企业财务活动的客观条件,企业财务活动是在一定的环境下进行的,必然受到环境的影响。而财务管理的环境涉及的范围很广,如政治和经济形势、经济法规的完善程度、企业面临的市场状况、企业的生产条件等。本节主要讨论企业几种重要的环境,包括社会文化环境、技术环境、经济环境、金融环境、法律环境等。

一、社会文化环境

社会文化环境是指人们在特定的社会环境中形成的习俗观念、价值观念、行为准则、教育程度,以及人们对经济和财务的传统看法等。

社会文化环境包括教育、科学、文学、艺术、新闻出版、广播电视、卫生体育、世界观、习俗,以及同社会制度相适应的权利义务观念、道德观念、组织纪律观念、价值观念和劳动态度等。与人类社会的生产活动不同,社会文化构成了人类的精神活动,作为人类的一项社会活动,社会文化的各个方面必然会对企业的财务活动产生影响。

二、技术环境

财务管理的技术环境,是指财务管理得以实现的技术手段和技术条件,决定着财务管理的效率和效果。目前,我国进行财务管理所依据的会计信息是会计系统提供的,占企业经济信息总量的60%~70%。在企业内部,会计信息主要提供给管理层决策使用;而在企业外部,会计信息则主要是为企业的投资者、债权人等提供服务。

目前，我国正全面推进会计信息化工作，全力打造会计信息化人才队伍，基本实现大型企事业单位会计信息化与经营管理信息化的融合，进一步提升企事业单位的管理水平和风险防范能力，做到资源共享，便于不同信息使用者获取、分析和利用，进行投资和相关决策；基本实现大型会计师事务所采用信息化手段对客户的财务报告和内部控制进行审计，进一步提升社会审计质量和效率；基本实现政府会计管理和会计监督的信息化，进一步提升政府的会计管理水平和监管效率。全面推进会计信息化工作，会使我国的会计信息化达到或接近世界先进水平。我国企业会计信息化的全面推进，必将促使企业财务管理的技术环境进一步完善和优化。

三、经济环境

在影响财务管理的各种外部环境中，经济环境是最为重要的。

经济环境的内容十分广泛，包括经济体制、经济周期、经济发展水平、宏观经济政策及通货膨胀水平等。

（一）经济体制

在计划经济体制下，国家统筹企业资本、统一投资、统负盈亏，企业利润统一上缴，亏损全部由国家补贴，企业虽然是一个独立的核算单位，但无独立的理财权利力，财务管理活动的内容比较单一，财务管理的方法比较简单。

在市场经济体制下，企业成为自主经营、自负盈亏的经济实体，有独立的经营权，同时也有独立的理财权。企业可以从其自身需要出发，合理确定资本需要量，然后到市场上筹集资本，再把筹集到的资本投放到高效益的项目上获取更大的收益，最后将收益根据需要进行分配，保证企业的财务活动自始至终根据自身条件和外部环境做出各种财务管理决策并组织实施。因此，财务管理活动的内容比较丰富，方法也复杂多样。

（二）经济周期

在市场经济条件下，经济发展与运行具有一定的波动性，大体上经历复苏、繁荣、衰退和萧条四个阶段的循环，这种循环称为经济周期。在经济周期的不同阶段，企业应采用不同的财务管理战略。西方财务学者探讨了经济周期中不同阶段的财务管理战略，现将其要点归纳如表1-1所示。

表1-1 经济周期中不同阶段的财务管理战略

阶段	复苏	繁荣	衰退	萧条
财务管理战略	增加厂房设备	扩充厂房设备	停止扩张	建立投资标准
	实行长期租赁	继续建立存货	出售多余设备	保持市场份额
	建立存货储备	提高产品价格	停产不利产品	压缩管理费用
	开发新产品	开展营销规划	停止长期采购	放弃次要利益
	增加劳动力	增加劳动力	削减存货	削减存货
	—	—	停止扩招雇员	裁减雇员

（三）经济发展水平

财务管理的水平和经济发展水平密切相关，经济发展水平越高，财务管理水平也越高。财务管理水平的提高，将推动企业降低成本、改进效率、提高效益，从而促进经济发展水平的提高；而经济发展水平的提高，将改变企业的财务战略、财务理念、财务管理模式和财务管理的方法手段，从而促进企业财务管理水平的提高。财务管理应当以经济发展水平为基础，以宏观经济发展目标为导向，从业务工作角度保证企业经营目标和经营战略的实现。

（四）宏观经济政策

不同的宏观经济政策，对企业财务管理的影响不同。金融政策中的货币发行量、信贷规模会影响企业投资的资金来源和投资的预期收益；财税政策会影响企业的资金结构和投资项目的选择等；价格政策会影响资金的投向、投资的回收期及预期收益；会计制度的改革会影响会计要素的确认和计量，进而对企业财务活动的事前预测、决策及事后的评价产生影响等。

（五）通货膨胀水平

通货膨胀对企业财务活动的影响是多方面的，主要表现在五个方面：

（1）引起资金占用的大量增加，从而增加企业的资金需求。
（2）引起企业利润虚增，造成企业资金由于利润分配而流失。
（3）引起利率上升，加大企业筹资成本。
（4）引起有价证券价格下降，增加企业的筹资难度。
（5）引起资金供应紧张，增加企业的筹资难度。

为了减轻通货膨胀对企业造成的不利影响，企业应当采取措施予以防范。在通货膨胀初期，货币面临着贬值的风险，这时企业进行投资可以避免风险，实现资本保值；与客户应签订长期的购货合同，以减少物价上涨带来的损失；取得长期负债，保持资金成本的稳定。在通货膨胀持续期，企业可以采用比较严格的信用条件，减少企业债权；调整财务政策，防止和减少企业资本流失等。

四、金融环境

（一）金融市场的含义与构成要素

1. 金融市场的含义

金融市场是指资金融通的场所，它有广义和狭义之分。广义的金融市场泛指一切金融性交易，包括货币借贷、票据承兑和贴现、有价证券的买卖、黄金和外汇的买卖等。狭义的金融市场一般指有价证券的买卖市场。企业资金的取得与投资都与金融市场密不可分，金融市场发挥着金融中介、调节资金余缺的功能。熟悉金融市场的各种类型以及管理规则，可以让企业财务人员有效地组织资金的筹措和资本投资活动。

2. 金融市场与企业财务管理的关系

金融市场是与企业财务管理关系最密切的环境，主要表现在以下三个方面：

（1）金融市场是企业筹资和投资的场所。金融市场上存在多种多样方便灵活的筹资方式，当企业需要资金时，可以到金融市场上选择合适的筹资方式筹集所需的资金，以保证生产经营的顺利进行。而当企业有闲置资金时，企业也可以到金融市场选择灵活的投资方式，为资金的使用寻找出路，如银行存款、投资债券或购买股票等。

（2）企业可以通过金融市场实现资本的灵活转换。通过金融市场中复杂多样的筹资活动，企业可以实现资本在时间长短、空间区域大小、资本数量大小等不同形式上的转换。例如，企业持有的可上市流通债券可以随时转手变现，成为短期资金；远期票据可以通过贴现变为现金；大额可转让定期存单也可以在金融市场卖出，成为短期资金。

（3）金融市场可以为企业财务管理提供有价值的信息。金融市场的利率变动反映了资金的供求状况，有价证券的市价波动反映了投资者对企业的经营状况和盈利水平的客观评价，因此，它们是企业经营和投资、筹资的重要依据。

3. 金融市场的构成要素

金融市场的构成要素主要有以下四个：

1）金融市场主体

金融市场主体是指金融交易活动的参与者，一般有个人、企业法人、金融机构及政府等。

金融机构有银行和非银行金融机构，是连接筹资者和投资者的纽带。我国的银行体系包括中国人民银行、政策性银行和商业银行。中国人民银行是我国的中央银行，主要负责制定货币政策、经营国库业务及相关职能。政策性银行是由政府设立，以贯彻国家产业政策、区域发展政策为目的，不是以营利为目的的金融机构。商业银行是以经营存款、贷款、办理转账结算为主要业务，以营利为主要经营目标的金融企业。非银行金融机构包括保险公司、信托投资公司、证券机构、财务公司、金融租赁公司等。

2）金融市场客体

金融市场客体即金融工具，是金融市场的交易对象。金融工具按发行和流通场所，划分为货币市场证券和资本市场证券。

（1）货币市场证券。货币市场证券属于短期债务，到期期限通常为1年或更短的时间，主要是政府、银行及工商业企业发行的短期信用工具，具有期限短、流动性强和风险小的特点。货币市场证券包括商业本票、银行承兑汇票、短期债券等。

（2）资本市场证券。资本市场证券是公司或政府发行的长期证券，到期期限超过1年，实质上是1年期以上的中长期资本市场证券。资本市场证券包括普通股、优先股、长期公司债券、国债、衍生金融工具等。

3）金融市场的组织形式和管理方式

金融市场的组织形式主要有交易所交易和场外交易两种；交易的方式主要是现货交易、

期货交易、期权交易和信用交易；管理方式主要由上述管理机构和国家法律来管理和规范。

4）金融市场的利息率机制

利息率简称利率，是衡量资金增值量的基本单位，即资金的增值同投入资金的价值之比。从资金流通的借贷关系来看，利率是特定时期运用资金这一资源的交易价格，即资金作为一种特殊商品，其在资金市场上的买卖，是以利率作为价格标准的，资金的融通实质上是资金资源通过利率这个价格体系在市场机制的作用下进行再分配。因此，利率在资金的分配及个人和企业做出财务决策的过程中起着重要作用。

但应该怎么测算特定条件下未来的利率水平呢？这就需要分析利率的构成。一般而言，利率由纯利率、通货膨胀溢价、风险溢价三部分构成。其中，风险溢价又分为违约风险溢价、流动性风险溢价和期限风险溢价。利率的表达式为

$$K = K_0 + IP + DP + LP + MP$$

式中，K 表示利率（名义利率）；K_0 表示纯利率；IP 表示通货膨胀溢价；DP 表示违约风险溢价；LP 表示流动性风险溢价；MP 表示期限风险溢价。

（1）纯利率。纯利率是指无通货膨胀和无风险情况下的社会平均利润率。影响纯利率的主要因素有资金的供求关系、社会的平均利润率和国家的货币政策。通常，在没有通货膨胀时，将短期国库券利率视作纯利率。

（2）通货膨胀溢价。通货膨胀溢价又称通货膨胀补偿，是由于持续的通货膨胀会不断降低货币的实际购买力，为补偿其购买力损失而要求提高的溢价或补偿。所以，无风险证券的利率除纯利率之外，还应加上通货膨胀因素，以补偿通货膨胀所遭受的损失。一般认为，政府发行的短期国库券利率由纯利率和通货膨胀溢价组成。其表达式为

$$短期无风险证券利率 = 纯利率 + 通货膨胀溢价$$

即

$$RF = K_0 + IP$$

上式中计入利率的通货膨胀溢价不是过去实际达到的通货膨胀水平，而是对未来通货膨胀的预期。

（3）违约风险溢价。违约风险是指借款人无法按时支付利息或偿还本金而给投资人带来的风险。违约风险反映了借款人按期支付本金、利息的信用程度。如借款人经常不能按期支付本息，则说明该借款人的违约风险高。为了弥补违约风险，必须提高利率，否则，借款人就无法借到资金，投资人也不会进行投资。国库券由政府发行，可以视为没有违约风险，其利率一般较低。企业债券的违约风险则要根据企业的信用程度来定，企业的信用程度可分为若干等级。等级越高，信用越好，违约风险越小，利率水平越低；信用较差，则违约风险大，利率水平高。一般将国库券与拥有相同到期日、变现力和其他特性的公司债券二者之间的利率差作为违约风险溢价。

（4）流动性风险溢价。流动性是指某项资产迅速转化为现金的可能性。如果一项资产能迅速转化为现金，则说明其变现能力强，流动性好，风险小；反之，则说明其变现能力

弱，流动性不好，风险大。政府债券、知名上市公司的股票与债券由于信用好、变现能力强，因此流动性风险小；而一些不知名的中小企业发行的证券，则流动性风险较大。一般而言，在其他因素均相同的情况下，流动性风险小和流动性风险大的证券利率差介于1%～2%之间，这就是流动性风险溢价。

（5）期限风险溢价。一项负债到期日越长，债权人承受的不确定因素就越多，承担的风险也越大。为弥补这种风险而增加的利率水平就称为期限风险溢价。例如，同时发行的国库券，5年期的利率比3年期的利率高，这与银行存贷款利率原理相同。因此，长期利率一般要高于短期利率，这就是期限风险溢价。当然，在利率剧烈波动的情况下，也会出现短期利率高于长期利率的情况，但这种偶然情况并不影响上述结论。

（二）金融市场的分类

金融市场可以按照不同的标准进行分类，具体如下：

1. 以期限为标准

以期限为标准，金融市场可分为货币市场和资本市场。货币市场又称为短期金融市场，是指以期限在1年以内的金融工具为媒介，进行短期资金融通的市场，包括同业拆借市场、票据市场、大额定期存单市场和短期债券市场等；资本市场又称为长期金融市场，是指以期限在1年以上的金融工具为媒介，进行的长期资金交易活动的市场，包括股票市场、债券市场和融资租赁市场等。

2. 以功能为标准

以功能为标准，金融市场可分为发行市场和流通市场。发行市场又称为一级市场，主要处理金融工具的发行与最初购买者之间的交易，是证券和票据等金融工具的买卖市场。流通市场又称为二级市场，是各种证券发行后在不同投资者之间买卖流通所形成的市场，也称为次级市场。

发行市场和流通市场有密切关系。发行市场是流通市场的基础，没有发行市场，就不会有流通市场；流通市场是发行市场存在和发展的重要条件之一。一个公司的证券在流通市场上的价格决定了该公司在发行市场上新发行证券的价格，因为在发行市场的购买者只愿意向发行公司支付其认为流通市场可接受的价格，因此，与企业理财关系更紧密的是流通市场。本教材所涉及的证券价格，除特别指明外，均指流通市场价格。

3. 以融资对象为标准

以融资对象为标准，金融市场可分为资本市场、外汇市场和黄金市场。资本市场以货币和资本为交易对象，如同业拆借市场、国债市场、企业债券市场、股票市场等。外汇市场以各种外汇金融工具为交易对象；黄金市场则集中进行黄金买卖和金币兑换。

4. 以所交易金融工具的属性为标准

以所交易金融工具的属性为标准，金融市场可分为基础性金融市场和金融衍生品市场。基础性金融市场是指以基础性金融产品为交易对象的金融市场，如商业票据、企业债券、企业股票的交易市场；金融衍生品市场是指以金融衍生品为交易对象的金融市场，如远期、期货、掉期（互换）、期权的交易市场，以及具有远期、期货、掉期（互换）、期权中一种或多种特征的结构化金融工具的交易市场。

5. 以地理范围为标准

以地理范围为标准，金融市场可分为地方性金融市场、全国性金融市场和国际性金融市场。

五、法律环境

1. 法律环境的范畴

法律环境是指企业与外部发生经济关系时应遵守的有关法律、法规和规章（简称法规），主要包括公司法、证券法、金融法、证券交易法、经济合同法、税法、企业财务通则、内部控制基本规范等。市场经济是法制经济，即企业的经济活动总是在一定法律规范内进行的。法律既约束企业的非法经济行为，也为企业从事各种合法经济活动提供保护。

国家相关法律法规按照对财务管理内容的影响情况可以分为如下三类：

（1）影响企业筹资的各种法规主要有《公司法》《证券法》《金融法》《证券交易法》《合同法》等，这些法规可以从不同的方面规范或制约企业的筹资活动。

（2）影响企业投资的各种法规主要有《证券交易法》《公司法》《企业财务通则》等，这些法规从不同的角度规范了企业的投资活动。

（3）影响企业收益分配的各种法规主要有《税法》《公司法》《企业财务通则》等，这些法规从不同的方面规范了企业的收益分配。

2. 企业组织形式

企业组织必须依法设立，企业设立的组织形式不同，其依照的法律规范也不同。一般而言，企业分为独资企业、合伙企业和公司制企业。不同的企业组织形式对财务管理有不同的影响。

1）独资企业

独资企业是由一个自然人投资，全部资产为投资人个人所有，全部债务由投资者个人承担的经营实体。个人独资企业具有创立容易、经营管理灵活自由、不需要缴纳企业所得税等优点。

独资企业的缺点：①对于个人独资企业业主而言，需要对企业债务承担无限责任，当企业的损失超过业主最初对企业的投资时，需要用业主个人的其他财产偿债；②难以从外部获得大量资金用于经营；③个人独资企业所有权的转移比较困难；④企业的生命有限，将随着业主的死亡而自动消亡。

2）合伙企业

合伙企业通常是由两个或两个以上的自然人（有时也包括法人或其他组织）合伙经营的企业，是由各合伙人遵循自愿、平等、公平、诚实信用原则订立合伙协议，共同出资、合伙经营、共享收益、共担风险的营利性组织。合伙企业分为普通合伙企业和有限合伙企业。

（1）普通合伙企业由普通合伙人组成，合伙人对合伙企业的债务承担无限连带责任。依照《合伙企业法》的规定，国有独资公司、国有企业、上市公司以及公益性的事业单位、社会团体不得成为普通合伙人。以专业知识和专门技能为客户提供有偿服务的专业服务机构，可以设立为普通合伙企业。若一个合伙人或者数个合伙人在执业活动中因故意或者重大过失造成合伙企业债务的，则应当承担无限责任或者无限连带责任，其他合伙人以其在合伙企业中的财产份额为限承担责任。若合伙人在执业活动中非因故意或者重大过失造成的合伙企业债务以及合伙企业的其他债务，则由全体合伙人承担无限连带责任。若合伙人在执业活动中因故意或者重大过失造成的合伙企业债务，则以合伙企业财产对外承担责任后，该合伙人应当按照合伙协议的约定对给合伙企业造成的损失承担赔偿责任。

（2）有限合伙企业由普通合伙人和有限合伙人组成，普通合伙人对合伙企业债务承担无限连带责任，有限合伙人以其认缴的出资额为限对合伙企业债务承担责任。有限合伙企业至少应当有一个普通合伙人，由普通合伙人执行合伙事务。有限合伙人不得执行合伙事务，不得对外代表有限合伙企业。有限合伙人的下列行为，不视为执行合伙事务：

①参与决定普通合伙人入伙、退伙；
②对企业的经营管理提出建议；
③参与选择承办有限合伙企业审计业务的会计师事务所；
④获取经审计的有限合伙企业财务会计报告；
⑤对涉及自身利益的情况，查阅有限合伙企业财务会计账簿等财务资料；
⑥当有限合伙企业中的利益受到侵害时，向有责任的合伙人主张权利或者提起诉讼；
⑦执行事务合伙人怠于行使权利时，督促其行使权利或者为了本企业的利益以自己的名义提起诉讼；
⑧依法为本企业提供担保。

若有限合伙人转变为普通合伙人，则对其作为有限合伙人期间有限合伙企业发生的债务承担无限连带责任。若普通合伙人转变为有限合伙人，则对其作为普通合伙人期间合伙企业发生的债务承担无限连带责任。

由于合伙企业与独资企业存在着共同缺陷，所以一些企业尽管在刚成立时以独资或合伙的形式出现，但是在发展到某一阶段后都转换成公司的形式。

3）公司制企业

公司制企业是由两个以上的股东共同出资，每个股东以其认缴的出资额或认购的股份对公司承担有限责任，公司以其全部资产对公司债务承担有限责任的法人企业。公司包括有限责任公司和股份有限公司两种形式。

（1）有限责任公司简称有限公司，是指股东以其认缴的出资额为限对公司承担责任，公司以其全部财产为限对公司的债务承担责任的企业法人。根据《中华人民共和国公司法》可知，有限责任公司必须在公司名称中标明"有限责任公司"或者"有限公司"字样。

（2）股份有限公司简称股份公司，是指其全部资本分为等额股份，股东以其所持股份为限对公司承担责任，公司以其全部财产对公司的债务承担责任的企业法人。

①公司制企业的优点：容易转让所有权，公司的所有者权益被划分为若干股权份额，每个份额可以单独转让；有限债务责任，公司债务是法人的债务，不是所有者的债务，所有者对公司承担的责任以其出资额为限，当公司资产不足以偿还其所欠债务时，股东无须承担连带清偿责任；企业可以无限存续，一个公司在最初的所有者和经营者退出后仍然可以继续存在；融资渠道较多，更容易筹集所需资金。

②公司制企业的缺点：组建公司的成本高，《中华人民共和国公司法》对于设立公司的要求比设立独资或合伙企业复杂，并且需要提交一系列法律文件，花费的时间较长；公司成立后，政府对其监管比较严格，公司需要定期提交各种报告；存在代理问题，所有者和经营者分开以后，所有者成为委托人，经营者成为代理人，代理人可能为了自身利益而伤害委托人的利益；双重课税，公司作为独立的法人，其利润需缴纳企业所得税，在企业利润分配给股东后，股东还需缴纳个人所得税。

在以上三种形式的企业组织中，个人独资企业占企业总数的比重很大，但是绝大部分的商业资金是由公司制企业控制的，因此，财务管理通常把公司理财作为讨论的重点。

3. 法律环境对企业财务管理的影响

法律环境对企业财务管理活动的影响主要体现在国家制定的各项法律法规上。法律环境对企业的影响是多方面的，其影响范围包括企业组织形式、公司治理结构、投融资活动、日常经营、收益分配等。例如，《中华人民共和国公司法》规定，企业可以采用独资、合伙、公司制等企业组织形式。企业组织形式不同，业主（股东）权利责任、企业投融资、收益分配、纳税、信息披露等不同，公司治理结构也不同。例如，税收法律法规对企业财务活动的影响主要表现为影响企业的投融资决策、现金流、利润和利润的分配。因此，企业的财务决策应适应税收政策的导向。再如，财务法律规范是规范企业财务活动、协调企业财务关系的行为准则。目前，我国的企业财务法律规范主要由《企业财务通则》、行业财务制度及企业内部财务制度构成。《企业财务通则》是财务法规体系的基础，规范了在我国境内设立的各类企业进行财务活动必须遵循的基本原则；行业财务制度则是对各类行业在进行财务活动时所必须遵循的原则和一般要求所做的规定；企业内部财务制度是企业自身用来规范其内部财务活动行为、处理内部财务关系的具体规范。

习 题

一、单项选择题

1. 以企业价值最大化作为财务管理目标的优点不包括（　　）。

A. 考虑了资金时间价值和风险因素

B. 兼顾了股东以外的其他利益相关者的利益

C. 能克服企业在追求利润上的短期行为

D. 容易操作

2. 通货膨胀水平较高，不会引起（　　）。

A. 资金占用的大量增加，从而增加企业的资金需求

B. 企业利润虚增，造成企业资金由于利润分配而流失

C. 利率上升，加大企业筹资成本

D. 企业的筹资难度下降

3. 企业向债权人支付利息属于（　　）。

A. 筹资活动　　　　　　　　　　B. 投资活动

C. 收益分配活动　　　　　　　　D. 都不是

4. 下列各项中，不符合企业利润最大化目标缺陷的是（　　）。

A. 没有考虑利润实现时间和资金时间价值

B. 没有考虑风险问题

C. 没有反映创造的利润与投入的资本之间的关系

D. 能够帮助企业规避短期行为

5. 所有者和经营者产生利益冲突的解决方式不包括（　　）。

A. 解聘　　　　　　　　　　　　B. 接收

C. 激励　　　　　　　　　　　　D. 限制性借债

二、多项选择题

1. 利率的构成部分包括（　　）

A. 纯利率　　　　　　　　　　　B. 通货膨胀溢价

C. 风险溢价　　　　　　　　　　D. 企业债券利率

2. 股东通过经营者伤害债权人利益的常用方式是（　　）。

A. 不顾工人的健康和利益

B. 不尽最大努力实现企业财务管理的目标

C. 不经债权人的同意，投资于比债权人预期风险要高的新项目

D. 不征得债权人的同意而发行新债

3. 金融市场与企业财务管理的关系主要表现在（　　）。

A. 金融市场是企业投资和筹资的场所

B. 金融市场可以实现企业长短期资金的转换

C. 金融市场可以为企业财务管理提供相关信息

D. 企业财务管理可以离开金融市场

4. 财务管理应遵循的原则包括（　　）。

A. 权责发生制原则　　　　　　　B. 收益与风险均衡原则

C. 资本市场有效原则　　　　　　D. 资金的时间价值原则

5. 以利润最大化作为财务管理的目标存在（　　）缺陷。

A. 没有考虑利润实现时间和资金时间价值

B. 没有考虑风险问题

C. 没有反映创造的利润与投入的资本之间的关系

D. 可能导致企业短期财务决策倾向，影响企业长远发展

三、判断题

1. 财务管理的环节不包括计划和预测。　　　　　　　　　　　　　（　　）

2. 当通货膨胀水平上升时，企业的筹资难度会下降。　　　　　　　（　　）

3. 企业与政府之间的财务关系是一种依法纳税和提供基础服务的关系。（　　）

4. 法律环境对企业财务管理活动的影响主要体现在国家制定的各项法律法规上。

（　　）

5. 企业的社会责任不包括对环境和资源的责任。　　　　　　　　　（　　）

第二章 价值衡量

> **学习目标**
>
> （1）了解资金时间价值的含义，以及现值、终值、年金等基本概念。
> （2）了解资金风险价值的含义，能够运用资金风险价值的计量方法对企业经济活动中投资项目的风险程度与风险报酬进行计算与分析。
> （3）理解并掌握债券、股票的估值方法。
> （4）掌握资金时间价值的计算原理。

第一节 资金时间价值衡量

一、资金时间价值的含义

资金时间价值又称为货币时间价值，是指资金经过一段时间的投资和再投资所带来的价值差额或增加的价值。

资金时间价值是商品经济社会客观存在的一种经济现象，即现在的1元和一年后的1元的经济价值不相等或经济效用不同。现在的1元比一年后的1元的经济价值要大，原因是资金的使用者把资金投入生产经营以后，劳动者凭借其生产出的新产品创造出新的价值，实现了价值的增值。资金周转的时间越长，周转的次数越多，实现的价值增值也就越大。

二、资金时间价值的实质

西方经济学者认为资金时间价值主要取决于流动偏好、消费倾向和边际效用等心理因素。西方经济学者对资金时间价值持有的理论观点主要有时间利息论、流动偏好论与节欲论，这些观点只解释了资金时间价值的表面现象，没有揭示其经济实质。

马克思真正揭示了资金时间价值的实质。他认为，把货币贮藏起来是不会带来价值的增值的，只有把货币当作资本投入生产和流通后才能带来增值。可见，资金时间价值来源于生产和流通。不仅如此，马克思还进一步指出资金时间价值有两种表现形式：一是绝对数，是资金在生产经营中带来的价值的增值额，即一定数额的资金与时间价值率的乘积；二是相对数，是在没有通货膨胀和风险条件下的社会平均利润率。

三、资金时间价值的计量

（一）一次性收付款项终值和现值的计算

一次性收付款项是指在某一特定时点上一次性支付或收取，经过一段时间后再相应地一次性收取或支付的款项。终值又称为将来值，即现在一定量现金在未来某一时点上的价值，俗称本利和。现值又称为本金，是未来某一时点上的一定量现金折合到现在的价值。例如，某人年初存入银行 100 元，年利率为 10%，该笔存款年末取出时为 110 元，这就属于一次性收付款项。一年后的本利和 110 元即终值，一年后的 110 元折合到现在的价值是 100 元，即现值。

1. 单利终值和现值的计算

单利是指只对本金计息，所生利息不加入本金计息的一种计息方式。单利终值的一般计算公式为

$$F = P + Pin = P(1 + in)$$

式中，P 为现值，即 0 年（第一年年初）的价值；F 为终值，即第 n 年年末的价值；i 为利率；n 为计息期数。

【例 2-1】李先生将 1 000 元现金存入银行，单利计息，年利率为 3%，请问 3 年后能得到多少本利和？

解：3 年后能得到的本利和为

$$F = 1\ 000 \times (1 + 3\% \times 3) = 1\ 090(元)$$

单利现值的计算与单利终值的计算是互逆的，由终值求现值称为贴现。单利现值的一般计算公式为

$$P = F/(1 + in)$$

【例 2-2】李先生打算现在存入银行一笔钱，以便 5 年后能够一次性地从银行取出 50 000 元。假设银行采用单利计息，年利率为 5%，请问现在需要存入多少钱？

解：现在需要存入的钱为

$$P = 50\ 000/(1 + 5\% \times 5) = 40\ 000(元)$$

2. 复利终值和现值的计算

复利是指不仅对本金计息，所生利息也要加入本金一起计息的一种计息方式。复利的终值是一定量的本金按复利计算若干期后的本利和。复利终值的一般计算公式为

$$F = P(1 + i)^n$$

式中，P 为现值，即 0 年（第一年年初）的价值；F 为终值，即第 n 年年末的价值；i 为利率；n 为计息期数。

【例 2-3】王先生在银行存入 5 年期定期存款 20 000 元，年利率为 7%，5 年后的本利和为多少？

解：5 年后的本利和为

$$F = 20\,000 \times (1 + 7\%)^5 = 20\,000 \times (F/P, 7\%, 5) = 20\,000 \times 1.402\,6 = 28\,052(元)$$

复利现值是复利终值的逆运算，是今后某一特定时点收到或付出的一笔款项，是按折现率所计算的现在时点价值。其计算公式为

$$P = F(1 + i)^{-n}$$

上列公式中的 $(1 + i)^n$ 和 $(1 + i)^{-n}$ 分别为复利终值系数和复利现值系数，分别用符号表示为 $(F/P, i, n)$ 和 $(P/F, i, n)$，其数值可以通过查阅复利终值系数表和复利现值系数表得到（见本书附录）。

【例 2-4】某项投资 4 年后可得收益 40 000 元，若年利率为 6%，则其现值为多少？

解：现值计算为

$$P = 40\,000 \times (1 + 6\%)^{-4} = 40\,000 \times (P/F, 6\%, 4) = 40\,000 \times 0.792\,1 = 31\,684(元)$$

（二）年金终值和现值的计算

年金是指一定时期内每次等额收付的系列款项，通常用 A 表示。年金包括普通年金（后付年金）、即付年金（先付年金）、递延年金、永续年金四种形式。普通年金是年金的基本形式，又称为后付年金，是指从第 1 期起，在一定时期内每期期末等额收付的系列款项；即付年金又称为先付年金，是指从第 1 期起，在一定时期内每期期初等额收付的系列款项，它与普通年金的区别在于它是在每期期初发生的年金；递延年金是从第 2 期期末或第 2 期以后才开始发生的年金，它与普通年金的区别是存在递延期；永续年金的收付期趋向于无穷大，是没有终止期的普通年金。四种年金形式如图 2-1 所示。

图 2-1　四种年金形式

1. 普通年金终值与现值的计算

1) 普通年金终值的计算

普通年金终值犹如零存整取的本利和,是一定时期内每期期末收付款项的复利终值之和。普通年金终值计算如图2-2所示。

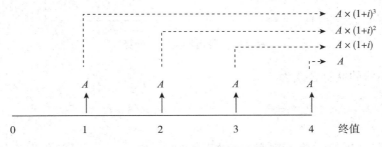

图 2-2 普通年金终值计算

$$F = A \times [1 + (1+i) + (1+i)^2 + (1+i)^3 + \cdots + (1+i)^{n-1}]$$

$$= A \times \frac{(1+i)^n - 1}{i} = A \times (F/A, i, n)$$

式中,$\frac{(1+i)^n - 1}{i}$ 称为年金终值系数,记作 $(F/A, i, n)$,可以通过查阅年金终值系数表(见本书附录)获得。该表的第一行是利率 i,第一列是计息期数 n,相应的普通年金终值系数在其纵横交叉处。例如,可以通过查阅年金终值系数表获得利率为8%、期数为5的普通年金终值系数 $(F/A, 8\%, 5)$ 为 5.866 6。

【例2-5】某人于每年年末存入银行10 000元,连续存5年,年利率为10%,则5年期满后,该人可得到的本利和为多少?

偿债基金

解:该人可得到的本利和为

第1年年末的终值 = $10\,000 \times (1 + 10\%)^1 = 10\,000$(元)

第2年年末的终值 = $10\,000 \times (1 + 10\%)^2 = 11\,000$(元)

第3年年末的终值 = $10\,000 \times (1 + 10\%)^3 = 12\,100$(元)

第4年年末的终值 = $10\,000 \times (1 + 10\%)^4 = 13\,310$(元)

第5年年末的终值 = $10\,000 \times (1 + 10\%)^5 = 14\,641$(元)

5年期满后的本利和 = 10 000+11 000+12 100+13 310+14 641 = 61 051(元)

或直接按普通年金终值的计算公式计算,即

5年期满后的本利和 = $10\,000 \times (F/A, 10\%, 5) = 10\,000 \times 6.1051 = 61\,051$(元)

2) 普通年金现值的计算

普通年金现值是一定时期内每期期末收付款项的复利现值之和。普通年金现值计算如图2-3所示。

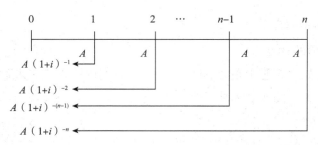

图 2-3　普通年金现值计算

普通年金现值的计算公式为

$$P = \frac{A[1-(1+i)^{-n}]}{i} = A(P/A, i, n)$$

式中，P 为普通年金现值；i 为折现率；n 为期数；$\dfrac{[1-(1+i)^{-n}]}{i}$ 通常称为年金现值系数，记作 $(P/A, i, n)$，其数值可通过直接查阅年金现值系数表得到（见本书附录）。

投资回收额

【例 2-6】某企业出租一项资产，期限为 5 年，于每年年末收取租金 10 000 元。若按年利率 10% 计算，则该企业所收租金的现值为多少？

解：该企业所收租金的现值为

第 1 年租金的现值 = 10 000 × [1 ÷ (1 + 10%)^1] = 9 091(元)

第 2 年租金的现值 = 10 000 × [1 ÷ (1 + 10%)^2] = 8 265(元)

第 3 年租金的现值 = 10 000 × [1 ÷ (1 + 10%)^3] = 7 513(元)

第 4 年租金的现值 = 10 000 × [1 ÷ (1 + 10%)^4] = 6 830(元)

第 5 年租金的现值 = 10 000 × [1 ÷ (1 + 10%)^5] = 6 209(元)

该企业 5 年租金的总现值 = 9 091 + 8 265 + 7 513 + 6 830 + 6 209 = 37 908(元)

或直接按普通年金现值的计算公式计算，即

5 年租金的现值 = 10 000 × (P/A, 10%, 5) = 10 000 × 3.790 8 = 37 908(元)

【例 2-7】某投资项目当年动工，当年投产。该投资项目从投产之日起每年可得收益 40 000 元，若按年利率 6% 计算，则预期 10 年的收益现值为多少？

解：10 年后的收益现值为

$$P = 40\,000 \times [1-(1+6\%)^{-10}] \div 6\% = 40\,000 \times (P/A, 6\%, 10)$$
$$= 40\,000 \times 7.360\,1 = 294\,404(元)$$

2. 即付年金终值和现值的计算

1）即付年金终值

即付年金终值是指在每期期初收付的年金未来总价值，即各期期初收付款项的复利终值之和。

（1）即付年金终值计算方法一如图 2-4 所示。

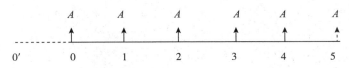

图 2-4　即付年金终值计算方法一

在图 2-4 中，在 0 时点之前虚设一期，起点为 0′，同时在第 5 年年末虚增一期年金 A，这样期数为 5 期的即付年金就转变为期数为 6 期的普通年金，按照普通年金终值计算方法计算出终值后，再将虚增的那期年金 A 扣除。因此，期数为 5 期的即付年金终值的计算公式为

$$F = A \times (F/A, i, 5+1) - A = A \times [(F/A, i, 5+1) - 1]$$

同理，期数为 n 期的即付年金终值的计算公式为

$$F = A \times [(F/A, i, n+1) - 1]$$

式中，$[(F/A, i, n+1) - 1]$ 表示即付年金终值系数，与普通年金终值系数的关系为即付年金终值系数是在普通年金终值系数的基础上期数加 1、系数减 1。

（2）即付年金终值计算方法二如图 2-5 所示。

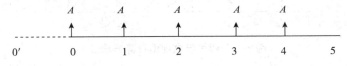

图 2-5　即付年金终值计算方法二

在图 2-5 中，在 0 时点之前虚设一期，起点为 0′，这样即付年金就变成了普通年金（从 0′到 4 为 5 年期普通年金）的形式，先计算在 4 时点的普通年金终值，然后按单笔资金终值计算方法计算在 5 时点的资金价值，即期数为 5 期的即付年金终值的计算公式为

$$F = A \times (F/A, i, 5) \times (1+i)$$

同理，期数为 n 期的即付年金终值的计算公式为

$$F = A \times (F/A, i, n) \times (1+i)$$

式中，$(F/A, i, n) \times (1+i)$ 是即付年金终值系数，其与普通年金终值系数的关系为即付年金终值系数是在普通年金终值系数的基础上乘以 $(1+i)$。

【例 2-8】 某企业连续 6 年于每年年初存入银行 30 000 元，若银行存款利率为 5%，则该企业在第 6 年年末能一次取出的本利和为多少？

解： 该企业在第 6 年年末能一次取出的本利和为

$$F = A[(F/A, i, n+1) - 1] = 30\,000 \times [(F/A, 5\%, 7) - 1]$$
$$= 30\,000 \times (8.142\,0 - 1) = 214\,260(元)$$

2）即付年金现值

（1）即付年金现值计算方法一如图 2-6 所示。

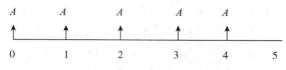

图 2-6 即付年金现值计算方法一

在图 2-6 中，先将第 1 期期初的年金 A 去掉，这样期数为 5 期的即付年金就转变为期数为 4 期的普通年金，按普通年金现值计算方法计算出现值后，再将去掉的那期年金 A 加上。因此，期数为 5 期的即付年金现值的计算公式为

$$P = A \times (P/A, i, 5-1) + A = A \times [(P/A, i, 5-1) + 1]$$

同理，期数为 n 期的即付年金现值的计算公式为

$$P = A \times [(P/A, i, n-1) + 1]$$

式中，$[(P/A, i, n-1) + 1]$ 表示即付年金现值系数，与普通年金现值系数的关系为即付年金现值系数是在普通年金现值系数的基础上期数减1、系数加1。

（2）即付年金现值计算方法二如图 2-7 所示。

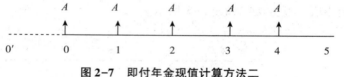

图 2-7 即付年金现值计算方法二

在图 2-7 中，在 0 时点之前虚设一期，起点变为 0′，这样即付年金就变成了普通年金（从 0′到 4 为 5 年期普通年金）的形式，先计算在 0′时点的普通年金现值，然后按照单笔资金的终值计算方法计算在 0 时点的资金价值，因此，期数为 5 期的即付年金现值的计算公式为

$$P = A \times (P/A, i, 5) \times (1 + i)$$

同理，期数为 n 期的即付年金现值的计算公式为

$$P = A \times (P/A, i, n) \times (1 + i)$$

式中，$(P/A, i, n) \times (1+i)$ 就是即付年金现值系数，与普通年金现值系数的关系为即付年金现值系数是在普通年金现值系数的基础上乘以 $(1+i)$。

【例 2-9】某公司租用一台生产设备，租期为 5 年，于每年年初支付租金 20 000 元。若年利率为 8%，则 5 年租金的现值为多少？

解：5 年租金的现值为

$$P = A[(P/A, i, n-1) + 1] = 20\,000 \times [(P/A, 8\%, 4) + 1]$$
$$= 20\,000 \times (3.312\,1 + 1) = 86\,242(元)$$

3. 递延年金终值和现值的计算

1）递延年金的终值

递延年金是指第一次收付发生在第二期或若干期以后的年金。递延年金是普通年金的特殊形式。很显然，递延年金终值与递延期无关，其计算方法与普通年金相同。如图 2-8 所示，如果将递延期（前 m 期）去掉，就成为普通年金的形式。因此，在计算递延年金终值

时，按照普通年金终值计算即可，计算公式为

$$F = A \times (F/A, i, n)$$

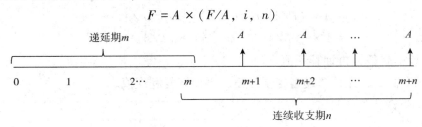

图 2-8　递延年金终值计算

2）递延年金现值

递延年金现值的计算方法一般有以下几种。

（1）两次折现法。

如图 2-9 所示，先将递延年金视为 n 期普通年金，计算在第 m 期期末的普通年金现值，然后再折算到第 1 期期初。

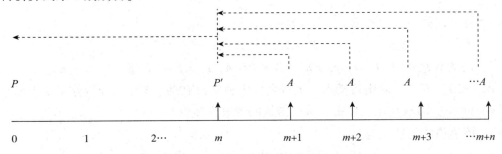

图 2-9　递延年金现值计算方法一

其计算公式为

$$P' = A \times (P/A, i, n)$$
$$P = P' \times (P/F, i, m) = A \times (P/A, i, n) \times (P/F, i, m)$$

（2）先加上，后减去。

如图 2-10 所示，先把递延期每期期末都加上一个 A，这样递延年金就成为 $m + n$ 期的普通年金。计算出这个普通年金的现值后，再把多加的年金减掉，即减去 m 期的普通年金现值。

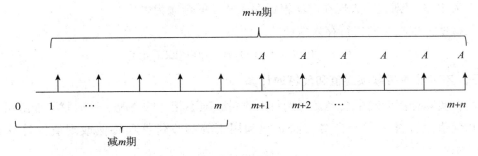

图 2-10　递延年金现值计算方法二

其计算公式为

$$P = A \times (P/A, i, m+n) - A \times (P/A, i, m)$$
$$= A \times [(P/A, i, m+n) - (P/A, i, m)]$$

(3) 先计算终值，再计算现值。

如图 2-11 所示，先计算递延年金终值，再计算复利现值。

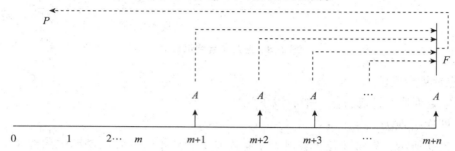

图 2-11　递延年金现值计算方法三

其计算公式为

$$F = A \times (F/A, i, n)$$
$$P = F \times (P/F, i, m+n) = A \times (F/A, i, n) \times (P/F, i, m+n)$$

【例 2-10】某企业向银行借入一笔资金，年利率为 10%，5 年后开始分 5 年于每年年末向银行偿付本息 10 000 元。那么，该笔借款的现值为多少？

解：该笔借款的现值为

$$P = A(P/A, i, n)(P/F, i, m) = 10\,000 \times (P/A, 10\%, 5) \times (P/F, 10\%, 5)$$
$$= 10\,000 \times 3.790\,8 \times 0.620\,9 = 23\,537.08(元)$$

4. 永续年金现值的计算

永续年金是指无限期收付的年金等。永续年金没有终值，只有现值，其现值的计算公式为

$$P = \frac{A}{i}$$

【例 2-11】有 7 个人想设立高校奖学金，拟每年年末拿出 100 000 元用于奖励优秀生。若年利率为 10%，则这些人现在应向银行存入款项的金额为多少？

解：这些人现在应向银行存入款项的金额为

$$P = 100\,000 \div 10\% = 1\,000\,000(元)$$

（三）不等额收付款项终值和现值的计算

人们在实际经济活动中会经常遇到每次收付款项不相等的情况，这时就不能直接利用年金终值和现值的计算公式来计算，而必须利用不等额收付款项终值或现值的计算公式来计算。

不等额收付款项终值的计算公式为

$$F = \sum_{t=0}^{n} P_t (1+i)^t$$

不等额收付款项现值的计算公式为

$$P = \sum_{t=0}^{n} F_t \frac{1}{(1+i)^t}$$

【例 2-12】 某企业有一项投资，该项投资 5 年的收益分别为 2 000 元、3 000 元、4 000 元、5 000 元、6 000 元。若投资报酬率为 8%，则各年收益的现值之和为多少？

解： 各年收益的现金之和为

$P = 2\,000 \times (P/F, 8\%, 1) + 3\,000 \times (P/F, 8\%, 2) + 4\,000 \times (P/F, 8\%, 3) + 5\,000 \times (P/F, 8\%, 4) + 6\,000 \times (P/F, 8\%, 5) = 2\,000 \times 0.925\,9 + 3\,000 \times 0.857\,3 + 4\,000 \times 0.793\,8 + 5\,000 \times 0.735\,0 + 6\,000 \times 0.680\,6 = 15\,357.5(元)$

（四）计息期短于 1 年的时间价值

在企业的投融资和借贷活动中，经常出现复利的计息期间不是 1 年的情况，有可能是季度、月份或日。例如，有些债券半年计息一次，有些抵押贷款每月计息一次，银行之间拆借资本每天计息一次。如果按年计息，1 年为一个计息期；如果按季度计息，一季度为一个计息期，会计息四次。计息期越短，1 年中按复利计息的次数就越多，每年的利息额就会越大。这就需要明确三个概念，即报价利率、计息期利率和有效年利率。

1. 报价利率

报价利率，又称为名义利率，是银行等金融机构在为利息报价时提供的年利率。在提供报价利率时，必须同时提供每年的复利次数（或计息的天数），否则，报价利率的意义是不完整的。

2. 计息期利率

计息期利率是指借款人对每 1 元本金每期支付的利息。它可以是年利率，也可以是半年利率、季度利率、每月或每日利率等，可根据每年的复利次数，把报价利率换算为计息期利率，计算公式为

$$r = \frac{R}{m}$$

$$t = m \cdot n$$

式中，r 表示计息期利率；R 表示名义利率；m 表示每年的复利次数；n 表示年数；t 表示换算后的计息期数。

3. 有效年利率

在按照给定的计息期利率和每年复利次数计算利息时，能够产生相同结果的每年复利一次的年利率被称为有效年利率，或实际利率。有效年利率可以由报价利率求得，该过程也称为名义利率与实际利率的换算，计算公式为

$$i = \left(1 + \frac{R}{m}\right)^m - 1 = (1+r)^m - 1$$

式中，i 表示实际利率；其他符号意义同上。因此，计算计息期短于 1 年的时间价值，通常有以下两种方法。

方法一，将名义利率调整为实际利率，然后按实际利率计算时间价值。

方法二，不计算实际利率，直接换算计息期数与计息期利率，利用计息期利率计算时间价值。

【例 2-13】某人于年初投资 80 000 元，在年利率 8%、每季度复利计息一次的情况下，到第 5 年年末，该人能得到的本利和是多少？

解：用方法一计算本利和，即

$$i = \left(1 + \frac{8\%}{4}\right)^4 - 1 = 8.24\%$$

$$F = 80\ 000 \times (1 + 8.24\%)^5 = 119\ 000(元)$$

用方法二计算本利和，即

$$F = 8 \times \left[\left(1 + \frac{8\%}{4}\right)^4\right]^5 = 80\ 000 \times (F/P, 2\%, 20) = 119\ 000(元)$$

（五）折现率的计算

在计算现值和终值时，都假定利率是给定的，但在财务管理中，经常会遇到已知计息期数、终值和现值，求利率（折现率）的问题。

一般来说，求折现率可以分为两步。

第一步，求出换算系数。根据前面有关公式，复利终值、复利现值、年金终值和年金现值的换算系数的计算公式为

$$(F/P, i, n) = \frac{F}{P}$$

$$(P/F, i, n) = \frac{P}{F}$$

$$(F/A, i, n) = \frac{F}{A}$$

$$(P/A, i, n) = \frac{P}{A}$$

第二步，根据换算系数和有关系数表求折现率。查找对应的系数表，找出与换算系数最接近的两个系数及对应的利率，用插值法计算折现率。

【例 2-14】某企业于第 1 年年初将 40 000 元存入银行，在银行一年复利一次的情况下，计算存款年利率为多少时才能保证在以后 10 年中每年年末取出 6 000 元。

解：年金现值的换算系数为

$$(P/A, i, n) = P/A = 40\ 000/6\ 000 = 6.666\ 7$$

查表得，

$$(P/A, 8\%, 10) = 6.710\ 1$$

$$(P/A, 9\%, 10) = 6.417\ 7$$

用插值法计算该笔存款的年利率为

$$\frac{6.7101-6.6667}{8\%-i}=\frac{6.7101-6.4177}{8\%-9\%}$$

$$i=8.145\%$$

第二节 资金风险价值衡量

一、风险的含义与分类

(一) 风险的含义

简单而言,风险是指收益的不确定性。当然,风险不仅可以带来超出预期的损失,还可能带来超出预期的收益,因此,风险又被定义为预期结果的不确定性。这种不确定性有两层含义,不仅包括负面效应的不确定性,还包括正面效应的不确定性。负面效应的不确定性往往指危险,是损失发生及其程度的不确定性;而正面效应的不确定性往往指机会,是可能超出预期的收益及其不确定性。但在现实中,人们往往更看重损失的发生及其程度的不确定性。

从财务管理的角度看,风险就是由于事件发生的不确定性而使实际收益偏离预期收益的可能性。这要求企业的理财活动不仅要管理危险,还要识别、衡量、选择和获取增加企业价值的机会。

(二) 风险的种类

风险根据不同的标准,可以分为不同的类型。

1. 从企业自身角度划分

1) 经营风险

经营风险是指由于生产经营的因素给企业带来的未来收益的不确定性。企业生产经营过程中的诸多方面都会受到来源于企业外部或内部因素的影响,具有较大的不确定性。例如,公司管理层在经营管理中出现的决策失误、原材料供应的运输风险、自然灾害、所处的市场经营环境或政策法规发生变化等,所有企业经营管理方面的这些因素发生变化,都会引起企业的利润和盈利水平发生相应的变化。

2) 财务风险

财务风险又称为筹资风险,是指公司财务结构不合理、融资不当使公司可能丧失偿债能力而导致投资者预期收益下降的风险。财务风险是企业在财务管理过程中必须面对的一个现实问题。财务风险是客观存在的,企业管理者只有采取有效措施来降低财务风险,而不可能将其完全消除。对于财务风险的控制,企业要保证有一个合理的资本结构,维持适当的负债水平,既要充分利用举债经营这一手段获取财务收益,提高自有资金盈利能力,又要注意防止过度举债引起财务风险的加大,避免陷入财务困境。

2. 根据风险可分散性划分

1）系统风险

系统风险是指那些对所有企业均产生影响的因素所引起的风险，例如，战争、经济萧条、通货膨胀、国家政策调整等。系统风险所影响的资产非常多，只是影响程度的大小有所区别。例如，各种股票处于同一经济系统中，它们的价格变动有趋同性，多数股票的报酬率在一定程度上正相关。经济繁荣时，多数股票的价格都上涨；经济衰退时，多数股票的价格都下跌。尽管各股票涨跌的幅度有区别，但是多数股票的变动方向是一致的。所以，不管投资多样化有多充分，都不可能消除全部风险，即使购买的是全部股票的市场组合，也要承担系统风险。

由于系统风险会影响整个资本市场，因此也称为市场风险，企业不能通过多元化投资来分散系统风险。由于系统风险没有有效的消除方法，因此也称为不可分散风险。

2）非系统风险

非系统风险是指发生在个别公司的特有事件所造成的风险。例如，新产品开发失败、错失好的投资项目、诉讼失败等。这类风险是非预期的、随机发生的，只会对个别少数或特定行业的公司产生影响，不会对整个市场产生太大影响。公司可以通过多元化投资来分散这类风险，即发生于一家公司的不利事件可以被其他公司的有利事件所抵消。由于非系统风险是个别公司或个别资产所特有的，因此也称为特殊风险或公司特有风险。由于非系统风险可以通过多样化投资分散掉，因此也可称为可分散风险。

投资组合中可分散风险与不可分散风险的关系如图2-12所示。

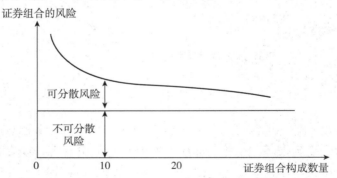

图2-12 投资组合中可分散风险与不可分散风险的关系

二、资金风险价值的含义

资金风险价值又称为投资风险价值或投资风险收益或报酬，是指投资者由于冒风险进行投资而获得的超过资金时间价值的额外收益。

资金风险价值有两种表示方法，即风险收益额和风险收益率。风险收益额是指投资者由于冒风险进行投资而获得的超过资金时间价值的额外收益；风险收益率是指风险收益额对投资额的比率。在实际工作中，人们一般用风险收益率表示资金风险价值。

在不考虑通货膨胀的情况下，资金投资收益率包括两部分：一部分是无风险投资收益

率，即资金时间价值；另一部分是风险投资收益率，即资金风险价值。计算公式为

$$K = R_F + R_R$$

式中，K 为资金投资收益率，R_F 为无风险投资收益率，R_R 为风险投资收益率。

风险是客观存在的，且其收益具有不易计量的特性。人们要计算风险收益，就必须利用概率论的方法按未来年度预期收益的平均偏离程度来进行估量。

三、单项投资风险价值的计量

（一）概率

概率是指随机事件发生的结果具有的不确定性。概率通常用 P_i 表示，它具有以下几个特点：

（1）任何事件的概率不大于1，不小于零，即

$$0 \leqslant P_i \leqslant 1$$

（2）所有可能结果的概率之和等于1，即

$$\sum_{i=1}^{n} P_i = 1$$

（3）必然事件的概率等于1，不可能事件的概率等于0。

例如，某公司利润增加的可能性有60%，减少的可能性有40%，则其概率分布如表2-1所示。

表2-1　某公司利润增加与减少的概率

可能出现的结果（i）	概率（P_i）
利润增加	0.6
利润减少	0.4
合计	1.0

（二）预期收益

根据某一事件的概率分布情况，可以计算出预期收益。预期收益又称为收益期望值或均值，是指某一投资方案未来收益的各种可能结果，是用概率为权数计算出来的加权平均数。

预期收益率是指各种可能结果的收益率按其概率加权平均计算的平均收益率。它表示在风险一定的条件下期望得到的平均收益率。其计算公式为

$$\overline{R} = \sum_{i=1}^{n} R_i P_i$$

式中，$\overline{R}$ 表示预期收益率，R_i 表示第 i 种可能结果的收益率，P_i 表示第 i 种可能结果的概率，n 表示可能结果的个数。

【例2-15】某企业投资一个项目有甲、乙两个方案，每种经济情况出现的概率和对应的收益率如表2-2所示，则甲、乙两个方案的预期收益率为多少？

表 2-2 甲、乙两个方案预期收益率的概率分布

经济情况	概率（P_i）	收益率（随机变量 R）/%	
		甲方案	乙方案
繁荣	0.2	10.0	17.5
一般	0.5	5.0	5.0
较差	0.3	2.5	-2.5

解：甲、乙两个方案的预期收益率为

$$\overline{R}_甲 = 0.2 \times 10\% + 0.5 \times 5\% + 0.3 \times 2.5\% = 5.25\%$$

$$\overline{R}_乙 = 0.2 \times 17.5\% + 0.5 \times 5\% + 0.3 \times (-2.5\%) = 5.25\%$$

可见，甲、乙两个方案的预期收益和预期收益率相同。相比之下，甲方案在不同经济情况下的预期收益（率）相对集中，而乙方案却比较分散。这说明甲方案的风险较乙方案小。甲、乙两个方案的风险程度可以通过概率分布图表示出来，如图 2-13 和图 2-14 所示。

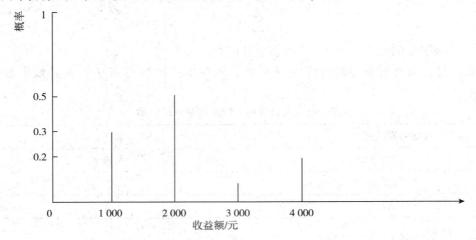

图 2-13 甲方案的概率分布图

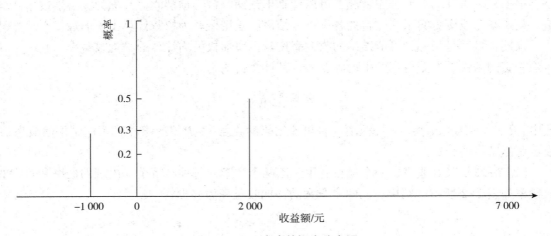

图 2-14 乙方案的概率分布图

由图 2-12 和图 2-13 可知，在预期收益或预期收益率相同的情况下，投资的风险程度同概率分布有密切的关系。概率分布越集中，实际可能的结果就会越接近预期收益或预期收益率，实际收益率低于预期收益率的可能性就越小，投资的风险程度也越低；反之，概率分布越分散，投资的风险程度也就越高。

（三）标准差

由预期收益可知，概率分布越集中，风险越小；概率分布越分散，风险越大。那么，如何衡量概率分布的集中程度呢？在实际工作中，一般采用方差和标准差来衡量概率分布的集中程度。

方差是指变量与其平均值偏差平方和的平均数。它是测定离散程度的一种常用的统计方法。标准差是方差的平方根。预期收益或预期收益率越集中，方差和标准差就越小，风险也就越低；反之，风险就越高。方差和标准差的计算公式为

$$\delta^2 = \sum_{i=1}^{n}(R_i - \overline{R})^2 P_i$$

$$\delta = \sqrt{\delta^2}$$

式中，δ^2 为预期收益率的方差，δ 为预期收益率的标准差。

【例 2-16】 在【例 2-15】中，甲、乙两个方案的标准差为多少？

解：甲、乙两个方案的标准差为

$\delta_{甲} = \sqrt{(10\% - 5.25\%)^2 \times 0.2 + (5\% - 5.25\%)^2 \times 0.5 + (2.5\% - 5.25\%)^2 \times 0.3} = 2.61\%$

$\delta_{乙} = \sqrt{(17.5\% - 5.25\%)^2 \times 0.2 + (5\% - 5.25\%)^2 \times 0.5 + (-2.5\% - 5.25\%)^2 \times 0.3}$
$= 6.9327\%$

由计算可知，甲方案的标准差小于乙方案的标准差，说明甲方案的风险小于乙方案的风险。

（四）标准离差率

标准差是反映随机变量离散程度的一个指标。标准差是一个绝对值，只能用来比较预期收益率相同的投资项目的风险程度，而不能用来比较预期收益率不同的投资项目的风险程度。所以，要比较预期收益率不同的投资项目的风险程度，还必须借助标准离差率这一相对数。

标准离差率是标准差与预期收益率的比率。其计算公式为

$$V = \frac{\delta}{R} \times 100\%$$

式中，V 为标准离差率。

【例 2-17】 在【例 2-15】中，甲、乙两个方案的标准离差率为多少？

解：甲、乙两个方案的标准离差率为

$$V_{甲} = \frac{2.61\%}{5.25\%} \times 100\% = 49.71\%$$

$$V_乙 = \frac{6.9327\%}{5.25\%} \times 100\% = 132.05\%$$

甲方案的标准离差率低于乙方案,所以甲方案的风险较低,应该选甲方案。

综上所述,投资的风险决策总体上应坚持的原则是选择投资收益率高、风险程度小的项目。但是,实际情况是复杂的,因此,人们在风险决策时应视情况确定,其具体如下:

(1) 如果两个投资方案的预期收益率相同,就应选择标准离差率较低的方案;

(2) 如果两个投资方案的标准离差率相同,就应选择预期收益率较高的方案;

(3) 如果一个方案的预期收益率高于另一个方案且其标准离差率低于另一方案,就应选前者;

(4) 如果一个方案的预期收益率和标准离差率都高于另一个方案,就不能一概而论,而应取决于投资者的态度。

四、证券投资组合风险价值的衡量

投资者在进行投资时,一般并不把所有资金都投资于一种资产或证券,而是同时持有多种资产或证券,这种同时投资于多种资产或证券的方式,称为投资组合。投资组合理论认为,若干种资产或证券组成的投资组合,其收益是这些资产或证券收益的加权平均数,但是其风险不是这些资产或证券风险的加权平均风险,投资组合能降低风险。

(一) 证券投资组合的期望报酬率

投资组合的期望报酬率,是指组合中单项资产期望报酬率的加权平均值。权重为整个组合中投入各项资产的资金占总投资额的比重。投资组合的期望报酬率计算公式为

$$\overline{R}_p = A_1\overline{R}_1 + A_2\overline{R}_2 + \cdots + A_n\overline{R}_n = \sum_{i=1}^{n} A_i\overline{R}_i$$

式中,$\overline{R}_p$ 表示投资组合的期望报酬率;$\overline{R}_i$ 表示单项资产的期望报酬率;n 表示投资组合中资产的个数;A_i 表示第 i 项资产在投资组合中所占的比重。

【例 2-18】某公司持有由甲、乙两种股票组成的资产组合,假设甲股票的期望报酬率为 10%,乙股票的期望报酬率为 18%。假设等比例投资于两种股票,即各占 50%,请计算投资组合的期望报酬率。

解:

该投资组合的期望报酬率 = 10% × 0.5 + 18% × 0.5 = 14%

(二) 证券投资组合的风险

在投资组合中,仍然用标准差来衡量绝对风险的大小。但是与投资组合的期望报酬率不同,投资组合的标准差通常并非投资组合内部各单项资产标准差的简单加权平均数,那么它如何计量呢?

投资组合报酬率分布的标准差计算公式为

$$\delta_P = \sqrt{\sum_{j=1}^{m} \sum_{k=1}^{m} A_j A_k \delta_{jk}}$$

式中,m 是组合内证券种类总数;A_j 是第 j 种证券在投资总额中的比例;A_k 是第 k 种证券在投资总额中的比例;δ_{jk} 是第 j 种证券与第 k 种证券报酬率的协方差。

两种证券报酬率的协方差用来衡量它们之间共同变动的程度,其计算公式为

$$\delta_{jk} = r_{jk}\delta_j\delta_k$$

式中,r_{jk} 是证券 j 和证券 k 报酬率之间的预期相关系数,δ_j 是第 j 种证券的标准差,δ_k 是第 k 种证券的标准差。

证券 j 和证券 k 报酬率概率分布的标准差的计算方法同理于单项标准差的计算。

由上式可知,投资组合的风险不仅取决于组合内的各项资产的风险,还取决于各个资产之间的相关系数。相关系数的取值总是在-1 到 1 之间。

当相关系数为 1 时,投资组合完全正相关,风险相同,证券报酬同时增减变动,组合风险无法分散,完全正相关的证券组合举例如表 2-3 所示。

表 2-3 完全正相关的证券组合举例   %

年度	证券 A		证券 B		证券 A、B 的组合	
	收益	报酬率	收益	报酬率	收益	报酬率
20×1	20	40	20	40	40	40
20×2	-5	-10	-5	-10	-10	-10
20×3	17.5	35	17.5	35	35	35
20×4	-2.5	-5	-2.5	-5	-5	-5
20×5	7.5	15	7.5	15	15	15
平均数	7.5	15	7.5	15	15	15
标准差	—	22.6	—	22.6	—	22.6

当相关系数为-1 时,投资组合完全负相关,证券组合风险能够完全被分散,完全负相关的证券组合举例如表 2-4 所示。

表 2-4 完全负相关的证券组合举例   %

年度	证券 A		证券 B		证券 A、B 的组合	
	收益	报酬率	收益	报酬率	收益	报酬率
20×1	20	40	-5	-10	15	15
20×2	-5	-10	20	40	15	15
20×3	17.5	35	-2.5	-5	15	15
20×4	-2.5	-5	17.5	35	15	15
20×5	7.5	15	7.5	15	15	15
平均数	7.5	15	7.5	15	15	15
标准差	—	22.6	—	22.6	—	0

当相关系数为 0 时,表示缺乏相关性,每种证券的报酬率相对于另外的证券的报酬率独

立变动。

一般而言，多数资产之间相关系数的取值在-1与1之间变动，几乎没有两种资产完全正相关或负相关，因此，投资组合可以在一定程度上分散风险。

五、资本资产定价模型

1964年，威廉·夏普（William Sharp）根据投资组合理论提出了资本资产定价模型（Capital Asset Pricing Model，CAPM）。资本资产定价模型，是财务学形成和发展过程中最重要的里程碑。它第一次使人们可以量化市场的风险程度，是在充分组合情况下风险与必要报酬率之间的均衡关系。虽然风险可以分为系统风险和非系统风险，但是在高度分散化的资本市场里只有系统风险。因此，资本资产定价模型可回答为了补偿某一特定程度的系统风险，投资者应该获得多大的收益率，即如何衡量系统风险与自己如何给风险定价的问题。

（一）资本资产定价模型的基本原理

在资本资产定价模型中，资本资产主要指股票资产，定价则试图解释资本市场如何决定股票收益率，进而决定股票价格。

根据风险与收益的一般关系，某资产的必要收益率是由无风险收益率和风险收益率决定的。用公式表示为

$$必要收益率 = 无风险收益率 + 风险收益率$$

资本资产定价模型的主要贡献在于解释了风险收益率的决定因素和度量方法，并且给出了其表达公式，即

$$R = R_f + \beta(R_m - R_f)$$

这是资本资产定价模型的核心关系式。式中，R表示某资产的必要收益率；β表示该资产的系统风险系数；R_f表示无风险收益率，通常用短期国债的利率来近似代替；R_m表示市场组合收益率，通常用股票价格指数收益率的平均值或所有股票的平均收益率来代替。

上式中，$(R_m - R_f)$称为市场风险溢酬，是附加在无风险收益率之上的，由于承担了市场平均风险所要求获得的补偿，它反映的是市场作为整体对风险的平均容忍程度，也就是市场整体对风险的厌恶程度。市场对风险越是厌恶和回避，要求的补偿就越高，市场风险溢酬的数值就越大；反之，如果市场的抗风险能力强，则对风险的厌恶和回避就不是很强，要求的补偿就越低，市场风险溢酬的数值就越小。由此可知，某项资产的风险收益率是该资产的系统风险系数与市场风险溢酬的乘积，即

$$风险收益率 = \beta \times (R_m - R_f)$$

（二）系统风险的度量

1.β系数的计算公式

根据资本资产定价模型的表达式，度量系统风险的指标是β系数，用β表示。β系数被定义为某个资产的收益率与市场组合之间的相关性，其计算公式为

资本资产定价模型的假设

$$\beta_a = \frac{\mathrm{Cov}(R_a, R_m)}{\sigma_m^2}$$

式中，$\mathrm{Cov}(R_a, R_m)$ 表示证券 a 的收益与市场收益的协方差；σ_m^2 表示市场收益的方差。

因为 $\mathrm{Cov}(R_a, R_m) = r_{am}\sigma_a\sigma_m$，所以公式也可以写为

$$\beta_a = r_{am} \cdot \frac{\sigma_a}{\sigma_m}$$

式中，r_{am} 表示证券 a 与市场的相关系数；σ_a 表示证券 a 的标准差；σ_m 表示市场的标准差。

根据上式可知，一种资产 β 系数的大小取决于：该资产与整个市场的相关性、资产的标准差、整个市场的标准差。

2. β 系数的经济意义

β 系数的经济意义在于，它告诉我们相对于市场组合的平均风险而言的特定资产的系统风险的大小，即特定资产收益率的变动受市场平均收益率变动的影响程度。市场组合相对于它自己的 β 系数是 1。

当特定资产的 $\beta = 1$ 时，说明该资产的系统风险程度与市场化组合的风险一致，即该资产的收益率与市场收益率成同方向、同比例的变化。

当特定资产的 $\beta > 1$ 时，说明该资产的系统风险程度大于整个市场组合的风险，即该资产的收益率的变动幅度大于市场组合收益率的变动幅度。

当特定资产的 $\beta < 1$ 时，说明该资产的系统风险程度小于整个市场组合的风险，即该资产的收益率的变动幅度小于市场组合收益率的变动幅度。

当特定资产的 $\beta = 0$ 时，说明该资产的系统风险程度等于 0。

绝大多数资产的 β 系数是大于 0 的，如果 β 系数是负数，则表明这类资产的收益率与市场平均收益率的变化方向相反。

3. 投资组合的 β 系数

投资组合的 β 系数等于投资组合中各证券 β 系数的加权平均数，权数为各证券在投资组合中所占的投资比例。其计算公式如下：

$$\beta_p = \sum_{j=1}^{n} x_j \beta_j$$

式中，β_p 为投资组合的 β 系数；x_j 为第 j 种证券在投资组合中所占的比例；β_j 为第 j 种证券的 β 系数；n 为投资组合中证券的数量。

【例2-19】某公司持有由甲、乙、丙三种股票组成的证券资产组合，三种股票的 β 系数分别为 2.0、1.3 和 0.7，它们的投资额分别为 60 万元、30 万元和 10 万元。股票市场平均收益率为 10%，无风险收益率为 5%。假定资本资产定价模型成立，计算该证券资产组合的必要收益率。

解：首先计算各股票在组合中的比例，即

甲股票的比例 = 60 ÷ (60+30+10) × 100% = 60%

乙股票的比例=30÷（60+30+10）×100% =30%

丙股票的比例=10÷（60+30+10）×100% =10%

计算该证券资产组合的 β 系数为

该证券资产组合的 β 系数=2.0×60% +1.3×30% +0.7×10% = 1.66

计算该证券资产组合的风险收益率为

该证券资产组合的风险收益率=1.66×（10% −5%）= 8.3%

计算该证券资产组合的必要收益率为

该证券资产组合的必要收益率=5% +8.3% =13.3%

第三节　价值与风险观念应用——证券评价

企业要进行证券投资，首先必须进行证券评价。证券评价主要包括债券价值评价、股票价值评价。

一、债券价值评价

（一）债券的基本要素

债券是债务人依照法定程序发行，承诺按约定的利率和日期支付利息，并在特定日期偿还本金的书面债务凭证，如国库券、企业债券、金融债券等。

债券包括面值、期限、票面利率和发行价格四个基本要素。

1. 债券的面值

债券的面值是指债券发行时所设定的票面金额，它代表着发行人借入并承诺于未来某一特定日期（如债券到期日）偿付给债券持有人的金额。

2. 债券的期限

债券的期限是指债券从发行之日起至到期日止的时间。

3. 债券的票面利率

债券的票面利率是指债券发行者预计向投资者支付的利息占票面金额的比率。

4. 债券的发行价格

债券的发行价格是指债券原始投资者购入债券时应支付的市场价格。

（二）债券的估价模型

债券的价值又称为债券的内在价值，是投资者进行债券投资时预期可获得的现金流入的现值。债券的估价是对债券在某一时点的价值量的估算，是证券评价的一项重要内容。对于新发行的债券而言，估价模型计算结果反映了债券的发行价格。

1. 债券的基本估价模型

债券的基本估价模型是指对典型债券（复利计息、票面利率固定、每年年末计算并支

付当年利息、到期偿还本金）估值时所使用的模型。债券的基本估价模型为

$$V = \sum_{t=1}^{n} \frac{M \times i}{(1+K)^t} + \frac{M}{(1+K)^n}$$
$$= M \times i \times (P/A, K, n) + M \times (P/F, K, n)$$
$$= I \times (P/A, K, n) + M \times (P/F, K, n)$$

式中，V 表示债券的价值；i 表示债券的票面利率；M 表示债券的面值；I 表示债券利息；K 表示折现率（可以使用市场利率或投资人要求的必要报酬率）；n 表示债券的期限（偿还年数）。

【例2-20】 某公司拟于20×5年1月1日发行面值为1 000元、票面利率为8%的5年期债券，每年年末计算并支付一次利息，到期偿还本金，同等风险投资的必要报酬率为10%，计算该公司拟发行债券的价值。

解： 该公司拟发行债券的价值为

$$V = 1\ 000 \times 8\% \times (P/A, 10\%, 5) + 1\ 000 \times (P/F, 10\%, 5)$$
$$= 80 \times 3.791 + 1\ 000 \times 0.621 = 924.28(元)$$

2. 单利计息到期一次还本付息的债券的估价模型

对于到期一次还本付息且不计算复利的债券，其估价计算公式为

$$V = (M + I \times n) \times (P/F, K, n)$$

【例2-21】 某公司拟购买一份市场价格为950元的债券，该债券的面值为1 000元，期限为5年，券面利率为8%，到期一次还本付息。若市场利率为10%，该公司此时购买债券是否合适？

解：

$$该债券的价值 V = (1\ 000 + 1\ 000 \times 8\% \times 5) \times (P/F, 10\%, 5)$$
$$= 1400 \times 0.620\ 9 = 869.26(元)$$

此债券的价值869.26元低于其市场价格950元，说明市场高估了其价值，因而此时不是最佳投资时点，该公司暂不应购买该债券。

3. 零息债券的估价模型

零息债券是以折价方式发行，期内不计息，到期按面值偿还的债券。其估价计算公式为

$$V = \frac{M}{(1+K)^n} = M \times (P/F, K, n)$$

【例2-22】 某公司拟购买另一公司债券，该债券的面值为1 000元，期限为10年，期内不计利息，到期按面值偿还。若市场利率为10%，则该债券的市场价格为多少时，该公司才可以购买？

解： 该债券的市场价格最高应为

$$V = 1\ 000 \times (P/F, 10\%, 10) = 1\ 000 \times 0.385\ 5 = 385.5(元)$$

即必须在该债券的价格低于385.5元时才值得购买。

二、股票价值评价

股票是股份公司发行的、用以证明投资者的股东身份和权益,并据以获得股利的一种可转让的有价证券。股票的价值又称为股票的内在价值,是指股票为投资者带来的未来现金流入量的现值。投资者进行投资时需将股票价值与股票价格进行比较,只有在股票价值大于股票价格时进行投资才是有利的选择。

投资者在股票持有期间取得的未来现金流入量包括两部分:股利收入和未来股票出售时的售价。因为股票未来出售时的价格取决于股票未来可产生的预期股利,所以不论投资者是否永久持有股票,普通股的预期现金流量只需要考虑未来的预期股利。股票价值评价的基本模型为

$$V = \sum_{t=1}^{n} \frac{D_t}{(1+K)^t} + \frac{P_n}{(1+K)^n}$$

式中,V 表示股票的内在价值;D_t 表示第 t 期的预期股利;K 表示折现率(可以使用资本成本率或股票的必要报酬率);P_n 表示未来出售时预计的股票价格;n 表示预计持有股票的期数。

因为股票未来出售时的价格取决于股票未来可产生的预期股利,所以可假定投资者永久持有股票,普通股的预期现金流量只需要考虑未来的预期股利,则股票的基本估价模型为

$$V = \sum_{t=1}^{\infty} \frac{D_t}{(1+K)^t}$$

股票的基本估价模型要求无限期地预计未来每期股利 D_t,这是很难做到的。因此,实际应用的模型都是假定股利零增长或股利固定增长的估价模型。

(一) 股利零增长(固定股利)的股票估价模型

如果长期持有股票,且各年股利固定,则可将其视为一个永续年金的例子,股票估价计算公式为

$$V = \sum_{t=1}^{\infty} \frac{D_t}{(1+K)^t} = \frac{D}{K}$$

式中,D 表示各年收到的固定股利;其他符号的含义与基本模型中的相同。

【例 2-23】甲公司拟投资购买乙公司股票并准备长期持有,该股票每年分配股利 2 元,当前市场价格为 25 元/股时,假定投资者要求的必要报酬率为 10%,判断甲公司是否应购买该股票。

解:乙公司股票的内在价值:

$$V = 2 \div 10\% = 20(元)$$

乙公司股票的内在价值低于市场价格,所以甲公司此时不应购买该股票。

(二) 股利固定增长的股票估价模型

有时,股份公司股票每年的股利不是固定不变的,而是逐年递增的。假设股份公司每年向股东支付的股利是按照固定比率稳定增长的,其估价模型为

$$V = \sum_{t=1}^{\infty} \frac{D_0 \times (1+g)^t}{(1+K)^t}$$

式中，D_0 表示当年的股利；g 表示股利固定增长率。

通常情况下，$K > g$，用 D_1 表示第一年的预期股利，则上述模型可简化为

$$V = \frac{D_0 \times (1+g)}{K-g} = \frac{D_1}{K-g}$$

【例2-24】 甲公司欲购买乙公司股票，当前股票的市场价格为6元/股，该公司本年每股将派发股利0.5元，以后每年股利按4%递增，必要报酬率为12%。请判断甲公司是否应该购买乙公司的股票。

解：乙公司股票价值为

$$V = \frac{D_1}{K-g} = \frac{0.5 \times (1+4\%)}{12\% - 4\%} = 6.5（元）$$

乙公司股票价值高于其当前价格，因此甲公司可以购买该股票。

习题

一、单项选择题

1. 某人于某年年初存入银行100元，年利率为3%。若按复利计息，则第3年年末他能得到的本利和为（　　）元。
   A. 100　　　　　　　　　　　　B. 109
   C. 103　　　　　　　　　　　　D. 109.27

2. 某人准备在3年后用60 000元购买一辆汽车，银行存款年利率为复利4%。他现在应存入银行（　　）元。
   A. 53 340　　　　　　　　　　　B. 72 000
   C. 20 000　　　　　　　　　　　D. 24 000

3. 某项存款的年利率为12%，每季度复利一次，则其实际利率为（　　）。
   A. 7.66%　　　　　　　　　　　B. 9.19%
   C. 6.6%　　　　　　　　　　　D. 12.55%

4. 甲方案的标准差是1.35，乙方案的标准差是1.15。若两个方案的期望报酬率相同，则甲方案的风险（　　）乙方案的风险。
   A. 低于　　　　　　　　　　　B. 高于
   C. 等于　　　　　　　　　　　D. 无法确定

5. 某一优先股每年每股可分得红利5元，年利率为10%，则投资人愿意购买该股票的价格为（　　）元。
   A. 65　　　　　　　　　　　　B. 60
   C. 80　　　　　　　　　　　　D. 50

6. 某债券的面值为1 000元，票面利率为10%，期限为5年，每半年付息一次。若市场

利率为15%，则其发行价格（　　）。

　　A. 低于1 000元　　　　　　　　　　B. 等于1 000元
　　C. 高于1 000元　　　　　　　　　　D. 无法计算

7. 比较期望值不同的两个事件的风险的指标是（　　）。

　　A. 期望报酬率　　　　　　　　　　B. 标准离差率
　　C. 标准差　　　　　　　　　　　　D. 概率

8. 现有甲、乙两个投资项目。已知预期收益率分别为10%和25%，标准差分别为20%和49%，则（　　）。

　　A. 甲项目的风险程度高于乙项目　　B. 甲项目的风险程度低于乙项目
　　C. 甲项目的风险程度等于乙项目　　D. 无法确定甲项目和乙项目的风险程度

9. 证券组合的风险不仅与单个证券的风险有关，还与各个证券收益之间的（　　）有关。

　　A. 协方差　　　　　　　　　　　　B. 标准差
　　C. 系数　　　　　　　　　　　　　D. 标准离差率

二、多项选择题

1. 递延年金的特点有（　　）。

　　A. 终值计算与递延期无关　　　　　B. 第一期没有支付额
　　C. 终值计算与普通年金相同　　　　D. 现值计算与普通年金相同

2. 永续年金的特点有（　　）。

　　A. 没有期限　　　　　　　　　　　B. 没有终值
　　C. 每期付款额相同　　　　　　　　D. 没有现值

3. 下列情况引起的风险属于可分散风险的有（　　）。

　　A. 国家税法变动　　　　　　　　　B. 公司劳资关系紧张
　　C. 公司产品滞销　　　　　　　　　D. 银行提高利率

4. （　　）是指从第一期起，在一定时期内每期期末发生等额的系列款项。

　　A. 普通年金　　　　　　　　　　　B. 先付付年金
　　C. 后付年金　　　　　　　　　　　D. 递延年金

5. 下列风险中，属于系统风险的有（　　）。

　　A. 违约风险　　　　　　　　　　　B. 利息率风险
　　C. 购买力风险　　　　　　　　　　D. 流动性风险

6. 在财务管理中，衡量风险大小的指标有（　　）。

　　A. 期望值　　　　　　　　　　　　B. 标准差
　　C. 标准离差率　　　　　　　　　　D. 方差

7. 决定债券发行价格的主要因素有（　　）。

　　A. 债券面值　　　　　　　　　　　B. 债券利率

C. 市场利率　　　　　　　　D. 债券到期日

三、判断题

1. 资金时间价值原理正确地揭示了不同时点上资金之间的换算关系。（　）
2. 所有的货币都具有时间价值。（　）
3. 资金时间价值相当于社会平均资金利润率或平均投资报酬率。（　）
4. 后付年金的终值是一定时期内每期期末等额收付款项的复利终值之和。（　）
5. 若要计算 n 期的即付年金终值，则可以先求出 n 期后付年金终值，然后除以 $(1+i)$。（　）
6. 若要计算 n 期的即付年金现值，可以先求出 $n-1$ 期后付年金现值，然后加 A。（　）
7. 债券的发行价格是指债券原始投资者购入时的价格。（　）
8. 风险报酬就是投资于含风险项目应该得到的报酬。（　）

四、计算分析题

1. 某人向某项目投资 10 000 元，在年投资报酬率为 6% 的情况下，需要多少年才能使现有资金增加 1 倍？

2. 某人用分期付款方式购置一辆汽车，合同规定每年年初付款 50 000 元，连续支付 5 年。那么，在年利率为 8% 的情况下，该人相当于现在一次性支付了多少元？

3. 某公司准备购置办公房，房地产开发商提出以下两个付款方案。
(1) 从现在起每年年初支付 10 万元，连续支付 8 年，共 80 万元。
(2) 从第 4 年开始，每年年初支付 12 万元，连续支付 8 年，共 96 万元。
若利率为 10%，你认为该公司应选择哪个付款方案？

4. 某公司现有甲、乙、丙三个投资方案可供选择。根据市场预测，在三种不同的市场状况下的概率与预计年投资报酬率如表 2-5 所示。

表 2-5　在三种不同的市场状况下的概率与预计年投资报酬率　　　　%

市场状况	概率	预计年投资报酬率		
		甲方案	乙方案	丙方案
繁荣	0.3	19	25	29
一般	0.5	16	18	18
衰退	0.2	12	4	−4

如果甲、乙、丙三个投资方案的风险报酬率分别为 8%、10%、12%，无风险报酬率为 6%，各个方案的投资额均为 200 万元。
要求：
(1) 计算各个投资方案的期望收益率、标准差、标准离差率；
(2) 计算各个投资方案的风险收益率、风险收益、可能的投资收益率。

5. A 公司拟投资购买某债券，面值为 1 000 元、票面利率为 6%，期限 3 年，每年支付利息，到期偿还本金，当前的市场利率为 8%，该债券价格为多少时才能进行投资？

五、案例分析题

北方公司风险收益的计量

北方公司是一家以生产柠檬饮料为主的企业。由于市场竞争激烈、消费者喜好发生变化等，柠檬饮料开始滞销，北方公司的经营陷入困境。为改变产品结构，开拓新的市场领域，北方公司拟开发以下两种新产品。

第一种，纯净水。由于北方水资源紧缺、各地开展节水运动及定时供应等，开发部认为生产纯净水将有利于百姓的日常生活，市场行情看好。但是，纯净水市场上的产品良莠不齐，竞争很激烈，需谨慎进入。市场部对纯净水市场进行有关预测的资料如表2-6所示。

表2-6 纯净水市场的有关预测

市场销路	概率/%	预计年利润/万元
好	60	150
一般	20	60
差	20	-10

经过专家测定，该项目的风险系数为0.5。

第二种，消渴啤酒。北方人有豪爽、好客、好饮酒的特点，随着人们收入的日益增多，生活水平不断提高，亲朋好友聚会的机会日益增多。北方夏天气温大幅度升高，并且空气干燥，开发部提出开发消渴啤酒方案。有关市场预测资料如表2-7所示。

表2-7 消渴啤酒市场的有关预测

市场销路	概率/%	预计年利润/万元
好	50	180
一般	20	85
差	30	-25

经过专家测定，该项目的风险系数为0.7。

要求：

（1）试对两个产品开发方案的收益与风险进行计量；

（2）试对两个产品开发方案进行评价。

第三章

财务分析

> **学习目标**
>
> (1) 了解财务分析的含义及作用。
> (2) 了解财务综合分析的含义、特点与方法。
> (3) 熟悉财务分析的主要资料、分析的目的与方法。
> (4) 掌握财务分析的具体内容,如偿债能力、盈利能力、营运能力、发展能力等财务指标的计算与应用。

第一节 财务分析概述

一、财务分析的含义及作用

(一) 财务分析的含义

财务分析是以企业的财务会计报告以及相关资料为基础,采用一些专门的分析技术与方法,对企业的财务状况、经营成果和现金流量进行研究和评价,在此基础上分析企业内在的财务能力和财务潜力,预测企业未来的财务趋势和发展前景,评估企业的预期收益和风险,从而为特定信息使用者提供有用财务信息的财务管理活动。因此,财务分析是财务管理的重要方法之一,是对企业在一定时期内财务活动的总结,能够为改进财务管理工作和优化经济决策提供重要的财务信息。

(二) 财务分析的作用

在实务中,财务分析可以发挥出以下重要的作用:

（1）财务分析可以全面地评价企业在一定时期内的各种财务能力，比如偿债能力、盈利能力、营运能力和发展能力，从而分析企业运营中存在的问题，总结财务管理工作的经验教训，提高企业的经营管理水平。

（2）财务分析可以为企业信息使用者提供更加系统、完整的会计信息，方便企业更加深入地了解自己的财务状况、经营成果和现金流量情况，为其经济决策提供重要依据。

（3）财务分析可以检查企业内部各职能部门和单位完成经营计划的情况，考核各部门和单位的经营业绩，有利于企业建立和完善业绩评价体系，协调各种财务关系，确保企业顺利达成财务目标。

二、财务分析的主要资料

财务报表是以货币为主要量度，根据日常核算资料加工、整理而形成的，反映企业财务状况、经营成果、现金流量和股东权益的指标体系。它是财务会计报告的主体和核心，包括资产负债表、利润表、现金流量表、所有者权益变动表及相关附表。

企业财务报表的编号、名称、内容和种类如表3-1所示。

表3-1 企业财务报表的编号、名称、内容和种类

编号	名称	内容	种类
会企01表	资产负债表	反映企业在一定会计期间全部资产、负债和所有者权益的情况	月报告、年度报告
会企02表	利润表	反映企业在一定会计期间利润或亏损形成的实际情况	月报告、年度报告
会企03表	现金流量表	反映企业在一定会计期间有关现金和现金等价物的流入和流出情况	年度报告
会企04表	所有者权益变动表	反映企业年末所有者权益或股东权益的变动情况	年度报告
会企01表附表1	资产减值准备明细表	反映企业各项资产减值准备的变动情况	年度报告
会企01表附表2	应交增值税明细表	反映企业应交增值税的情况	月报告、年度报告
会企02表附表1	利润分配表	反映企业利润分配的情况和年末未分配利润的结余情况	年度报告
会企02表附表2	分部报表（业务分部）	反映企业各行业经营业务的收入、成本、费用、营业利润、资产总额以及负债总额的情况	年度报告
会企02表附表3	分部报表（地区分部）	反映企业各地区经营业务的收入、成本、费用、营业利润、资产总额以及负债总额的情况	年度报告

下面主要介绍财务分析涉及的几种财务报表。

（一）资产负债表

资产负债表可以提供企业某一特定日期的负债总额及其结构，表明企业未来需要多少资产或劳务清偿债务以及清偿时间；可以反映投资者权益的变动情况；可以为财务分析提供基本资料。财务报表使用者通过资产负债表可以了解企业拥有的经济资源及其分布状况，分析企业的资本来源及构成比例，预测企业资本的变现能力、偿债能力和财务弹性。资产负债表的格式如表3-2所示。

表3-2 资产负债表的格式

会企01表

编制单位：　　　　　　　　　　　　　　年　月　日　　　　　　　　　　　　单位：元

资　产	期末余额	年初余额	负债和所有者权益（或股东权益）	期末余额	年初余额
流动资产：			流动负债：		
货币资金			短期借款		
交易性金融资产			交易性金融负债		
衍生金融资产			衍生金融负债		
应收票据			应付票据		
应收账款			应付账款		
应收账款融资			预收款项		
预付款项			合同负债		
其他应收款			应付职工薪酬		
存货			应交税费		
合同资产			其他应付款		
持有待售资产			持有待售负债		
一年内到期的非流动资产			一年内到期的非流动负债		
其他流动资产			其他流动负债		
流动资产合计			流动负债合计		
非流动资产：			非流动负债：		
债权投资			长期借款		
其他债权投资			应付债券		
长期应收款			其中：优先股		
长期股权投资			永续债		
其他权益工具投资			租赁负债		
其他非流动金融资产			长期应付款		
投资性房地产			预计负债		

续表

资　产	期末余额	年初余额	负债和所有者权益（或股东权益）	期末余额	年初余额
固定资产			递延收益		
在建工程			递延所得税负债		
生产性生物资产			其他非流动负债		
油气资产			非流动负债合计		
使用权资产			负债合计		
无形资产			所有者权益（或股东权益）：		
开发支出			实收资本（或股本）		
商誉			其他权益工具		
长期待摊费用			其中：优先股		
递延所得税资产			永续债		
其他非流动资产			资本公积		
非流动资产合计			减：库存股		
			其他综合收益		
			专项储备		
			盈余公积		
			未分配利润		
			所有者权益（或股东权益）合计		
资产总计			负债和所有者权益（或股东权益）总计		

我国资产负债表的主体部分采用账户式结构。报表主体分为左右两方：左方列示资产各项目，反映全部资产的分布及存在形态；右方列示负债和所有者权益各项目，反映全部负债和所有者权益的内容及构成情况。资产各项目按其流动性由大到小排列；负债各项目按其到期日的远近顺序排列。每个项目又分年初余额、期末余额两个栏次。资产负债表左右双方平衡，即资产总计等于负债及所有者权益（或股东权益）总计。

（二）利润表

利润表可以反映企业在一定期间收入的实现情况、费用消耗情况和生产经营活动的成果（利润或亏损总额），为经济决策提供基本资料。财务报表使用者通过分析利润表可以了解企业在一定时期内的经营成果信息，分析并预测企业的盈利能力。

利润表正表的格式一般分为单步式和多步式。单步式利润表是将当期所有收入列在一起，然后将所有的费用列在一起，两项相减得出当期损益。多步式利润表是按利润形成的几个环节分步骤地将有关收入与成本费用相减，从而得出净利润。

我国《企业会计制度》规定利润表正表采用多步式，利润表的格式如表3-3所示。

表3-3 利润表的格式

会企02表

编制单位：　　　　　　　　　　　　年　月　日　　　　　　　　　　　　单位：元

项　　目	本期金额	上期金额
一、营业收入		
减：营业成本		
税金及附加		
销售费用		
管理费用		
研发费用		
财务费用		
其中：利息费用		
利息收入		
加：其他收益		
投资收益（损失以"-"号填列）		
其中：对联营企业和合营企业的投资收益		
以摊余成本计量的金融资产终止确认收益（损失以"-"号填列）		
净敞口套期收益（损失以"-"号填列）		
公允价值变动收益（损失以"-"号填列）		
信用减值损失（损失以"-"号填列）		
资产减值损失（损失以"-"号填列）		
资产处置收益（损失以"-"号填列）		
二、营业利润（亏损以"-"号填列）		
加：营业外收入		
减：营业外支出		
三、利润总额（亏损总额以"-"号填列）		
减：所得税费用		
四、净利润（净亏损以"-"号填列）		
（一）持续经营净利润（净亏损以"-"号填列）		
（二）终止经营净利润（净亏损以"-"号填列）		
五、其他综合收益的税后净额		
（一）不能重分类进损益的其他综合收益		
1. 重新计量设定收益计划变动额		

续表

项　　目	本期金额	上期金额
2. 权益法下不能转损益的其他综合收益		
……		
（二）将重分类进损益的其他综合收益		
1. 权益法下可转损益的其他综合收益		
2. 其他债权投资公允价值变动损益		
3. 金融资产重分类计入其他综合收益的金额		
4. 其他债权投资信用减值准备		
5. 现金流量套期储备		
6. 外币财务报表折算差额		
……		
六、综合收益金额		
七、每股收益		
（一）基本每股收益		
（二）稀释每股收益		

（三）现金流量表

财务报表使用者通过对现金流量表、资产负债表和利润表的分析，可以了解企业现金流转的效果，评价企业的支付能力和偿债能力；能够合理预测企业未来现金流量，从而为编制现金流量计划、合理使用现金创造条件；可以从现金流量的角度了解企业净利润的质量，从而为分析和判断企业的财务前景提供依据。

现金流量表中的现金是指企业的库存现金以及可以随时用于支付的存款。它不仅包括"库存现金"账户核算的库存现金，也包括"银行存款"账户核算的存入金融企业、随时可以用于支付的存款，还包括"其他货币资金"账户核算的外埠存款、银行汇票存款、银行本票存款和在途货币资金等其他货币资金。

现金等价物是指企业持有的期限短、流动性强、易于转化为已知金额现金、价值变动风险小的投资。现金等价物虽然不是现金，但其支付能力与现金差别不大，可视为现金。一项资产要被确认为现金等价物，必须同时具备四个条件，即期限短、流动性强、易于转化为已知金额现金、价值变动风险小。其中，期限短一般是指从购买日起三个月内到期。例如，可在证券市场上流通的三个月内到期的短期债券投资就属于现金等价物。

现金流量可以分为三类，即经营活动产生的现金流量、投资活动产生的现金流量和筹资活动产生的现金流量。

1. 经营活动产生的现金流量

经营活动产生的现金流入项目主要有销售商品、提供劳务收到的现金，收到税费返还，以及收到其他与经营活动有关的现金。经营活动产生的现金流出项目主要有购买商品、接受劳务支付的现金，支付给职工以及为职工支付的现金，支付的各项税费，以及支付其他与经营活动有关的现金。

2. 投资活动产生的现金流量

投资活动产生的现金流入项目主要有收回投资收到的现金，取得投资收益收到的现金，处置固定资产、无形资产和其他长期资产收回的现金净额，处置子公司及其他营业单位收到的现金净额，以及收到其他与投资活动有关的现金。投资活动产生的现金流出项目主要有购建固定资产、无形资产和其他长期资产所支付的现金、投资支付的现金，以及支付其他与投资活动有关的现金。

3. 筹资活动产生的现金流量

筹资活动是指导致企业资本及债务规模和构成发生变化的活动。此处的资本既包括实收资本（股本），也包括资本溢价（股本溢价）；此处的债务包括向银行借款、发行债券以及偿还债务等。筹资活动产生的现金流入项目主要有吸收投资收到的现金、取得借款收到的现金，以及收到其他与筹资活动有关的现金。筹资活动产生的现金流出项目主要有偿还债务所支付的现金，分配股利、利润或偿付利息支付的现金，以及支付其他与筹资活动有关的现金。

现金流量表的格式及其补充资料如表 3-4 和表 3-5 所示。

表 3-4　现金流量表的格式

会企 03 表

编制单位：　　　　　　　　　　年度　　　　　　　　　　　单位：元

项　目	本期金额	上期金额
一、经营活动产生的现金流量		
销售商品、提供劳务收到的现金		
收到税费返还		
收到其他与经营活动有关的现金		
经营活动现金流入小计		
购买商品、接受劳务支付的现金		
支付给职工以及为职工支付的现金		
支付的各项税费		
支付其他与经营活动有关的现金		
经营活动现金流出小计		

续表

项　　目	本期金额	上期金额
经营活动产生的现金流量净额		
二、投资活动产生的现金流量		
收回投资收到的现金		
取得投资收益收到的现金		
处置固定资产、无形资产和其他长期资产收回的现金净额		
处置子公司及其他营业单位收到的现金净额		
收到其他与投资活动有关的现金		
投资活动现金流入小计		
购建固定资产、无形资产和其他长期资产所支付的现金		
投资支付的现金		
取得子公司及其他营业单位支付的现金净额		
支付其他与投资活动有关的现金		
投资活动现金流出小计		
投资活动产生的现金流量净额		
三、筹资活动产生的现金流量		
吸收投资收到的现金		
取得借款收到的现金		
收到其他与筹资活动有关的现金		
筹资活动现金流入小计		
偿还债务所支付的现金		
分配股利、利润或偿付利息支付的现金		
支付其他与筹资活动有关的现金		
筹资活动现金流出小计		
筹资活动产生的现金流量净额		
四、汇率变动对现金及现金等价物的影响		
五、现金及现金等价物净增加额		
加：期初现金及现金等价物余额		
六、期末现金及现金等价物余额		

表3-5　现金流量表的补充资料

补充资料	本期金额	上期金额
1. 将净利润调节为经营活动现金流量		

续表

补充资料	本期金额	上期金额
净利润		
加：资产减值准备		
固定资产折旧、油气资产折耗、生产性生物资产折旧		
无形资产摊销		
长期待摊费用摊销		
处置固定资产、无形资产和其他长期资产的损失（收益以"-"填列）		
固定资产报废损失（收益以"-"填列）		
公允价值变动损失（收益以"-"填列）		
财务费用（收益以"-"填列）		
投资损失（收益以"-"填列）		
递延所得税资产减少（增加以"-"填列）		
递延所得税负债增加（减少以"-"填列）		
存货的减少（增加以"-"填列）		
经营性应收项目的减少（增加以"-"填列）		
经营性应付项目的增加（减少以"-"填列）		
其他		
经营活动产生的现金流量净额		
2. 不涉及现金收支的重大投资和筹资活动		
债务转为资本		
一年内到期的可转换公司债券		
融资租入的固定资产		
3. 现金及现金等价物净变动情况		
现金的期末余额		
减：现金的期初余额		
加：现金等价物的期末余额		
减：现金等价物的期初余额		
现金及现金等价物净增加额		

（四）所有者权益变动表

在所有者权益变动表中，当期损益、直接计入所有者权益的利得和损失，以及与所有者的资本交易有关的所有者权益的变动要分别列示。我国《企业会计准则》规定企业编报的所有者权益变动表的格式如表3-6所示。

表 3-6 所有者权益变动表的格式

会企 04 表

编制单位：　　　　　　　　　　　　　　　　　年度　　　　　　　　　　　　　　　　　单位：元

项目	本年金额										上年金额									
	实收资本（或股本）	其他权益工具			资本公积	减：库存股	其他综合收益	专项储备	盈余公积	未分配利润	所有者权益合计	实收资本（或股本）	其他权益工具			资本公积	减：库存股	其他综合收益	专项储备	盈余公积	未分配利润	所有者权益合计
		优先股	永续债	其他									优先股	永续债	其他							
一、上年期末余额																						
加：会计政策变更																						
前期差错更正																						
其他																						
二、本年年初余额																						
三、本年增减变动金额（减少以"—"号填列）																						
（一）综合收益总额																						
（二）所有者投入和减少资本																						
1. 所有者投入普通股																						
2. 其他权益工具持有者投入资本																						
3. 股份支付计入所有者权益的金额																						

续表

项目	本年金额											上年金额										
	实收资本（或股本）	其他权益工具			资本公积	减：库存股	其他综合收益	专项储备	盈余公积	未分配利润	所有者权益合计	实收资本（或股本）	其他权益工具			资本公积	减：库存股	其他综合收益	专项储备	盈余公积	未分配利润	所有者权益合计
		优先股	永续债	其他									优先股	永续债	其他							
4. 其他																						
（三）利润分配																						
1. 提取盈余公积																						
2. 对所有者（或股东）的分配																						
3. 其他																						
（四）所有者权益内部结转																						
1. 资本公积转增资本（或股本）																						
2. 盈余公积转增资本（或股本）																						
3. 盈余公积弥补亏损																						
4. 设定收益计划变动额结转留存收益																						
5. 其他																						
四、本年年末余额																						

三、财务分析的目的

财务分析的目的取决于人们使用会计信息的目的。尽管财务分析所依据的资料是客观的，但由于不同的人关心的问题不同，因此财务分析的目的也各不相同。会计信息的使用者主要包括投资者、债权人、管理层、政府部门等，企业投资者更关心企业的盈利能力；债权人则侧重于分析企业的偿债能力；企业经营管理层为改善企业的经营必须全面了解企业的生产经营情况和财务状况；政府部门关心的是企业遵纪守法、按期纳税等。

四、财务分析的方法

进行财务分析时，首先应采取恰当的方法，选择与分析目的有关的信息，找出这些信息之间的重要联系，研究和揭示企业的经济状况及财务变动趋势，获取高质量的有效财务信息。选用恰当的方法可获得事半功倍的效果，财务分析的方法主要有比较分析法、比率分析法和因素分析法。

（一）比较分析法

比较分析法是将同一企业不同时期的财务状况或不同企业之间的财务状况进行比较，将两个或几个有关的可比数据进行对比，从而揭示企业财务状况存在差异和矛盾的分析方法。按比较对象和比较内容不同，比较分析法有不同的类型。

1. 按比较对象分类

（1）与本企业历史相比，即与同一企业不同时期的指标比较。

（2）与同类企业相比，即与行业平均数或竞争对手比较。

（3）与本企业预算相比，即将实际执行结果与计划指标进行比较。

2. 按比较内容分类

（1）比较会计要素的总量。总量是指财务报表项目的总金额，如资产总额、净利润等。总量比较主要用于趋势分析，以分析发展趋势。有时，总量比较也用于横向比较分析，从而分析企业的相对规模和竞争地位。

（2）比较结构百分比。该方法是将资产负债表、利润表、现金流量表转换成百分比报表，从而发现有显著问题的项目。

（3）比较财务比率。财务比率表现为相对数，排除了规模的影响，使不同对象间的比较变得可行。

（二）比率分析法

比率分析法是通过计算各种比率指标来确定财务活动变动程度的方法。比率指标主要包括构成比率、效率比率和相关比率。

1. 构成比率

构成比率又称为结构比率，是某项财务指标的各组成部分数值占总体数值的百分比，反映部分与总体的关系。例如，企业资产中流动资产、固定资产和无形资产占资产总额的百分比（资产构成比率），企业负债中流动负债和长期负债占负债总额的百分比（负债构成比率）。利用构成比率，可以考察总体中某个部分的形成和安排是否合理，以便协调各项财务活动。

2. 效率比率

效率比率是某项财务活动中所费与所得的比率，反映了投入和产出之间的关系，如成本利润率、销售利润率和资产报酬率等。利用效率比率指标，可以进行得失比较，考察经营成果，评价经济效益。

3. 相关比率

相关比率是将某个经济项目和与其有关但又不同的项目加以对比所得的比率，反映有关经济活动的相互关系，如流动比率、速动比率等。利用相关比率指标，可以考察企业相互关联的业务安排是否合理，以保障经营活动顺利进行。

（三）因素分析法

因素分析法是依据分析指标与其影响因素的关系，按照一定的程序和方法，从数量上确定各因素对分析指标的影响方向和影响程度的一种方法。因素分析法主要包括连环替代法和差额分析法。

1. 连环替代法

连环替代法是将分析指标分解为各个可以计量的因素，并根据各个因素之间的依存关系，依次用各因素的比较值（通常为实际值）替代基准值（通常为标准值或计划值），从而测定各因素对分析指标的影响的方法。

连环替代法的分析步骤如下：

（1）确定分析对象及需要分析的财务指标，比较其实际数额和标准数额（如上年实际数额），并计算两者的差额。

（2）确定该财务指标的驱动因素，即根据该财务指标的形成过程，建立财务指标与各驱动因素之间的函数关系模型。

（3）确定驱动因素的替代顺序。

（4）按顺序计算各驱动因素脱离标准的差异对财务指标的影响。

【例3-1】某企业2019年10月某种原材料费用的实际数是4 620元，而其计划数是4 000元，实际数比计划数增加620元。由于原材料费用由产品产量、单位产品材料消耗量和材料单价三个因素的乘积组成，因此可以把材料费用这一总指标分解为三个因素，然后逐个来分析它们对材料费用总额的影响程度。现假设这三个因素的数值如表3-7所示。

表3-7 某企业材料费用情况

项目	单位	计划数	实际数
产品产量	件	100	110
单位产品材料消耗量	千克	8	7

续表

项目	单位	计划数	实际数
材料单价	元	5	6
材料费用总额	元	4 000	4 620

请运用连环替代法计算各因素变动对材料费用总额的影响。

解：根据表 3-7 中的资料，材料费用总额实际数较计划数增加 620 元。运用连环替代法，计算各因素变动对材料费用总额的影响，即

计划指标：100×8×5 = 4 000（元） ①
第一次替代：110×8×5 = 4 400（元） ②
第二次替代：110×7×5 = 3 850（元） ③
第三次替代：110×7×6 = 4 620（元） ④
实际指标：

② - ① = 4 400-4 000 = 400（元）　　产量增加的影响
③ - ② = 3 850-4 400 = -550（元）　　材料节约的影响
④ - ③ = 4 620-3 850 = 770（元）　　价格提高的影响
400-550+770 = 620（元）　　全部因素的影响

2. 差额分析法

差额分析法是连环替代法的一种简化形式，是利用各个因素的比较值与基准值之间的差额来计算各因素对分析指标的影响的方法。

【例 3-2】沿用表 3-7 中的资料，请采用差额分析法确定各因素变动对材料费用的影响。

解：采用差额分析法计算如下：

由于产量增加对材料费用的影响：(110-100)×8×5 = 400（元）。
由于材料节约对材料费用的影响：110×(7-8)×5 = -550（元）。
由于价格提高对材料费用的影响：110×7×(6-5) = 770（元）。

在运用因素分析法时要注意以下几个问题：

(1) 构成财务指标的各个因素与财务指标之间在客观上存在因果关系。

(2) 确定正确的替换顺序。在实际工作中，一般是先替换数量指标，后替换质量指标；先替换实物指标，后替换价值指标；先替换主要指标，后替换次要指标。

(3) 因素替换要按顺序依次进行，不能从中间隔地替换，已替换的指标要用实际指标，尚未替换的指标要用计划指标或基期指标。

五、财务分析的局限性

财务分析仅仅是发现问题，不提供解决问题的方案，具体该如何解决问题，取决于财务

人员解读财务分析的结果，即取决于财务人员的经验或主观判断。此外，人们运用财务比较分析法时必须注意比较的环境或限定条件，因为只有在限定意义上的比较才有意义。

第二节 财务能力分析

企业的财务能力主要包括偿债能力、盈利能力、营运能力和发展能力。对企业财务状况进行分析，离不开对这四个方面的分析。

一、偿债能力分析

偿债能力是指企业偿还自身到期债务的能力。偿债能力的高低是衡量企业财务状况好坏的重要标志。分析偿债能力，有利于债权人做出正确的借贷决策，有利于企业经营管理者做出正确的经营决策，也有利于投资者做出正确的投资决策。债务一般按到期时间分为短期债务和长期债务，偿债能力分析也分为短期偿债能力分析和长期偿债能力分析。

（一）短期偿债能力分析

短期偿债能力是指企业偿还流动负债的能力。一般来说，流动负债需要以流动资产来偿付，因而可以反映企业流动资产的变现能力。评价企业短期偿债能力的财务指标主要有营运资金、流动比率、速动比率和现金比率等。

1. 营运资金

营运资金是指流动资产超过流动负债的部分。其计算公式为

$$营运资金 = 流动资产 - 流动负债$$

【例3-3】某公司20×9年年末流动资产为10 000万元，流动负债为5 000万元，则该公司20×9年年末营运资金为多少？

解：该公司20×9年年末营运资金为

$$营运资金 = 10\,000 - 5\,000 = 5\,000（万元）$$

计算营运资金使用的流动资产和流动负债，通常可以直接取自资产负债表。资产负债表项目分为流动项目和非流动项目，并且按照流动性强弱排序，方便了计算营运资金和分析流动性。营运资金越多，偿债越有保障。当流动资产大于流动负债时，营运资金为正，说明企业财务状况稳定，不能偿债的风险较小。反之，当流动资产小于流动负债时，营运资金为负，此时，企业部分非流动资产以流动负债作为资金来源，企业不能偿债的风险很大。因此，企业必须保持正的营运资金，以避免流动负债的偿付风险。

营运资金是绝对数，不便于不同企业之间的比较。

【例3-4】A公司和B公司有相同的营运资金，如表3-8所示。是否意味着它们具有相同的偿债能力呢？

表 3-8 A 公司和 B 公司的营运资金　　　　　　　　　　万元

项目	A 公司	B 公司
流动资产	600	2 400
流动负债	200	2 000
营运资金	400	400

解：尽管 A 公司和 B 公司营运资金都为 400 万元，但是 A 公司的偿债能力明显高于 B 公司，原因是 A 公司的营运资金占流动资产的比例是 2/3，即流动资产中只有 1/3 用于偿还流动负债；而 B 公司的营运资金占流动资产的比例是 1/6，即流动资产的绝大部分（5/6）用于偿还流动负债。

因此，直接使用营运资金作为偿债能力的衡量指标有局限性，偿债能力更多地通过债务的存量比率来评价。

2. 流动比率

流动比率是企业流动资产与流动负债的比率。企业能否偿还流动负债，要看其有多少流动资产，以及有多少可以变现的流动资产。流动资产越多，流动负债越少，则企业的短期偿债能力越强。也就是说，流动比率是指每 1 元的流动负债有多少的流动资产作为偿还的保证。其计算公式为

$$流动比率 = 流动资产 \div 流动负债$$

式中，流动资产一般是指资产负债表中的期末流动资产总额，流动负债一般是指资产负债表中的期末流动负债总额。

【例 3-5】 某公司 20×9 年年末流动资产为 10 000 万元，流动负债为 5 000 万元，则该公司 20×9 年年末流动比率为多少？

解：该公司 20×9 年年末流动比率为

$$流动比率 = 10\ 000 \div 5\ 000 = 2$$

一般情况下，流动比率越高，说明企业的短期偿债能力越强。当前国际上通常认为，流动比率的警戒线为 1，而流动比率等于 2 时较为适当，过高或过低的流动比率均不好。流动比率过高，表明企业流动资产没有得到有效利用，会影响资金的使用效率和筹集资金的成本，进而可能会影响企业的获利能力；流动比率过低，表明企业短期偿债能力弱，对企业经营不利。

3. 速动比率

速动比率是指企业的速动资产与流动负债的比率。它是用来衡量企业速动资产可以立即变现偿付流动负债的能力。速动资产是指从流动资产中扣除变现能力较差且不稳定的存货、预付账款、一年内到期的非流动资产等之后的余额。速动比率与速动资产的计算公式为

$$速动比率 = 速动资产 \div 流动负债$$

$$速动资产 = 货币资金 + 交易性金融资产 + 应收账款 + 应收票据$$

$$= 流动资产 - 存货 - 预付账款 - 一年内到期的非流动资产$$

【例 3-6】 某公司 20×9 年年末的流动资产为 10 000 万元,流动负债为 5 000 万元,存货、预付账款、一年内到期的非流动资产分别为 1 000 万元、1 200 万元、1 300 万元,则该公司 20×9 年年末的速动比率为多少?

解: 该公司 20×9 年年末的速动比率为

$$速动比率=(10\,000-1\,000-1\,200-1\,300)÷5\,000=1.3$$

一般情况下,由于剔除了变现能力较差的存货、预付账款、不稳定的一年内到期的非流动资产等项目,速动比率反映的短期偿债能力更加可信,比流动比率更加准确。一般情况下,速动比率越高,表明企业偿还流动负债的能力越强。当前国际上通常认为,速动比率等于 1 较为适当。

4. 现金比率

现金资产包括货币资金和交易性金融资产等。现金资产与流动负债的比值称为现金比率。其计算公式为

$$现金比率=现金资产÷流动负债$$

$$现金资产=货币资金+交易性金融资产$$

现金比率剔除了应收账款对偿债能力的影响,最能反映企业直接偿付流动负债的能力,表明每 1 元流动负债有多少现金资产作为偿债保障。由于流动负债在一年内(或一个营业周期内)陆续到期清偿,所以并不需要企业时时保留相当于流动负债金额的现金资产。当前国际上认为,0.2 的现金比率就可以接受。而这一比率过高,就意味着企业过多资源占用在盈利能力较低的现金资产上,从而影响企业的盈利能力。

【例 3-7】 某公司 20×9 年年末货币资金为 2 000 万元,交易性金融资产为 3 000 万元,流动负债为 5 000 万元,则该公司 20×9 年年末的现金比率为多少?

解: 该公司 20×9 年年末的现金比率为

$$现金比率=(2\,000+3\,000)÷5\,000=1$$

现实中,企业对流动比率、速动比率、现金比率的分析应结合不同行业的特点综合考虑,不可采用统一的标准。

(二)长期偿债能力分析

长期偿债能力是指企业偿还长期负债的能力。企业要结合长期负债的特点,在明确影响长期偿债能力因素的基础上,从企业的盈利能力和资产规模两方面对企业偿还长期负债的能力进行计算与分析,说明企业长期偿债能力的基本状况及变动原因,为进行正确的负债经营指明方向。评价企业长期偿债能力的财务指标主要有资产负债率、产权比率和已获利息倍数。

1. 资产负债率

资产负债率是负债总额除以资产总额的百分比。它反映企业资产总额中通过借债来筹集资金的比例,以及企业保护债权人利益的程度。其计算公式为

$$资产负债率=负债总额÷资产总额×100\%$$

【例 3-8】 某公司 20×9 年年末资产总额为 25 000 万元，年末负债总额为 10 000 万元，则该公司的资产负债率为多少？

解： 该公司的资产负债率为

$$资产负债率 = 10\,000 \div 25\,000 \times 100\% = 40\%$$

一般情况下，资产负债率越低，表明企业长期偿债能力越强。国内的观点认为，资产负债率不应高于 50%，而国际上通常认为资产负债率等于 60% 较为适当。在现实中，企业的资产负债率往往高于该比例。

资产负债率越高，表明企业偿还长期债务的能力越弱，风险越大；反之，企业偿还长期债务的能力越强。对于债权人来说，资产负债率越低越好，企业偿债有保障，贷款不会有太大风险。对于股东来说，其关心的主要是投资收益，在资本利润率高于借款利息率时，负债比率越大越好；否则，负债比率越小越好。

由于企业的长期偿债能力受盈利能力的影响很大，所以实践中通常把长期偿债能力分析与盈利能力分析结合起来。

2. 产权比率

产权比率又称负债股权比率，是负债总额与所有者权益总额的比率。它表明债权人提供的资金与所有者提供的资金之间的比例，以及单位投资者承担风险的程度。其计算公式为

$$产权比率 = 负债总额 \div 所有者权益总额 \times 100\%$$

【例 3-9】 在【例 3-8】中，该公司的产权比率为多少？

解： 该公司的产权比率为

$$产权比率 = 10\,000 \div (25\,000 - 10\,000) \times 100\% = 66.7\%$$

产权比率与资产负债率对评价偿债能力的作用基本相同。两者的主要区别是资产负债率侧重于分析债务偿付安全性的物质保障程度，产权比率则侧重于揭示财务结构的稳健程度以及自有资金对偿债风险的承受能力。高产权比率意味着高风险的财务结构。

3. 权益乘数

权益乘数是资产总额与所有者权益总额的比值。权益乘数可以反映出企业财务杠杆作用的大小。权益乘数越大，表明股东投入的资本在资产中所占的比重越小，财务杠杆作用越大。其计算公式为

$$权益乘数 = 资产总额 \div 所有者权益总额$$

【例 3-10】 在【例 3-8】中，该公司的权益乘数为多少？

解： 该公司的权益乘数为

$$权益乘数 = 25\,000 \div (25\,000 - 10\,000) = 1.67$$

4. 已获利息倍数

已获利息倍数又称利息保障倍数，是指企业息税前利润总额与利息费用的比率，可用于衡量企业偿付借款利息的能力。其计算公式为

$$已获利息倍数 = 息税前利润总额 \div 利息费用$$

$$\text{息税前利润总额} = \text{净利润} + \text{利息费用} + \text{所得税}$$
$$= \text{利润总额} + \text{利息费用}$$

式中，息税前利润总额是指利润表中扣除利息费用和所得税前的利润；利息费用是指本期发生的全部应付利息，不仅包括财务费用中的利息费用，还应包括计入固定资产成本的资本化利息。资本化利息虽然不在利润表中扣除，但仍然是要偿还的。已获利息倍数主要衡量企业支付利息的能力，没有足够大的息税前利润，利息的支付就会发生困难。

【例3-11】某公司20×9年的利润总额为2 000万元，实际利息费用为400万元，则该公司的已获利息倍数为多少？

解：该公司的已获利息倍数为
$$\text{已获利息倍数} = (2\ 000 + 400) \div 400 = 6$$

已获利息倍数反映支付利息的利润来源（息税前利润总额）与利息支出之间的关系。该比率越高，表明企业的长期偿债能力越强。从长期看，已获利息倍数至少要大于1（国际公认标准为3），也就是说，息税前利润总额至少要大于利息费用，企业才具有偿还债务利息的可能性。如果已获利息倍数过低，企业将面临亏损、偿债的安全性与稳定性下降的风险。在短期内，已获利息倍数小于1也仍然具有利息支付能力，因为计算息税前利润总额时减去的一些折旧和摊销费用并不需要支付现金。但这种支付能力是暂时的，当企业需要重置资产时，势必发生支付困难。因此，在分析时需要比较企业连续多个会计年度（如5年）的已获利息倍数，以说明企业付息能力的稳定性。

二、盈利能力分析

企业盈利能力不仅关系到所有者的利益，还关系到债权人及其他利益相关者的利益。盈利能力是指企业在一定时期内获取利润的能力。反映企业盈利能力的指标很多，主要有销售毛利率、销售净利率、成本费用利润率、盈余现金保障倍数、总资产净利率、净资产收益率等。

（一）销售毛利率

销售毛利率又称为毛利率，是企业毛利额与销售收入的比率。其中，毛利额是销售收入与销售成本之差。相关计算公式为
$$\text{销售毛利率} = \text{毛利额} \div \text{销售收入} \times 100\%$$
$$\text{毛利额} = \text{销售收入} - \text{销售成本}$$

【例3-12】某公司20×9年的销售收入为15 000万元，销售成本为7 000万元，则销售毛利率为多少？

解：该公司的销售毛利率为
$$\text{毛利额} = 15\ 000 - 7\ 000 = 8\ 000\ (\text{万元})$$
$$\text{销售毛利率} = 8\ 000 \div 15\ 000 \times 100\% = 53\%$$

销售毛利率表示每1元销售收入扣除销售成本后，有多少资金可用于各项期间费用和形

成盈利。毛利额是基础,如果没有足够大的毛利额,企业就不可能盈利。

(二) 销售净利率

销售净利率是企业净利润与销售收入净额的比率。其计算公式为

$$销售净利率 = 净利润 \div 销售收入净额 \times 100\%$$

【例3-13】某公司20×9年的净利润为5 000万元,销售收入净额为15 000万元,则该公司的销售净利率为多少?

解: 该公司的销售净利率为

$$销售净利率 = 5\,000 \div 15\,000 \times 100\% = 33\%$$

销售净利率反映的是每1元销售收入净额带来的净利润。销售净利率越高,企业主营业务的市场竞争力越强,发展潜力越大,盈利能力越强。

(三) 成本费用利润率

成本费用利润率是企业在一定期间利润总额与成本费用总额的比率。相关计算公式为

$$成本费用利润率 = 利润总额 \div 成本费用总额 \times 100\%$$

$$成本费用总额 = 销售成本 + 营业费用 + 管理费用 + 财务费用$$

【例3-14】某公司20×9年的利润总额为6 000万元,销售成本为12 000万元,营业费用为5 000万元,管理费用为3 000万元,财务费用为2 000万元,则该公司的成本费用利润率为多少?

解: 该公司的成本费用利润率为

$$成本费用利润率 = 6\,000 \div (12\,000 + 5\,000 + 3\,000 + 2\,000) \times 100\% = 27\%$$

成本费用利润率越高,企业为取得利润而付出的代价越小,成本费用控制得越好,盈利能力越强。

(四) 盈余现金保障倍数

盈余现金保障倍数是企业在一定期间内经营现金净流量与净利润的比率。盈余现金保障倍数的计算公式为

$$盈余现金保障倍数 = 经营现金净流量 \div 净利润$$

【例3-15】某公司20×9年经营现金净流量为5 000万元,净利润为4 000万元,则该公司的盈余现金保障倍数为多少?

解: 该公司的盈余现金保障倍数为

$$盈余现金保障倍数 = 5\,000 \div 4\,000 = 1.25$$

通常来说,当企业当期净利润大于零时,盈余现金保障倍数应当大于1。该指标值越大,表明企业经营活动产生的净利润对现金的贡献越大,企业的利润质量越高。

(五) 总资产净利率

总资产净利率又称总资产收益率、总资产报酬率,是企业在一定时期内的净利润和资产

平均总额的比率,可以用来衡量企业运用全部资产获利的能力,反映企业投入与产出的关系。其计算公式为

$$总资产净利率 = 净利润 \div 资产平均总额 \times 100\%$$

$$资产平均总额 = (年末资产总额 + 年初资产总额) \div 2$$

【例3-16】 某公司20×9年净利润为5 000万元,年初资产总额为20 000万元,年末资产总额为25 000万元,则该公司的总资产净利率为多少?

解: 该公司的总资产净利率为

$$总资产净利率 = 5\,000 \div [(25\,000 + 20\,000) \div 2] \times 100\% = 22\%$$

(六) 净资产收益率

净资产收益率又称为所有者权益报酬率,是企业一定时期的净利润与平均净资产总额的比率。净资产收益率可以反映资本经营的盈利能力,净资产收益率越高,企业的盈利能力越强。其计算公式为

$$净资产收益率 = 净利润 \div 平均净资产总额 \times 100\%$$

$$平均净资产总额 = (年末净资产总额 + 年初净资产总额) \div 2$$

【例3-17】 某公司20×9年净利润为960万元,年初净资产总额为12 000万元,年末净资产总额为15 000万元,则该公司的净资产收益率为多少?

解: 该公司的净资产收益率为

$$净资产收益率 = 960 \div [(15\,000 + 12\,000) \div 2] \times 100\% = 7\%$$

净资产收益率反映股东权益的收益水平,用以衡量企业运用自有资本的效率。该指标越高,说明投资带来的收益越高。由于净资产收益率的综合性最强,因此是最常用的评价企业盈利能力的指标。在我国上市公司业绩综合排序中,该指标居于首位。

三、营运能力分析

营运能力是指企业经营管理中利用资金运营的能力,主要表现为资产管理,即资产利用的效率。营运能力反映了企业的劳动效率和资金周转情况。人们通过对企业营运能力的分析,可以了解企业的营运状况和经营管理水平。劳动效率高,资金周转状况好,说明企业的经营管理水平高,资金利用效率高。

营运能力取决于资产的周转速度,通常用周转率和周转期来表示。周转率是企业在一定时期内资产的周转额与平均余额的比率,反映企业资产在一定时期内的周转次数。周转期是周转次数的倒数与计算期天数的乘积,反映资产周转一次所需要的天数。两者的计算公式为

$$资产周转率(周转次数) = 资产周转额 \div 资产平均余额$$

$$资产周转期(周转天数) = 计算期天数 \div 资产周转次数$$

$$= 资产平均余额 \times 计算期天数 \div 资产周转额$$

评价企业营运能力的常用财务比率有应收账款周转率、存货周转率、流动资产周转率、

固定资产周转率和总资产周转率等。

(一) 应收账款周转率

应收账款在流动资产中有着举足轻重的作用,及时收回应收账款不仅可以提高企业的短期偿债能力,还可以体现企业较强的应收账款管理水平。当今,应收账款周转率是评价企业应收账款流动性的重要财务比率。其计算公式为

$$应收账款周转率 = 销售净额 \div 平均应收账款余额$$

$$平均应收账款余额 = (年初应收账款余额 + 年末应收账款余额) \div 2$$

式中,销售净额可以从利润表中获取。

需要指出的是,上述公式中的应收账款包括会计核算中的应收账款和应收票据等全部赊销款项。如果应收账款余额的波动较大,就应当尽可能详细地计算资料,如按每月的应收账款余额来计算其平均占用额。

【例3-18】 某公司20×9年年末应收账款余额为1 500万元,年初应收账款余额为500万元,销售净额为3 000万元,则该公司的应收账款周转率为多少?

解:该公司的应收账款周转率为

$$应收账款周转率 = 3\,000 \div [(1\,500 + 500) \div 2] = 3$$

一般情况下,应收账款周转率越高越好。应收账款周转率高,表明企业收账迅速,账龄较短,资产流动性强,短期偿债能力强,可以减少收账费用和坏账损失。影响该指标正确计算的因素有季节性经营、大量使用分期付款结算方式、大量使用现金结算、年末大量销售或年末销售额大幅度下降,这些因素都会对该指标的计算结果产生较大影响。此外,应收账款周转率过高,可能是奉行了比较严格的信用政策、信用标准和付款条件过于苛刻的结果。这会限制销售量的扩大,从而影响企业的盈利水平。这种情况往往表现为存货周转率同时偏低。如果企业的应收账款周转率过低,则说明企业催收应收账款的效率太低,或者信用政策过于宽松,这样会影响企业资金的利用效率和正常周转。因此,在使用该指标进行分析时,应结合该企业前期指标、行业平均水平及其他类似企业的指标判断,并对该企业做出评价。

应收账款周转天数反映企业从取得应收账款的权利到收回款项,并将其转换为现金所需的时间。应收账款周转天数越短,反映企业的应收账款周转速度越快。其计算公式为

$$应收账款周转天数 = 360 \div 应收账款周转率$$

【例3-19】 在【例3-18】中,该公司的应收账款周转天数为多少?

解:该公司的应收账款周转天数为

$$应收账款周转天数 = 360 \div 3 = 120 (天)$$

(二) 存货周转率

在流动资产中,存货所占比重一般较大,存货的流动性对流动资产的流动性影响很大。分析存货周转的目的是找出存货管理中的问题,使存货管理在保证生产经营正常进行的同时尽量节约营运资金,提高资金的使用效率,增强企业的短期偿债能力,促进企业管理水平的

提高。存货周转率是评价存货流动性的重要财务比率，反映了存货的周转速度。相关计算公式为

$$存货周转率=销售成本÷平均存货余额$$

$$平均存货余额=（期初存货余额+期末存货余额）÷2$$

式中，销售成本可以从利润表中获取。

【例3-20】 某公司20×9年年末存货余额为1 000万元，年初存货余额为500万元，销售成本为1 500万元，则该公司的存货周转率为多少？

解：该公司的存货周转率为

$$存货周转率=1\ 500÷[（1\ 000+500）÷2]=2$$

存货周转率反映存货的周转速度，可以用来衡量企业的销售能力及存货水平。一般情况下，存货周转率高，表明存货变现速度快，周转额较大，资金占用水平较低；存货周转率低，表明企业经营管理不善，销售状况不好，造成存货积压。存货周转率并非越高越好，若存货周转率过高，也可能是因为企业在存货管理方面存在一些问题，如存货水平太低，或采购次数过于频繁、批量太小等。

财务人员在对存货周转率进行分析时，除应分析批量因素、季节性因素外，还应对存货的结构和影响存货的重要项目进行深入调查和分析，并结合实际情况做出判断。

存货周转天数表示存货周转一次所经历的时间。存货周转天数越短，说明存货周转的速度越快。其计算公式为

$$存货周转天数=360÷存货周转率$$

【例3-21】 在【例3-20】中，该公司的存货周转天数为多少？

解：该公司的存货周转天数为

$$存货周转天数=360÷2=180（天）$$

（三）流动资产周转率

流动资产在企业资产中占有重要地位，因而管理好流动资产对提高企业经济效益、实现财务管理目标有重要的作用。

流动资产周转率是销售净额与全部流动资产平均余额的比率，是反映全部流动资产利用效率的指标。相关计算公式为

$$流动资产周转率=销售净额÷全部流动资产平均余额$$

$$全部流动资产平均余额=（流动资产期初余额+流动资产期末余额）÷2$$

【例3-22】 某公司20×9年年末流动资产为10 000万元，年初流动资产为6 000万元，销售净额为16 000万元，则该公司的流动资产周转率为多少？

解：该公司的流动资产周转率为

$$流动资产周转率=16\ 000÷[（10\ 000+6\ 000）÷2]=2$$

一般情况下，流动资产周转率越高，表明以相同的流动资产完成的周转额越多，流动资

产的利用效果越好。流动资产周转速度快,意味着企业相对节约流动资产或相对扩大资产投入,从而增强企业的盈利能力;流动资产周转速度缓慢,意味着企业需要补充流动资产,从而降低企业的盈利能力。流动资产周转天数的计算公式为

$$流动资产周转天数 = 360 \div 流动资产周转率$$

【例3-23】 在【例3-22】中,该公司的流动资产周转天数为多少?

解: 该公司的流动资产周转天数为

$$流动资产周转天数 = 360 \div 2 = 180（天）$$

(四) 固定资产周转率

固定资产周转率是销售净额与固定资产平均净值的比率,反映企业全部固定资产的周转情况,是衡量固定资产利用效率的一项指标。相关计算公式为

$$固定资产周转率 = 销售净额 \div 固定资产平均净值$$

$$固定资产平均净值 = （期初固定资产净值 + 期末固定资产净值） \div 2$$

【例3-24】 某公司20×9年年末固定资产净值为10 000万元,年初固定资产净值为8 000万元,销售收入净额为15 000万元,则该公司的固定资产周转率为多少?

解: 该公司的固定资产周转率为

$$固定资产周转率 = 15\,000 \div [（10\,000 + 8\,000） \div 2] = 1.67$$

固定资产周转率主要用于对企业大型固定资产的利用效率进行分析。通常情况下,固定资产周转率高,表明企业固定资产利用充分,固定资产投资得当,固定资产结构合理,能够充分发挥资产效率。固定资产周转天数的计算公式为

$$固定资产周转天数 = 360 \div 固定资产周转率$$

【例3-25】 在【例3-24】中,该公司的固定资产周转天数为多少?

解: 该公司的固定资产周转天数为

$$固定资产周转天数 = 360 \div 1.67 = 216（天）$$

(五) 总资产周转率

总资产周转率是企业销售净额与企业平均资产总额的比率,反映企业全部资产的利用效率。相关计算公式为

$$总资产周转率 = 销售净额 \div 平均资产总额$$

$$平均资产总额 = （期初资产总额 + 期末资产总额） \div 2$$

【例3-26】 某公司20×9年年末资产总额为25 000万元,年初资产总额为25 000万元,销售净额为15 000万元,则该公司的总资产周转率为多少?

解: 该公司的总资产周转率为

$$总资产周转率 = 15\,000 \div [（25\,000 + 25\,000） \div 2] = 0.6$$

通常情况下,总资产周转率越高,表明企业全部资产的使用效率越高,企业的销售能力越强。总资产周转天数的计算公式为

总资产周转天数＝360÷总资产周转率

【例3-27】在【例3-26】中，该公司的总资产周转天数为多少？

解：该公司的总资产周转天数为

总资产周转天数＝360÷0.6＝600（天）

四、发展能力分析

发展能力是指企业未来生产经营的发展趋势和发展水平。反映企业发展能力的指标主要有销售增长率、资本积累率和资产增长率。

（一）销售增长率

销售增长率是企业本年销售收入增长额与上年销售收入总额的比率。其计算公式为

销售增长率＝本年销售收入增长额÷上年销售收入总额×100%

本年销售收入增长额＝本年销售收入总额－上年销售收入总额

【例3-28】某公司20×9年销售收入为15 000万元，20×8年销售收入为12 000万元，则该公司20×9年的销售增长率为多少？

解：该公司20×9年的销售增长率为

销售增长率＝（15 000－12 000）÷12 000×100%＝25%

若销售增长率大于零，则表示企业本年的销售收入有增长。该指标值越高，表明企业的增长速度越快，企业市场前景越好。若销售增长率小于零，则表示企业本年的销售收入有所减少，企业市场表现不好。对此，企业应查明原因，及时采取对策。

（二）资本积累率

资本积累率是企业年末所有者权益增长额与年初所有者权益的比率。其计算公式为

资本积累率＝年末所有者权益增长额÷年初所有者权益×100%

年末所有者权益增长额＝期末所有者权益总额－期初所有者权益总额

【例3-29】某公司20×9年年末所有者权益总额为15 000万元，年初所有者权益总额为12 000万元。假定不考虑其他因素，则该公司的资本积累率为多少？

解：该公司的资本积累率为

资本积累率＝（15 000－12 000）÷12 000×100%＝25%

若资本积累率大于零，则表明企业的资本积累在增加，应付风险与持续发展的能力在增强；若资本积累率小于零，则表明企业的资本积累在减少，应付风险与持续发展的能力在减弱。

（三）资产增长率

资产增长率是企业本年总资产增长额与年初资产总额的比率。其计算公式为

资产增长率＝本年总资产增长额÷年初资产总额×100%

【例3-30】某公司20×9年年初的资产总额为15 000万元，年末资产总额为12 000万元，则该企业20×9年的资产增长率为多少？

解：该企业 20×9 年的资产增长率为

$$资产增长率 = (12\,000 - 15\,000) \div 15\,000 \times 100\% = -20\%$$

资产增长率是用来衡量企业资产规模增长幅度的财务指标。若资产增长率大于零，则表明企业本年度的资产规模扩大了。资产增长率越大，说明企业资产规模扩大的速度越快；若资产增长率小于零，则说明企业本年度的资产规模有所缩小；若资产增长率为零，则说明企业本年度的资产规模不变。

第三节　财务综合分析

利用财务比率进行深入分析，虽然可以了解企业各个方面的财务状况，但无法了解企业各个方面财务状况之间的关系。为了弥补这一不足，分析人员可以将所有指标按其内在联系结合起来，以全面反映企业整体财务状况以及经营成果，对企业进行总体评价。财务综合分析是指将各项财务指标作为一个整体，应用一个简洁明了的分析体系，系统、全面、综合地对企业的财务状况和经营情况进行剖析、解释和评价，以对企业一定时期复杂的财务状况和经营成果做出最综合和最概括的总体评价。财务综合分析的方法有多种，最常用的是杜邦分析法与沃尔评分法。

一、杜邦分析法

杜邦分析法又称为杜邦财务分析体系，简称杜邦体系，是利用各主要财务比率指标间的内在联系对企业财务状况及经济效益进行综合系统分析评价的方法。该体系是以净资产收益率为起点，以总资产净利率和权益乘数为基础，重点揭示企业盈利能力及权益乘数对净资产收益率的影响，以及各相关指标间的相互影响和作用关系。因其最初由美国杜邦企业成功应用，故得名。

杜邦分析法将净资产收益率分解，杜邦系统如图 3-1 所示，其分析关系式为

$$净资产收益率 = 总资产净利率 \times 权益乘数$$

总资产净利率反映企业的资产盈利性，权益乘数反映企业的资本结构。但总资产净利率又受销售净利率和总资产周转率的影响，计算公式为

$$总资产净利率 = 销售净利率 \times 总资产周转率$$

该公式反映公司的经营战略。一些公司营业净利率较高，而总资产周转次数较低；另一些公司与之相反，总资产周转次数较高，而营业净利率较低，两者经常反方向变化。而净资产收益率又可表示为

$$净资产收益率 = 销售净利率 \times 总资产周转率 \times 权益乘数$$

式中，销售净利率是利润表的概括，反映企业经营成果；权益乘数是资产负债表的概括，反映企业最基本的财务状况；总资产周转率把利润表和资产负债表联系起来，使权益净利率可以综合分析评价整个企业的经营成果和财务状况。

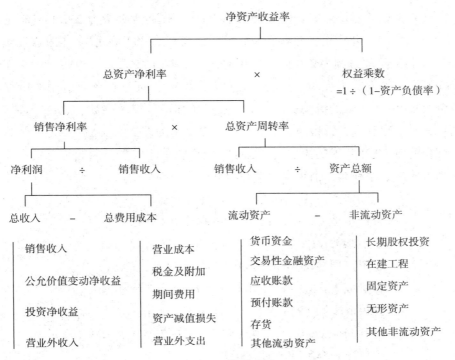

图 3-1 杜邦系统

杜邦系统主要包括净资产收益率、总资产净利率和权益乘数，在揭示上述几种比率之间的关系之后，再将净利润、总资产进行层层分解，这样就可以全面、系统地揭示企业的财务状况以及这一系统内部各个因素之间的相互关系。

从杜邦系统中可以了解以下四种情况：

（1）净资产收益率是一个综合性极强的财务比率。它是杜邦系统图的核心，反映了企业筹资、投资以及资产运用等活动的效率。因此，企业所有者与经营者都非常关心这一财务比率。

（2）销售净利率反映了企业净利润与销售收入之间的关系。要提高销售净利率，主要有两个途径：一是扩大销售收入；二是努力降低成本费用。

（3）总资产周转率是反映企业运用资产以实现销售收入能力的综合指标。人们可以从资产的构成比例是否恰当、资产的使用效率是否正常、资产的运用效果是否理想等方面对总资产周转率进行详细分析。

（4）权益乘数反映所有者权益与总资产的关系。权益乘数越大，企业的负债程度越高，既能给企业带来较大的杠杆利益，又会给企业带来较大的风险。企业只有合理确定负债比例，不断优化资本结构，才能最终有效地提高净资产收益率。

净资产收益率与企业的销售规模、成本水平、资本运营、资本结构等有着密切的联系。这些相关因素构成了一个相互依存的系统，只有将这个系统内的各相关因素协调好，才能使净资产收益率最大。

杜邦分析法的局限性

【例3-31】 A企业20×9年有关财务资料为：年末流动比率为2.1，年末速动比率为1.2，存货周转率为5，年末资产总额为800万元（年初为800万元），年末流动负债总额为70万元，年末长期负债总额为210万元，年初存货成本为75万元。20×9年，A企业的销售收入为640万元，管理费用为45万元，利息费用为50万元。A企业适用的所得税税率为25%。该企业20×9年年末的流动资产总额、资产负债率、权益乘数、总资产周转率、存货成本、销售成本、净利润、销售净利率和净资产收益率为多少？

解： 该企业20×9年年末的流动资产总额、资产负债率、权益乘数、总资产周转率、存货成本、销售成本、净利润、销售净利率和净资产收益率为

流动资产总额 = 70×2.1 = 147（万元）

资产负债率 =（70+210）÷800×100% = 35%

权益乘数 = 1÷（1-35%）= 1.5

总资产周转率 = 640÷800 = 0.8

存货成本 = 147-1.2×70 = 63（万元）

销售成本 =（75+63）÷2×5 = 345（万元）

净利润 =（640-345-45-50）×（1-25%）= 150（万元）

销售净利率 = 150÷640×100% = 23%

净资产收益率 = 23%×0.8×1.5 = 28%

二、沃尔评分法

沃尔评分法是指企业先选定若干重要财务比率，然后根据财务比率的重要程度计算相应的分数而对企业财务状况进行分析的一种方法。沃尔评分法是由亚历山大·沃尔提出的。现在通常认为，企业实际运用沃尔评分法时，应当考虑反映企业偿债能力、营运能力、盈利能力和发展能力的指标。除此之外，企业还应当考虑一些非财务指标。

企业运用沃尔评分法进行财务状况分析的步骤如下：

（1）选定评价企业财务状况的比率指标。企业一般选择能够代表企业财务状况的重要指标。由于企业的盈利能力指标、偿债能力指标、营运能力指标、发展能力指标可以概括企业的基本财务状况，故可以从中选择。

（2）根据各项财务比率指标的重要程度确定其重要性系数。对各项财务比率指标重要程度的判定，一般可以根据企业经营状况、管理要求，以及企业所有者、经营者及债权人的意向综合确定，但其重要性指数之和应等于100。

（3）确定各项财务比率指标的标准值。各项财务比率指标的标准值是指各种实际情况以及可预见的损失。如果标准过高，就会挫伤企业全体员工的积极性。通常，财务比率指标的标准值可以本行业的平均数为基础并加以修正。在我国，企业绩效评价标准值由国务院国有资产监督管理委员会确定并发布。

（4）计算企业一定时期内各项财务比率指标的实际值。

（5）计算各财务比率指标的实际值与标准值的比率，即关系比率。其计算公式为

$$关系比率 = 实际值 \div 标准值$$

（6）计算各项财务比率指标的得分并进行加总。各项财务比率指标的得分的计算公式为

$$各项财务比率指标的得分 = 重要性系数 \times 关系比率$$

若各项财务比率指标的综合得分超过 100，则说明企业财务状况良好；若综合得分为 100 或接近 100，则说明企业财务状况基本良好；若综合得分不足 100 且与 100 有较大差距，则说明企业财务状况不佳，有待进一步改善。

需要指出的是，企业在评分时，需要规定各项财务比率指标评分值的上限和下限，即最高评分值和最低评分值，以免个别指标的异常给总评分造成不合理的影响。上限一般定为正常评分值的 1.5 倍，下限一般定为正常评分值的 0.5 倍。

习 题

一、单项选择题

1. 以下（　　）是衡量企业短期偿债能力的指标。
   A. 资产负债率　　　　　　　　　B. 流动比率
   C. 销售毛利率　　　　　　　　　D. 应收账款周转率
2. 从企业债权者角度看，财务分析的最直接目的是看（　　）。
   A. 盈利能力　　　　　　　　　　B. 营运能力
   C. 偿债能力　　　　　　　　　　D. 发展能力
3. 某企业资产总额为 600 万元，负债总额为 400 万元，则权益乘数为（　　）。
   A. 1.5　　　　　　　　　　　　　B. 3
   C. 2　　　　　　　　　　　　　　D. 1
4. 从资产流动性方面反映总资产效率的指标是（　　）。
   A. 总资产净利率　　　　　　　　B. 总资产收入率
   C. 总资产周转率　　　　　　　　D. 产品销售率
5. 杜邦分析法是（　　）。
   A. 基本因素分析的方法　　　　　B. 财务综合分析的方法
   C. 财务综合评价的方法　　　　　D. 财务预测分析的方法
6. （　　）是反映盈利能力的核心指标。
   A. 总资产报酬率　　　　　　　　B. 销售净利率
   C. 总资产周转率　　　　　　　　D. 净资产收益率
7. 在计算流动比率、速动比率、现金比率这三个财务指标时，都需要利用的项目是（　　）。
   A. 流动资产　　　　　　　　　　B. 速动资产
   C. 总资产　　　　　　　　　　　D. 流动负债
8. 净资产收益率在杜邦分析中是综合性最强、最具代表性的指标。通过对杜邦系统的

分析可知，提高净资产收益率的途径不包括（　　）。

A. 加强销售管理，提高销售净利率　　B. 加强资产管理，提高其利用率和周转率

C. 加强负债管理，降低资产负债率　　D. 加强负债管理，提高产权比率

9. 某公司上年度和本年度的流动资产年均占用额分别为100万元和120万元，流动资产周转率分别为6次和8次，则本年度比上年度销售收入增加（　　）万元。

A. 180　　　　　　　　　　　　　　B. 360

C. 320　　　　　　　　　　　　　　D. 80

10. 以下（　　）不是判断盈利能力强弱的指标。

A. 资本积累率　　　　　　　　　　　B. 销售净利率

C. 总资产净利率　　　　　　　　　　D. 成本费用利润率

二、多项选择题

1. 下列关于存货周转率的表述中，正确的有（　　）。

A. 存货周转次数多，表明存货周转快　　B. 存货周转次数少，表明存货周转快

C. 存货周转天数多，表明存货周转快　　D. 存货周转天数少，表明存货周转快

2. 影响速动比率的因素有（　　）。

A. 应收账款　　　　　　　　　　　　B. 存货

C. 短期借款　　　　　　　　　　　　D. 应收票据

3. 下列各项中，反映企业长期偿债能力的指标有（　　）。

A. 资产负债率　　　　　　　　　　　B. 产权比率

C. 权益乘数　　　　　　　　　　　　D. 已获利息倍数

4. 下列各项中，反映企业盈利能力的指标有（　　）。

A. 总资产净利率　　　　　　　　　　B. 净资产收益率

C. 销售毛利率　　　　　　　　　　　D. 销售净利率

5. 下列各项中，属于财务分析方法的有（　　）。

A. 比较分析法　　　　　　　　　　　B. 比率分析法

C. 连环替代法　　　　　　　　　　　D. 差额分析法

三、判断题

1. 由于利益倾向的差异，决定了不同利益主体在进行财务分析时，不会存在共同利益。　　　　　　　　　　　　　　　　　　　　　　　　　　　　　（　）

2. 已获利息倍数中的利息费用仅指财务费用中的利息费用，而不包括计入固定资产价值的资本化利息。　　　　　　　　　　　　　　　　　　　　　　　（　）

3. 如果一个企业的盈利能力较强，则该企业的偿债能力一定较好。　　（　）

4. 流动比率与速动比率之差等于现金比率。　　　　　　　　　　　　（　）

5. 影响速动比率可信度的重要因素是应收账款的质量。　　　　　　　（　）

6. 产权比率为3/4，则权益乘数为4/3。　　　　　　　　　　　　　　（　）

7. 杜邦分析的核心指标是净资产收益率。　　　　　　　　　　　　　（　）

8. 在因素分析法中，差额分析法是连环替代法的简便运算形式。　　　（　）

9. 对于任何行业而言，流动比率应该超过2比较合适。   （   ）

10. 存货周转率越高越好。   （   ）

四、简答题

1. 简述财务分析的方法。

2. 请列举偿债能力分析、盈利能力分析、营运能力分析、发展能力分析的指标。

五、计算题

1. 已知某公司20××年的销售净利率为6%，销售毛利率为25%，销售费用与销售收入的比率为10%。请完成如表3-9所示该公司此年的利润表。

表3-9　某公司利润表（简表）

编制单位：某公司　　　　　　20××年×月　　　　　　　　　　　　　　元

项　目	本期金额	上期金额
一、营业收入		（略）
减：营业成本		
销售费用		
财务费用	700	
二、营业利润		
加：营业外收入	—	
减：营业外支出	—	
三、利润总额		
减：所得税费用（税率25%）		
四、净利润		

2. 某企业期末资产负债表（简表）如表3-10所示。

表3-10　资产负债表（简表）　　　　　　　　　　　　　　　　元

资产	期末余额	负债和所有者权益	期末余额
货币资金	25 000	应付账款	
应收账款		应交税费	25 000
存货		长期负债	
固定资产	294 000	实收资本	200 000
		未分配利润	
资产总计	432 000	负债和所有者权益总计	

已知该企业的期末流动比率为1.5，本期存货周转次数为4.5次，本期销售成本为315 000元，期初存货等于期末存货，资产负债率为50%。请分别计算期初和期末的存货数、应收账款净额、应付账款、长期负债和未分配利润。

第四章

长期筹资管理

> **学习目标**
>
> (1) 了解企业长期筹资的概念与分类。
> (2) 熟悉权益资金的筹集方式。
> (3) 熟悉负债资金的筹集方式。
> (4) 理解与掌握资金需要量的预测方法。

第一节 长期筹资概述

一、长期筹资的概念与企业筹资的动机

(一) 长期筹资的概念

长期筹资是指企业根据其经营活动、投资活动和调整资本结构等长期需要,通过长期筹资渠道和资本市场,运用长期筹资方式,经济有效地筹措和集中长期资本的活动。长期筹资是企业筹资的主要内容,短期筹资则归为营运资金管理的内容。

(二) 企业筹资的动机

企业筹资最基本的目的,是维持企业的经营和发展,为企业的经营活动提供资金保障,但具体的筹资行为往往受特定动机的驱动,如为提高技术水平购置新设备而筹资,为对外投资活动而筹资,为产品研发而筹资,为解决资金周转的临时需要而筹资等。各种具体的筹资原因,归纳起来可分为 5 种筹资动机,即创立性筹资动机、支付性筹资动机、扩张性筹资动

机、调整性筹资动机和混合性筹资动机。

1. 创立性筹资动机

创立性筹资动机,是指企业设立时,为取得资本金并创造开展经营活动的基本条件而产生的筹资动机。资金,是设立企业的第一道门槛。根据我国《公司法》《合伙企业法》《个人独资企业法》等相关法律可知,任何一个企业或公司在设立时都要求有符合企业章程或公司章程规定的全体股东认缴的出资额。在企业创建时,要按照企业经营规模核定长期资本需要量和流动资金需要量,购建厂房设备等,安排铺底流动资金,形成企业的经营能力。这样,就需要筹措注册资本和资本公积等股权资金。股权资金不足部分,需要筹集银行借款等债务资金。

2. 支付性筹资动机

支付性筹资动机,是指为了满足企业经营业务活动的正常波动所形成的支付需要而产生的筹资动机。企业在开展经营活动的过程中,经常会出现超出维持正常经营活动资金需求的季节性、临时性的交易支付需要,如原材料购买的大额支付、员工工资的集中发放、银行借款的提前偿还、股东股利的发放等。这些情况要求除了正常经营活动的资金投入以外,还需要通过经常的临时性筹资来满足经营活动的正常波动需求,维持企业的支付能力。

3. 扩张性筹资动机

扩张性筹资动机,是指企业因扩大经营规模或对外投资而产生的筹资动机。企业维持简单再生产所需要的资金是稳定的,通常不需要或很少需要追加筹资。一旦企业扩大再生产、经营规模扩张、开展对外投资,就需要大量追加筹资。具有良好发展前景、处于成长期的企业,往往会产生扩张性的筹资动机。扩张性的筹资活动在筹资的时间和数量上都要服从于投资决策和投资计划的安排,避免资金的闲置和投资时机的贻误,扩张性筹资的直接结果,往往是企业资产总规模的增加和资本结构的明显变化。

4. 调整性筹资动机

调整性筹资动机,是指企业因调整资本结构而产生的筹资动机。资本结构调整的目的在于降低资本成本、控制财务风险和提升企业价值,企业产生调整性筹资动机的具体原因大致有两个方面。一方面是优化资本结构,合理利用财务杠杆效应。企业现有资本结构不尽合理的原因有:债务资本比例过高,有较大的财务风险;股权资本比例较大,企业的资本成本负担较重。这些情况可以通过筹资增加股权或债务资金,达到调整、优化资本结构的目的。另一方面是偿还到期债务,进行债务结构内部调整。例如,流动负债比例过大,使得企业近期偿还债务的压力较大,可以举借长期债务来偿还部分短期债务;又如,一些债务即将到期,企业虽然有足够的偿债能力,但为了保持现有的资本结构,可以举借新债以偿还旧债。调整性筹资的目的是调整资本结构,而不是为企业经营活动追加资金,这类筹资通常不会增加企业的资本总额。

5. 混合性筹资动机

在实务中,企业筹资的目的可能不是单纯和唯一的,通过追加筹资,既满足了经营活动、投资活动的资金需要，又达到了调整资本结构的目的。这类情况很多，可以归纳称之为混合性筹资动机。例如，企业对外产权投资需要大额资金，通过增加长期贷款或发行公司债券解决，这种情况既扩张了企业规模，又使企业的资本结构有了较大的变化。混合性筹资动机一般是基于企业规模扩张和调整资本结构两种目的，兼具扩张性筹资动机和调整性筹资动机的特性，同时增加了企业的资产总额和资本总额，也使企业的资产结构和资本结构同时变化。

二、长期筹资的分类

根据筹资范围、筹资机制和资本属性，企业的长期筹资分为不同的类型。

（一）权益筹资与负债筹资

按照资金来源渠道不同，长期筹资分为权益筹资和负债筹资。权益筹资又称自有资金筹资，是指企业通过发行股票、吸收直接投资、内部积累等方式筹集资金。负债筹资又称为借入资金筹资，是指企业通过发行债券、向银行借款、融资租赁等方式筹集资金。

（二）内部筹资与外部筹资

按资本来源范围的不同，长期筹资分为内部筹资和外部筹资。内部筹资是指企业通过利润留存而形成的筹资来源。外部筹资是指企业在内部筹资不能满足需要时，向企业外部筹资而形成的筹资来源。企业外部筹资的方式很多，主要有发行股票、发行债券、银行借款等。

（三）直接筹资与间接筹资

按是否借助银行等金融机构，长期筹资分为直接筹资和间接筹资。直接筹资是指企业不借助银行等金融机构，直接与资本所有者协商融通资本的一种筹资活动。间接筹资是指企业借助银行等金融机构融通资本的筹资活动。在间接筹资中，银行等金融机构相当于中介的作用。

三、长期筹资的渠道与方式

（一）长期筹资的渠道

长期筹资的渠道是指筹措资金的方向与通道。

1. 国家财政资金

出于控制和掌握关系国家安全和国民经济命脉的重要行业和关键领域，支持和引导非国有经济发展等需要，国家财政需要以各种形式向企业投入资金。

2. 银行信贷资金

我国银行主要分为中央银行、商业银行和政策性银行。其中，商业银行是以营利为目的、从事信贷资金投放的金融机构，主要为企业提供各种商业贷款。政策性银行主要为特定企业提供政策性贷款。银行对企业的各种贷款是目前我国各类企业最为重要的资金来源。

3. 非银行金融机构资金

非银行金融机构主要有金融资产管理公司、信托投资公司、金融租赁公司、企业集团的财务公司等。这类金融机构的资金力量比商业银行小，且业务受限较多，一般起辅助贷款的作用。

4. 民间资金

民间资金主要是指民营企业的流动资产和家庭的金融资产。改革开放以来，我国以市场经济为取向的改革创造了大量社会财富，集聚了大量的民间资本。

5. 其他企业资金

其他企业单位可能会因业务关系、投资需求、商业信用等直接向企业提供权益资金或者债务资金。

6. 外商资金

外商资金是指外国投资者投入的资金。我国融入世界经济以后，通过贷款、发行股票、债券、租赁、合资、合作经营、出口信贷等方式的综合利用，企业可从国外的金融机构、企业及社会公众处获得大量资金，筹资渠道日益扩大。

7. 企业自身积累资金

企业提取的公积金和未分配利润等留存收益可转化为生产经营资金，作为企业稳定的、几乎没有成本的资金。

（二）长期筹资的方式

1. 吸收直接投资

全民所有制企业、有限责任公司、采取发起方式设立的股份有限公司等可以接受投资者以货币或者非货币资产向企业出资或者增资。

2. 发行股票

募集的股本按照所有权性质可以分为国家股、国有法人股、外资股、其他法人股、个人股等不同类型。

3. 利用留存收益

留存收益是企业的自留资金，主要来源于盈余公积和未分配利润。

4. 长期借款

长期借款是指企业根据借款协议或合同向银行或其他金融机构借入的、期限在一年以上的各种借款。

5. 发行企业债券

企业债券持券人可按期取得利息，到期收回本金，但无权参与企业的经营管理，也不参加分红，对企业不承担任何责任。企业对通过发行债券取得的资金，应当按照规定用途安排使用。

6. 融资租赁

融资租赁是由租赁公司按承租单位的要求出资购买设备,在较长的合同期内提供给承租单位使用的一种信用业务。它以融通资金为主要目的,是融资与融物相结合的、带有商品销售性质的租赁活动,是企业筹集资金的重要方式。

四、筹资管理的原则

(一) 规模适度

规模适度原则是指企业应根据生产经营及发展的需要,合理确定筹资规模。企业筹集资金,要合理预测,确定资金的需要量。筹资规模与资金需要量应当匹配,既要避免因筹资不足而影响生产经营的正常进行,又要防止因筹资过多而造成资金闲置。

(二) 取得及时

企业在筹资过程中必须按照投资机会来把握筹资时机,适时获得所需资金,以避免因取得资金过早而造成投资前的资金闲置或者因取得资金相对滞后而错过资金投放的最佳时间。

(三) 结构合理

筹资结构合理,一方面指要合理确定股权资本与债务资本的结构,也就是合理确定企业的债务资本规模或比例,债务资本的规模应当与股权资本的规模和企业的偿债能力相适应,在这方面,既要避免债务资本过多,导致财务风险过高,偿债负担过重;又要有效地利用债务资本经营,提高股权资本的收益水平;另一方面,指要合理确定长期资本与短期资本的比例,也就是合理确定企业全部资本的期限结构,要使其与企业资产所需持有的期限相匹配。

(四) 成本经济

筹资成本经济,一方面要认真分析投资机会,追求投资效益,避免不顾投资效益而盲目筹资;另一方面,由于不同筹资方式的资本成本的高低不尽相同,也需要综合研究各种筹资方式,寻求最优的筹资组合,以降低资本成本,经济有效地筹集资金。

五、资金需要量的预测方法

(一) 因素分析法

因素分析法又称为分析调整法,是指以有关项目基期年度的平均资金需要量为基础,根据预测年度的生产经营任务和资金周转加速的要求进行分析调整,从而预测资金需要量的一种方法。这种方法计算简便,容易掌握,但预测结果不太精确。它通常用于品种繁多、规格复杂、资金用量较小的项目。因素分析法的计算公式为

资金需要量=(基期资金平均占用额-不合理资金占用额)×

(1+预测期销售增长率)×(1-预测期资金周转速度增长率)

【例4-1】甲企业上年度资金平均占用额为10 000万元,经分析,其中不合理部分为

900万元,预计本年度销售下降5%,资金周转速度放缓1%。则预测本年度资金需要量为多少万元?

解: 预测本年度资金需要量=(10 000−900)×(1−5%)×(1+1%)= 8 731.45(万元)

(二)销售额比率法

销售额比率法是指以资金与销售额的比率为基础预测未来资金需要量的方法。这种方法以两个基本假定为前提:一是企业的部分资产和负债与销售额同比例变化(在财务上称为敏感项目,包括敏感性资产项目和敏感性负债项目);二是企业各项资产、负债与所有者权益的结构已达到最优。其预测的基本步骤如下:

第一步,确定销售变动额。

第二步,确定随销售额变动而变动的资产和负债项目。

第三步,确定需要增加的资金数额。

第四步,确定需要对外筹资的数额。

【例4−2】光华公司2019年12月31日的资产负债表(简表)如表4−1所示。假定光华公司2019年销售额为10 000万元,销售净利率为10%,利润留存率为40%。2020年销售额预计增长20%,公司有足够的生产能力,无须追加固定资产投资,销售净利率和股利支付率不变。请计算该公司2020年需要对外筹资的数额。

敏感性资产与敏感性负债

表4−1 光华公司2019年资产负债表(简表)   万元

资产	金额	负债与权益	金额
现 金	500	短期借款	2 500
应收账款	1 500	应付账款	1 000
存 货	3 000	预提费用	500
固定资产	3 000	公司债券	1 000
—	—	实收资本	2 000
—	—	留存收益	1 000
合计	8 000	合计	8 000

解:

第一步,确定销售变动额。

$$销售变动额 = 10\,000 \times 20\% = 2\,000(万元)$$

第二步,确定随销售额变动而变动的资产和负债项目。

经过分析,各项资产除了固定资产外都随着销售额的增加而增加,负债与所有者权益中只有应付账款和预提费用随着销售额的增加而增加,如表4−2所示,故资产随销售额的变动率为50%,负债随销售额的变动率为15%。

确定随销售变动而变动的资产和负债项目

表 4-2　光华公司 2×19 年各项资产负债与销售额的关系

资　产	金额/万元	与销售额的关系/%	负债与权益	金额/万元	与销售额的关系/%
现　金	500	5	短期借款	2 500	N
应收账款	1 500	15	应付账款	1 000	10
存　货	3 000	30	预提费用	500	5
固定资产	3 000	N	公司债券	1 000	N
—	—	—	实收资本	2 000	N
—	—	—	留存收益	1 000	N
合计	8 000	50	合计	8 000	15

第三步，确定需要增加的资金数额。

从表 4-2 来看，销售额每增加 100 元，必须增加 50 元的资金占用，同时也要增加 15 元的资金来源。2020 年该公司预计销售增加变动额为 2 000 万元，需要增加资金 700 万元（50%×2 000−15%×2 000）。

第四步，确定需要对外筹资的数额。

该公司 2020 年预计将获得净利润 1 200 万元（12 000×10%），利润留存率 40%，则将有 480 万元被留存下来，还有 220 万元资金必须从外部筹集。

为方便计算，可用以下公式来计算需要对外筹资的数额，即

$$对外筹资需要量 = \frac{A}{S_1} \times \Delta S - \frac{B}{S_1} \times \Delta S - P \times E \times S_2$$

式中，A 表示随销售额变化的资产，B 表示随销售额变化的负债，S_1 表示基期销售额，S_2 表示预测期销售额，ΔS 表示销售变动额，P 表示销售净利率，E 表示留存收益率。

则光华公司对外筹资需要量 = 50%×2 000−15%×2 000−40%×10%×12 000 = 220（万元）。

（三）回归分析法

回归分析法是根据企业历史上资金占用总额与产销量之间的关系，把资金分为不变资金和变动资金两部分，然后结合预计的销售量来预测资金需要量的方法。

不变资金是指在一定的产销量范围内，不受产销量变动的影响而保持固定不变的那部分资金。也就是说，产销量在一定范围内变动，这部分资金保持不变，包括为维持营业而占用的最低数额的现金、原材料的保险储备、必要的成品储备、厂房和机器设备等固定资产占用的资金。

变动资金是指随产销量的变动而同比例变动的那部分资金。它一般包括直接构成产品实体的原材料、外购件等占用的资金。另外，在最低储备以外的现金、存货、应收账款等也具有变动资金的性质。

最常用的线性回归模型为

$$y = a + bx$$

式中，x 表示产销量，y 表示资金需要量，a 表示不变资金，b 表示单位产销量所需的变动资金。

在实际运用中，人们是先根据若干期产销量和资金占用的历史资料，运用最小平方法原理确定 a、b 的值，然后在已知产销量预测的基础上确定资金需要量。相关计算公式为

$$a = \frac{\sum x^2 \sum y - \sum x \sum xy}{n \sum x^2 - (\sum x)^2}$$

$$b = \frac{n \sum xy - \sum x \sum y}{n \sum x^2 - (\sum x)^2}$$

【例 4-3】 某企业 2014—2019 年的产销量和资金变化情况如表 4-3 所示，根据表 4-3 整理出表 4-4。2020 年预计销售量为 150 万件，请预计 2020 年的资金需要量。

表 4-3 某企业 2014—2019 年的产销量与资金变化情况

年度	产销量 x/万件	资金占用 y/万元
2014	120	100
2015	110	95
2016	100	90
2017	120	100
2018	130	105
2019	140	110

解：第一步，根据表 4-3 的有关资料，按上述公式的要求整理出的数据如表 4-4 所示。

表 4-4 产销量与资金需要量回归分析计算

年度	产销量 x/万件	资金占用 y/万元	xy	x^2
2014	120	100	12 000	14 400
2015	110	95	10 450	12 100
2016	100	90	9 000	10 000
2017	120	100	12 000	14 400
2018	130	105	13 650	16 900
2019	140	110	15 400	19 600
	$\sum x = 720$	$\sum y = 600$	$\sum xy = 72\ 500$	$\sum x^2 = 87\ 400$

第二步，将表 4-4 中的有关数据代入公式得

$$a = \frac{87\ 400 \times 600 - 720 \times 72\ 500}{6 \times 87400 - 720^2} = 40$$

$$b = \frac{6 \times 72\ 500 - 720 \times 600}{6 \times 87\ 400 - 720^2} = 0.5$$

第三步，建立线性回归模型，即
$$y = 40 + 0.5x$$
第四步，将 2020 年的预计销售量 150 万件代入回归模型，得出 2020 年的资金需要量 $y=40+0.5\times150=115$（万元）。

第二节　权益筹资

权益筹资一般指企业通过吸收直接投资、发行股票、利用留存收益等方式筹集资金。权益筹资是企业最基本的筹资方式之一。

一、吸收直接投资

吸收直接投资是指企业按照"共同投资、共同经营、共担风险、共享收益"的原则，直接吸收国家、法人、个人和外商投入资金的一种筹资方式。吸收直接投资是非股份制企业筹集权益资本的基本方式。采用吸收直接投资方式的企业，资本不分为等额股份，无须公开发行股票。吸收直接投资的实际出资额中，注册资本部分形成实收资本；超过注册资本的部分属于资本溢价，形成资本公积。

（一）吸收直接投资的种类

1. 吸收国家投资

国家投资是指有权代表国家投资的政府部门或机构，以国有资产投入公司，这种情况下形成的资本称为国有资本。根据《企业国有资本与财务管理暂行办法》的规定，在公司持续经营期间，公司以盈余公积、资本公积转增实收资本的，国有企业和国有独资企业由公司董事会或经理办公会决定，并报主管财政机关备案；股份有限公司和有限责任公司由董事会决定，并经股东（大）会审议通过。

吸收国家投资一般具有三个特点：

(1) 产权归属国家；

(2) 资金的运用和处置受国家约束较大；

(3) 在国有公司中采用比较广泛。

2. 吸收法人投资

法人投资是指法人单位以其依法可支配的资产投入公司，这种情况下形成的资本称为法人资本。

吸收法人投资一般具有三个特点：

(1) 发生在法人单位之间；

(2) 以参与公司利润分配或控制为目的；

(3) 出资方式灵活多样。

3. 合资经营

合资经营是指两个或者两个以上的不同国家的投资者共同投资创办企业，并且共同经营、共担风险、共负盈亏、共享利益的一种直接投资方式。在我国，中外合资经营企业也称为股权式合营企业，它是外国公司、企业或其他经济组织或个人同中国的公司、企业或其他经济组织在中国境内共同投资举办的企业。

中外合资经营一般具有五个特点：

（1）合资经营企业在中国境内，按中国法律规定取得法人资格，为中国法人；

（2）合资经营企业为有限责任公司；

（3）注册资本中，外方合营者的出资比例一般不低于25%；

（4）合资经营期限，遵循《中华人民共和国中外合资经营企业法》等相关法律规定；

（5）合资经营企业的注册资本与投资总额之间应依法保持适当比例关系，投资总额是指按照合营企业合同和章程规定的生产规模需要投入的基本建设资金和生产流动资金的总和。

4. 吸收社会公众投资

社会公众投资是指社会个人或本公司职工以个人合法财产投入公司，这种情况下形成的资本称为个人资本。

吸收社会公众投资一般具有三个特点：

（1）参加投资的人员较多；

（2）每人投资的数额相对较少；

（3）以参与公司利润分配为目的。

（二）吸收直接投资的出资方式

1. 以现金出资

以现金出资是吸收投资的一种重要出资方式，现金比以其他出资方式所筹资本在使用上有更大的灵活性。

2. 以实物出资

以实物出资是指投资者以房屋、建筑物、设备等固定资产和材料、燃料、商品产品等流动资产进行的投资。一般来说，实物投资应符合以下三个条件：

（1）确为企业生产、经营和科研所需。

（2）技术性能较好。

（3）作价公平合理。

3. 以工业产权出资

以工业产权出资是指投资者以商标权、专利权、非专利技术等无形资产进行的投资。投资者以工业产权出资应符合以下四个条件：

（1）有助于企业研究、开发和生产出新的高科技产品。

(2) 有助于企业提高生产效率，改进产品质量。

(3) 有助于企业降低生产消耗、能源消耗等各种消耗。

(4) 作价公平合理。

4. 以土地使用权出资

土地使用权是指土地经营者对依法取得的土地在一定期限内有进行建筑、生产经营或其他活动的权利。土地使用权具有相对的独立性，在土地使用权存续期间，包括土地所有者在内的其他任何人和单位不能任意收回土地和非法干预使用权人的经营活动。企业吸收土地使用权投资应符合以下三个条件：

不能作为吸收直接投资的权利或资产

(1) 确为企业科研、生产和销售活动所需。

(2) 交通、地理条件比较适宜。

(3) 作价公平合理。

（三）吸收直接投资的程序

1. 确定筹资数量

吸收投资一般是在企业开办时使用的一种筹资方式。企业在经营过程中，如果发现自有资金不足，也可采用吸收投资的方式筹集资金，但在吸收投资之前，必须确定所需资金的数量，以正确筹集所需资金。

2. 寻找投资单位

企业在吸收投资之前，需要做一些必要的宣传工作，以便使出资单位了解企业的经营状况和财务情况，有目的地进行投资，这将有利于企业在较多的投资者中寻找最合适的合作伙伴。

3. 协商投资事项

寻找到投资单位后，双方便可进行具体的协商，以便合理确定投资的数量和出资方式。在协商过程中，企业应尽量说服投资者以现金方式出资。如果投资者的确拥有较先进的适用于企业的固定资产和无形资产等，也可用实物、工业产权和土地使用权进行投资。

4. 签署投资协议

双方经初步协商后，如没有太大异议，便可进一步协商。这里的关键问题是以实物投资、工业产权投资和土地使用权投资的作价问题。一般而言，双方应按公平合理的原则协商定价，如果争议比较大，可聘请有关资产评估机构来评定。当出资数额、资产作价确定后，便可签署投资的协议或合同，以明确双方的权利和责任。

5. 共享投资利润

企业在吸收投资之后，应按合同中的有关条款，从实现的利润中对投资者支付报酬。投资报酬是企业利润的一个分配去向，也是投资者利益的体现。企业要妥善处理这个问题，以便与投资者保持良好的关系。

（四）吸收直接投资的优缺点

1. 吸收直接投资的优点

（1）有利于提高企业信誉。通过吸收直接投资筹集到的资金属于企业自有资金，归属所有者权益。与借入资金相比，吸收直接投资能降低资产负债率，增强企业的信誉和举债能力，有利于扩大企业经营规模。

（2）有利于尽快形成生产能力。吸收直接投资不仅可以筹集现金，还能直接取得所需的先进设备和技术，从而尽快地形成企业的生产经营能力。

（3）有利于降低财务风险。吸收直接投资后向投资者支付的报酬较为灵活，企业经营状况好，可以向投资者多支付一些报酬；如果企业经营状况不好，则可不支付或少支付报酬，财务风险较小。

2. 吸收直接投资的缺点

（1）资金成本较高。因为投资者要参与利润分红，所以如果公司有可观的利润，那么利润分红将大大高于其举债的成本。

（2）容易分散企业的控制权。采用吸收直接投资方式，投资者一般都要求获得与投资数量相适应的经营管理权。如果外部投资者的投资较多，达到一定比例后，就会拥有对企业的控制权，容易导致企业控制权的分散。

二、发行股票

（一）股票的概念与分类

1. 股票的概念

股票是股份公司为筹集股权资本而发行的，表示股东按其持有的股份享有权益和承担义务的可转让的书面凭证。股票作为一种所有权凭证，代表着对发行公司净资产的所有权，只能由股份有限公司发行。股票筹资是股份公司筹集资本的主要方法。

股票主要有永久性、流通性、风险性、参与性等特点。

股东最基本的权利是按投入公司的股份额，依法享有公司收益获取权、公司重大决策参与权和选择公司管理者的权利，并以其所持股份为限对公司承担责任。

2. 股票的分类

（1）按股东所承担的权利与义务，股票可分为普通股和优先股。

普通股是股份公司发行的代表着股东享有平等的权利、义务，不加特别限制的，股利不固定的股票。普通股是最基本的股票，具有股票的一般特征，是股份公司资本的最基本部分。普通股股东享有投票权、利润分享权与剩余财产分配权，同时也是企业经营风险的主要承担者。

优先股是股份公司发行的相对于普通股具有一定优先权的股票，其优先权利主要表现在股利分配优先权和分取剩余财产优先权上。优先股股东在股东大会上无表决权，在参与公司经营管理上受到一定限制，仅对涉及优先股权利的问题有表决权。

（2）按股票票面是否记名，股票可分为记名股票和无记名股票。

记名股票是在股票票面上记载有股东姓名或将名称记入公司股东名册的股票；无记名股票不登记股东名称，公司只记载股票数量、编号及发行日期。

我国《公司法》规定，公司向发起人、国家授权投资机构、法人发行的股票为记名股票；向社会公众发行的股票，可以为记名股票，也可以为无记名股票。

（3）按发行对象和上市地区，股票可分为A股、B股、H股、N股和S股等。

A股即人民币普通股票，由我国境内公司发行，境内上市交易，以人民币标明面值，以人民币认购和交易。B股即人民币特种股票，由我国境内公司发行，境内上市交易，以人民币标明面值，以外币认购和交易。H股是注册地在内地、香港上市的股票，依此类推。在纽约和新加坡上市的股票，就分别称为N股和S股。

（二）股票的发行

1. 在主板和中小板上市公司的首次公开发行条件

1）主体资格

（1）合法存续3年以上，其具体如下：

① 发行人应当是依法设立且合法存续的股份有限公司；

② 发行人自股份有限公司成立后，持续经营时间在3年以上，但经国务院批准的除外。

③ 有限责任公司按原账面净资产值折股整体变更为股份有限公司的，持续经营时间可以从有限责任公司成立之日起计算。

（2）资本充实。发行人的注册资本已足额缴纳，发起人或者股东用作出资的资产的财产权转移手续已办理完毕，且发行人的主要资产不存在重大权属纠纷。

（3）生产经营合规。发行人的生产经营符合法律、行政法规和公司章程的规定，符合国家产业政策。

（4）最近3年稳定。发行人最近3年内主营业务和董事、高级管理人员没有发生重大变化，实际控制人没有发生变更。

（5）股权清晰。发行人的股权清晰，控股股东和受控股股东、实际控制人支配的股东持有的发行人股份不存在重大权属纠纷。

2）规范运行

（1）发行人的董事、监事和高级管理人员符合法律、行政法规和规章规定的任职资格，且不得有下列情形：

① 被中国证监会采取证券市场禁入措施尚在禁入期的；

② 最近36个月内受到中国证监会行政处罚，或者最近12个月内受到证券交易所公开谴责的；

③ 因涉嫌犯罪被司法机关立案侦查或者涉嫌违法违规被中国证监会立案调查，尚未有明确结论意见的。

(2) 发行人不得有下列情形：

① 最近 36 个月内未经法定机关核准，擅自公开或者变相公开发行过证券，或者有关违法行为虽然发生在 36 个月前，但目前仍处于持续状态；

② 最近 36 个月内违反工商、税收、土地、环保、海关以及其他法律、行政法规，受到行政处罚，且情节严重；

③ 最近 36 个月内曾向中国证监会提出发行申请，但报送的发行申请文件有虚假记载、误导性陈述或重大遗漏，或者不符合发行条件以欺骗手段骗取发行核准，或者以不正当手段干扰中国证监会及其发行审核委员会审核工作，或者伪造、变造发行人或其董事、监事、高级管理人员的签字、盖章；

④ 本次报送的发行申请文件有虚假记载、误导性陈述或者重大遗漏；

⑤ 涉嫌犯罪被司法机关立案侦查，尚未有明确结论意见；

⑥ 严重损害投资者合法权益和社会公共利益的其他情形。

(3) 发行人的公司章程中已明确对外担保的审批权限和审议程序，不存在为控股股东、实际控制人及其控制的其他企业进行违规担保的情形。

(4) 发行人有严格的资金管理制度，不得有资金被控股股东、实际控制人及其控制的其他企业以借款、代偿债务、代垫款项或者其他方式占用的情形。

3) 财务与会计

(1) 5 大财务指标，即发行人应当符合下列条件：

① 净利润：最近 3 个会计年度净利润均为正数且累计超过人民币 3 000 万元，净利润以扣除非经常性损益前后较低者为计算依据；

② 现金流量净额、营业收入（二者符合其一）：最近 3 个会计年度经营活动产生的现金流量净额累计超过人民币 5 000 万元，或者最近 3 个会计年度营业收入累计超过人民币 3 亿元；

③ 股本总额：发行前股本总额不少于人民币 3 000 万元；

④ 无形资产占比：最近一期期末无形资产（扣除土地使用权、水面养殖权和采矿权等后）占净资产的比例不高于 20%；

⑤ 亏损弥补状况：最近一期期末不存在未弥补亏损。

(2) 发行人申报文件中不得有下列情形：

① 故意遗漏或虚构交易、事项或者其他重要信息；

② 滥用会计政策或者会计估计；

③ 操纵、伪造或篡改编制财务报表所依据的会计记录或者相关凭证。

(3) 发行人不得有下列影响持续盈利能力的情形：

① 发行人的经营模式、产品或服务的品种结构已经或者将发生重大变化，并对发行人的持续盈利能力构成重大不利影响；

② 发行人的行业地位或所处行业的经营环境已经或者将发生重大变化，并对发行人的

持续盈利能力构成重大不利影响；

③ 发行人最近1个会计年度的营业收入或净利润对关联方或者存在重大不确定性的客户存在重大依赖；

④ 发行人最近1个会计年度的净利润主要来自合并财务报表范围以外的投资收益；

⑤ 发行人在用的商标、专利、专有技术以及特许经营权等重要资产或技术的取得或者使用存在重大不利变化的风险；

⑥ 其他可能对发行人持续盈利能力构成重大不利影响的情形。

2. 上市公司公开发行新股的条件

（1）组织机构健全、运行良好。

（2）盈利能力具有可持续性。

（3）财务状况良好。

（4）最近36个月内财务会计文件无虚假记载，且不存在重大违法行为。

（5）募集资金的数额和使用应当符合规定。

（6）不存在不得公开发行证券的情形。

3. 股票发行的程序

（1）设立时发行股票的程序，其具体步骤如下：

第一步，提出募集股份申请。

第二步，公告招股说明书，制作认股书，签订承销协议和代收股款协议。

第三步，招认股份，缴纳股款。

第四步，召开创立大会，选举董事会、监事会。

第五步，办理设立登记，交割股票。

（2）增资发行新股的程序，其具体步骤如下：

第一步，股东大会做出发行新股的决定。

第二步，由董事会向国务院授权的部门或省级人民政府申请并经批准。

第三步，公告新股招股说明书和财务会计报表及附属明细表，与证券经营机构签订承销合同，定向募集时向新股认购人发出认购公告或通知。

第四步，招认股份，缴纳股款。

第五步，改组董事会、监事会，办理变更登记并向社会公告。

4. 股票发行的方式

股票发行的方式可分为以下两种：

1）公开间接发行

公开间接发行是指通过中介机构公开向社会公众发行股票。这种方式的发行范围广，发行对象多，易于足额筹集资本，同时还有利于提高公司的知名度，扩大其影响力；但公开发行方式审批手续复杂严格，发行成本高。公开发行股票又分为首次上市公开发行股票和上市公开发行股票。首次上市公开发行股票（Initial Public Offering, IPO），是指股份有限公司对社会公开发行股票并上市流通和交易。上市公开发行股票，是指股份有限公司已经上市后，在证券交易所、在证券市场上对社会公开发行股票。上市公开发行股票包括增发和配股两种方式。增发是指上市公司向社会公众发售股票的再融资方式；配股是指上市公司向原有股东配售股票的再融资方式。

2）不公开直接发行

不公开直接发行股票，是指股份公司只向少数特定对象直接发行股票，不需要中介机构承销。这种发行方式弹性较大，企业能控制股票的发行过程，节省发行费用；但发行范围小，不易及时足额筹集资本，发行后股票的变现性差。

5. 股票的销售方式

股份有限公司在向社会公开发行股票时可采取自销和委托承销两种方式。

1）自销

自销是指发行公司自己直接将股票销售给认购者。采用此种方式可以节省发行费用，但筹资时间长，并要承担全部发行风险。

2）委托承销

委托承销是指发行公司将股票销售业务委托给证券经营机构代理，是发行公司普遍采用的。委托承销又分为包销和代销两种办法，包销是根据承销协议商定的价格，证券经营机构一次性全部购进发行公司公开募集的全部股份，然后以较高的价格出售给社会上的认购者。而代销指证券经营机构代替发行公司销售股票，并由此获取一定的佣金，但不承担股款未募足的风险。

（三）股票的上市

股票上市是指股份有限公司公开发行的股票经批准在证券交易所挂牌交易。经批准在交易所上市的股票称为上市股票，股票获准上市的股份有限公司称为上市公司。

1. 股票上市的目的

股份公司申请股票上市，一般出于以下五个目的：

（1）筹措资金。

（2）提高公司股票的流动性和变现性，便于投资者认购、交易。

（3）使股权社会化，防止股权过于集中。

（4）确定公司的价值，促进公司实现财富最大化目标。

（5）提高公司的知名度，吸引更多顾客。

然而，股票上市也有对公司不利的一面，这些不利因素主要有：公司信息公开披露的要求可能会暴露公司的商业秘密；上市的费用较高；股价变动有时会歪曲公司的实际状况，影响公司声誉。

2. 股票上市的条件

根据证券交易所股票上市规则，公司申请股票上市，应当符合下列条件：

(1) 股票经中国证监会核准已公开发行。
(2) 公司股本总额不少于人民币 5 000 万元。
(3) 公开发行的股份达到公司股份总数的 25% 以上；公司股本总额超过人民币 4 亿元的，公开发行股份的比例为 10% 以上。
(4) 公司最近 3 年无重大违法行为，财务会计报告无虚假记载。
(5) 证券交易所要求的其他条件。

(四) 普通股筹资的优缺点

1. 普通股筹资的优点

(1) 没有固定的股利负担。若公司有盈利，且认为适合分配股利，则可以分给股东；若公司盈利较少，或虽有盈利但资本短缺或有更有利的投资机会，则可以少支付或者不支付股利。而对于债券或借款的利息，无论企业是否盈利或盈利多少，都必须支付。

(2) 没有固定的到期日，不用偿还。它是公司的永久性资本，只有公司清算才予以清偿。这对于保证公司对资本的最低需要额、促进公司持续稳定经营具有重要作用。

(3) 筹资风险小。由于普通股股本没有固定的到期日，一般也不用支付固定的股利，不存在还本付息的风险。

(4) 能提高公司的信誉。公司的资本实力是公司筹措债务资金的信用基础，公司有了较多的股权资本，就能提高公司的信用价值，增强公司的举债能力。

(5) 筹资限制较少。利用优先股和债券筹资通常有许多限制，而利用普通股筹资则没有这些限制。

2. 普通股筹资的缺点

(1) 资金成本较高。一般而言，股票筹资的成本要大于债务资金，股票投资者要求有较高的报酬，而且股利要从税后利润中支付，而债务资金的利息可在税前扣除。另外，普通股的发行费用也较高。

(2) 容易分散控制权。企业发行新股时，出售新股票、引进新股东会导致公司控制权分散。

三、利用留存收益

(一) 留存收益的概念

从性质上看，企业通过合法有效的经营所实现的税后净利润都属于企业的所有者。因此，属于所有者的利润包括分配给所有者的利润和尚未分配留存于企业的利润。留存收益是留存在企业内部未向外分配的利润。

(二) 留存收益的筹资途径

1. 提取盈余公积

盈余公积是指有指定用途的留存净利润，其提取基数是抵减年初累计亏损后的本年度净利润，包括法定盈余公积和任意盈余公积。

2. 未分配利润

未分配利润是指未指定用途的留存净利润，是经过弥补亏损、提取法定盈余公积与任意盈余公积和向投资者分配利润等之后剩余的利润，是企业留待以后年度进行分配的历年结存的利润。企业对未分配利润的使用有较大的自主权。

（三）利用留存收益筹资的优缺点

1. 利用留存收益筹资的优点

（1）不发生筹资费用。通过留存收益筹集资金，没有固定利息和到期偿还本金的负担，可以节约筹资成本。

（2）有利于保持普通股股东的控制权。利用留存收益筹资，不用对外发行新股或吸收新投资者，由此增加的权益资本不会改变公司的股权结构，不会稀释原有股东的控制权。

（3）增强公司的资信和借款能力。留存收益筹资所筹措的资本是股权资本，它可以增强公司的资本实力，改善公司的资本结构，增强公司的资信状况和偿债能力，提高公司的信用基础，继而增强公司的借款能力。

2. 利用留存收益筹资的缺点

（1）筹资数额有限。当期留存收益的最大数额是当期的净利润，而外部筹资一次性可以筹措大量资金。

（2）资金使用受制约。保留盈余的数量常常会受到企业经营水平和个别股东的限制，毕竟其筹资数额有限，还属于内部筹资，在资金使用上会受到制约。

第三节　负债筹资

负债筹资形成企业的债务资金，债务资金是企业通过长期借款、向社会发行公司债券、融资租赁等方式筹集和取得的资金。长期借款、发行公司债券、融资租赁是负债筹资的基本形式。

一、长期借款

长期借款是指企业向银行或其他非银行金融机构借入的期限在1年以上（不包括1年）或超过1年的一个营业周期以上的各种款项。我国企业的长期借款主要是向金融机构借入的各项长期性借款，如从各专业银行、商业银行取得的贷款。除此之外，还包括向财务公司、投资公司等金融企业借入的款项。

（一）长期借款的种类

1. 按借款的条件分类

按借款的条件，可以把长期借款分为信用借款和担保借款。

信用借款是指以借款人的信誉或保证人的信用为依据而获得的借款。这种借款方式,企业无须以财产做抵押,由于这种借款的风险较高,银行通常要收取较高的利息,往往还附加一定的限制条件。

担保借款是指由借款人或第三方依法提供担保而获得的借款。担保包括保证责任、财产抵押、财产质押,因此,担保借款包括保证借款、抵押借款和质押借款三种基本类型。

2. 按提供借款的机构分类

按提供借款的机构,可以把长期借款分为政策性银行借款、商业性银行借款和其他金融机构借款。

政策性银行借款是指执行国家政策性贷款业务的银行向企业发放的借款,通常为长期借款,如国家开发银行的借款,主要满足企业承建国家重点建设项目的资金需要;中国进出口信贷银行的借款,主要为大型设备的进出口提供买方信贷或卖方信贷;中国农业发展银行的借款,主要用于确保国家对粮、棉、油等政策性收购资金的供应。

商业性银行借款是指由各商业银行,如中国工商银行、中国建设银行、中国农业银行、中国银行等向企业提供的借款,用以满足企业生产经营的资金需要,包括短期借款和长期借款。

其他金融机构借款,如从信托投资公司取得实物或货币形式的信托投资借款、从财务公司取得的各种中长期借款、从保险公司取得的借款等。其他金融机构借款一般较商业性银行借款的期限要长,要求的利率较高,对借款企业的信用要求和担保的选择比较严格。

3. 按企业取得借款的用途分类

按企业取得借款的用途,可以把长期借款分为基本建设借款和专项借款。

基本建设借款是指企业因从事新建、改建、扩建等基本建设项目需要资金而向银行申请借入的款项。

专项借款是指企业因专门用途而向银行申请借入的款项,包括技术改造贷款、大修理贷款、研发和新产品研制贷款、小型技术措施贷款、出口专项贷款、引进技术转让费周转金贷款、进口设备外汇贷款、进口设备人民币贷款及国内配套设备贷款等。

(二) 长期借款的程序

以长期银行借款为例,企业借款的基本程序如下:

1. 企业提出借款申请

企业申请借款,必须填写包括借款金额、借款用途、偿还能力以及还款方式等主要内容的借款申请书,并提供相关资料。

2. 金融机构审查

金融机构审查的内容一般包括以下三个方面:

(1) 对借款人的信用等级进行评估。

(2) 对借款人的信用及借款的合法性、安全性和盈利性等情况进行调查,核实抵押物与保证人情况，测定贷款的风险。

（3）贷款审批。

3. 签订借款合同

借款合同的内容分为基本条款和限制条款。基本条款是借款合同必须具备的条款，一般包括借款种类、借款用途、借款金额、借款利率、借款期限、还款资金来源及还款方式、保证条款、违约责任等。限制条款是为了降低贷款机构的贷款风险而对企业提出的限制条件。限制条款分为一般性限制条款、例行性限制条款和特殊性限制条款。一般性限制条款包括对企业流动资金保持量的要求、支付现金股利的限制、资本支出规模的限制及其他债务限制等。例行性限制条款包括企业必须定期向贷款机构提交财务报表、不准在正常情况下出售较多资产、及时清偿到期债务、禁止企业贴现应收票据或转让应收账款、不得为其他单位或个人提供担保等。特殊性限制条款包括贷款专款专用、不准企业过多地对外投资、企业主要领导要购买人身保险且在合同有效期内担任领导职务等。

4. 企业取得借款

借款合同签订后，企业在核定的贷款指标范围内，根据用款计划和实际需要，一次或分次将贷款转入公司的存款结算户，以便使用。

5. 企业偿还借款

企业应按借款合同的规定，及时、足额地归还本息。一般而言，长期借款到期一个月前，银行会向借款的企业发送还本付息的通知单。企业在接到还本付息通知单之后，要及时筹备资金，按期还本付息。

（三）长期借款筹资的优缺点

1. 长期借款筹资的优点

（1）筹资速度快。与发行公司债券、融资租赁等其他债务筹资方式相比，长期借款的程序相对简单，所花时间较短，公司可以迅速获得所需资金。

（2）借款弹性较大。在借款之前，公司根据当时的资本需求与银行等贷款机构直接商定贷款的时间、数量和条件。在借款期间，若公司的财务状况发生变化，也可与债权人再协商，变更借款数量、时间和条件，或提前偿还本息。因此，长期借款筹资对公司具有较大的灵活性。

（3）借款成本较低。利用长期借款筹资，利息负担一般都比发行债券和融资租赁要低，且无须支付证券发行费用、租赁手续费用等筹资费用。

（4）可以发挥财务杠杆作用。由于借款的利息是固定的，所以在投资报酬率大于借款利率的情况下，企业将获得较多的杠杆收益。

2. 长期借款筹资的缺点

（1）财务风险大。如果企业出现经营不利的情况，就可能发生不能偿还到期借款的风险，甚至会破产。

(2) 筹资数额有限。长期借款的数额往往受到贷款机构资本实力的制约，难以像发行公司债券、股票那样一次筹集到大笔资金，无法满足公司大规模筹资的需要。

(3) 限制性条款比较多。与发行公司债券相比，长期借款合同对借款用途有明确规定，通过借款的保护性条款，对公司资本支出额度、再筹资、股利支付等行为有严格的约束，以后公司的生产经营活动和财务政策必将受到一定程度的影响。

二、发行公司债券

公司债券又称为企业债券，是企业依照法定程序发行的、约定在一定期限内还本付息的有价证券。债券是债券持有人拥有公司债权的书面证书，代表债券持有人与发债公司之间的债权与债务关系。

(一) 发行公司债券的条件

根据《证券法》，向社会公众公开发行公司债券，应当符合下列条件：
(1) 具备健全且运行良好的组织机构。
(2) 最近 3 年平均可分配利润足以支付公司债券一年的利息。
(3) 国务院规定的其他条件。

公开发行公司债券筹集的资金，必须按照公司债券募集办法所列资金用途使用；改变资金用途，必须经债券持有人会议做出决议。公开发行公司债券筹集的资金，不得用于弥补亏损和非生产性支出。

(二) 公司债券的种类

债券可按不同的标准进行分类，主要的分类方式有以下几种：

1. 按是否记名分类

按是否记名，债券可分为记名公司债券和无记名公司债券。

记名公司债券，是指应当在公司债券存根簿上载明债券持有人的姓名及住所、债券持有人取得债券的日期及债券编号等信息的债券。记名公司债券由债券持有人以背书方式或者法律、行政法规规定的其他方式转让，转让后由公司将受让人的姓名或者名称及住所记载于公司债券存根簿。

无记名公司债券，是指应当在公司债券存根簿上载明债券总额、利率、偿还期限和方式、发行日期及债券编号的债券。无记名公司债券的转让，由债券持有人将该债券交付给受让人后即发生转让的效力。

2. 按有无特定财产担保分类

按有无特定财产担保，债券分为担保债券和信用债券。

担保债券是指以抵押方式担保发行人按期还本付息的债券，主要是指抵押债券。抵押债券按其抵押品的不同，又分为不动产抵押债券、动产抵押债券和证券信托抵押债券。

信用债券是无担保债券，是仅凭公司自身的信用发行的、没有抵押品做抵押担保的债券。在公司清算时，信用债券的持有人因无特定的资产做担保，只能作为一般债权人参与剩余财产的分配。

3. 按能否转换为公司股票分类

按能否转换为公司股票，债券分为可转换债券和不可转换债券。

可转换债券，是指债券持有者可以在规定的时间内按规定的价格转换为发债公司股票的债券。这种债券在发行时对债券转换为股票的价格和比率等都有详细规定。《中华人民共和国公司法》规定，可转换债券的发行主体是股份有限公司中的上市公司。

不可转换债券，是指不能转换为发债公司股票的债券。大多数公司债券属于这种类型。

（三）公司债券的发行程序

1. 做出发债决议

拟发行公司债券的公司，需要由公司董事会制定公司债券发行的方案，并由公司股东大会批准，做出决议。

2. 提出发债申请

根据《证券法》规定，公司申请发行债券由国务院证券监督管理机构批准。公司申请应提交公司的营业执照、公司章程、公司债券募集办法、资产评估报告和验资报告等正式文件。

3. 公告募集办法

公司发行债券的申请经批准后，要向社会公告公司债券的募集办法。公司债券募集分为私募发行和公募发行。私募发行是以特定的少数投资者为指定对象发行债券；公募发行是在证券市场上以非特定的广大投资者为对象公开发行债券。

4. 委托证券经营机构发售

按照我国公司债券发行的相关法律规定，公司债券的公募发行采取间接发行方式。在这种发行方式下，发行公司与承销团签订承销协议。承销团由数家证券公司或投资银行组成，承销方式分为代销和包销。代销是指承销机构代为推销债券，在约定期限内未售出的余额可退还发行公司，承销机构不承担发行风险。包销是由承销团先购入发行公司拟发行的全部债券，然后再售给社会上的投资者，如果约定期限内未能全部售出，余额要由承销团负责认购。

5. 交付债券，收缴债券款

债券购买人向债券承销机构付款购买债券，承销机构向购买人交付债券。然后，债券发行公司向承销机构收缴债券款，登记债券存根簿，并结算发行代理费。

（四）债券的发行价格

债券的发行价格由债券到期还本面值按市场利率折现的现值与债券各期利息的现值两部分组成。债券的发行价格有三种，即等价发行、折价发行和溢价发行。等价发行又称为面值发行，是指按债券的面值出售；折价发行是指以低于债券面值的价格出售；溢价发行是指按高于债券面值的价格出售。

债券之所以会存在溢价发行和折价发行，是因为资金市场上的利息率是经常变化的，而企业债券一经发行，就不能调整其票面利息率。债券从开印到正式发行，往往需要经过一段时间，在这段时间内如果资金市场上的利率发生变化，就要靠调整发行价格的方法来使债券顺利发行。即当票面利率高于市场利率时，以溢价发行债券；当票面利率低于市场利率时，以折价发行债券；当票面利率等于市场利率时，以等价发行债券。

债券发行价格的确定其实就是一个求现值的过程。债券发行价格计算公式为

$$P = I \times (P/A, k, n) + M \times (P/F, k, n)$$

式中，P 是债券发行价格，I 为每年利息，k 为市场利率，M 为债券面值，n 为债券期限。

【例4-4】某公司发行面额为1 000元、票面利率为10%、期限为10年的债券，于每年年末付息一次。如果到债券发行时，市场上的利率发生变化，就要调整债券的发行价格。试分析市场利率分别为10%、15%、5%时债券发行价格的变化情况。

解：当市场利率为10%时，票面利率等于市场利率，即等价发行。

此时，债券发行价格 = 1 000 × 10% × (P/A, 10%, 10) + 1 000 × (P/F, 10%, 10)

= 100×6.144 6+1 000×0.385 5

= 1 000（元）

当市场利率为15%时，票面利率小于市场利率，即折价发行。

此时，债券发行价格 = 1 000 × 10% × (P/A, 15%, 10) + 1 000 × (P/F, 15%, 10)

= 100×5.018 8+1 000×0.247 2

= 749.06（元）

当市场利率为5%时，票面利率大于市场利率，即溢价发行。

此时，债券发行价格 = 1 000 × 10% × (P/A, 5%, 10) + 1 000 × (P/F, 5%, 10)

= 100×7.721 7+1 000×0.613 9

= 1 386.08（元）

（五）债券筹资的优缺点

1. 债券筹资的优点

（1）资金成本较低。与股票筹资相比，债券利息在税前支付，因而具有减税效应；同时，债券的发行费用也较低。

（2）有利于保障股东对公司的控制权。债券持有者无权参与企业的经营管理决策。因此，通过债券筹资不会稀释股东对公司的控制权。

（3）可以发挥财务杠杆作用。由于债券的利息固定，当息税前利润增加时，能为股东带来杠杆收益，从而增加股东的财富。

2. 债券筹资的缺点

（1）筹资风险高。公司利用债券筹资要承担按期还本付息的义务，偿债压力大。特别

是当公司经营不景气时,还本付息会给公司带来更大的困难,甚至会导致公司破产。

(2) 限制条件多。债券筹资往往有一些限制性条款,可能会影响公司资金的正常使用和公司以后的筹资能力。

(3) 筹资数额有限。公司利用债券筹资有一定的限度,当公司的负债超过一定程度后,债券筹资的成本会上升,有时甚至难以发行出去。

三、融资租赁

租赁,是指通过签订资产出让合同的方式,使用资产的一方(承租方)通过支付租金,向出让资产的一方(出租方)取得资产使用权的一种交易行为。在这项交易中,承租方通过得到所需资产的使用权,完成了筹集资金的行为。

(一) 租赁的特征

1. 所有权与使用权相分离

租赁资产的所有权与使用权分离是租赁的主要特点之一。银行信用虽然也是所有权与使用权相分离,但载体是货币资金,租赁则是资金与实物相结合基础上的分离。

2. 融资与融物相结合

租赁是将商品形态与货币形态相结合提供的信用活动,出租人在向企业出租资产的同时,解决了企业的资金需求,具有信用和贸易双重性质。它不同于一般的借钱还钱、借物还物的信用形式,而是借物还钱,并以分期支付租金的方式来体现。租赁的这一特点使银行信贷和财产信贷融合在一起,成为企业融资的一种特定形式。

3. 租金的分期支付

在租金的偿还方式上,租金与银行信用到期还本不一样,采取了分期支付方式。出租方的资金一次投入,分期收回。对于承租方而言,通过租赁可以提前获得资产的使用价值,分期支付租金便于分期规划未来的现金流出量。

(二) 租赁的分类

租赁分为经营租赁和融资租赁。

1. 经营租赁

经营租赁是由租赁公司向承租单位在短期内提供设备,并提供维修、保养、人员培训等的一种服务性业务,又称为服务性租赁。经营租赁的特点如下:

(1) 出租的设备一般由租赁公司根据市场需要选定,然后再寻找承租企业;

(2) 租赁期较短,短于资产的有效使用期,在合理的限制条件内,承租企业可以中途解约;

(3) 租赁设备的维修、保养由租赁公司负责;

(4) 租赁期满或合同中止以后,出租资产由租赁公司收回;

(5) 经营租赁比较适用于租用技术过时较快的生产设备。

2. 融资租赁

融资租赁是由租赁公司按承租单位要求出资购买设备，在较长的合同期内提供给承租单位使用的融资信用业务，是以融通资金为主要目的的租赁。融资租赁的主要特点如下：

(1) 出租的设备根据承租企业提出的要求购买，或者由承租企业直接从制造商或销售商那里选定；

(2) 租赁期较长，接近于资产的有效使用期，在租赁期间双方无权取消合同；

(3) 由承租企业负责设备的维修、保养；

(4) 租赁期满，按事先约定的方法处理设备，包括退还租赁公司、继续租赁、企业留购，通常采用企业留购办法，即以很少的名义价格（相当于设备残值）买下设备。

融资租赁与经营租赁的区别如表4-5所示。

表4-5 融资租赁与经营租赁的区别

对比项目	融资租赁	经营租赁
业务原理	融资与融物一体	无融资特征，只是一种融物方式
目的	融通资金，添置设备	暂时性使用，预防无形损耗风险
租期	较长，相当于设备经济寿命的大部分	较短
租金	包括设备价款	只是设备使用费
契约效力	不可撤销合同	可撤销合同
租赁标的	一般为专用设备，也可为通用设备	通用设备居多
维修与保养	专用设备多为承租人负责，通用设备多为出租人负责	全部为出租人负责
承租人	一般为一个	设备经济寿命期内轮流租给多个承租人
灵活方便	不明显	明显

（三）融资租赁的形式与程序

1. 融资租赁的形式

融资租赁分为售后租回、直接租赁和杠杆租赁。

1) 售后租回

售后回租是指承租方由于急需资金等各种原因，将自己的资产售给出租方，然后以租赁的形式从出租方原封不动地租回资产的使用权。

2) 直接租赁

直接租赁是融资租赁的主要形式。当承租方提出租赁申请时，出租方按照承租方的要求选购设备，然后再出租给承租方。

3) 杠杆租赁

杠杆租赁是指涉及承租人、出租人和资金出借人三方的融资租赁业务。一般来说，当所涉及的资产价值昂贵时，出租方自己只投入部分资金，通常为资产价值的20%~40%，其余资金则通过将该资产抵押担保的方式向第三方（通常为银行）申请贷款解决。然后出租人将购进的设备出租给承租方，用收取的租金偿还贷款，该资产的所有权属于出租方。出租人既是债权人也是债务人，既要收取租金又要支付债务。

2. 融资租赁的程序

融资租赁的程序如下：

（1）选择租赁公司。

（2）办理租赁委托。

（3）签订购货协议。

（4）签订租赁合同。

（5）办理验货与投保。

（6）支付租金。

（7）处理租赁期满的设备。

（四）融资租赁的租金

1. 融资租赁租金的构成

融资租赁每期租金的多少，取决于以下三项因素：

（1）设备原价及预计残值，包括设备买价、运输费、安装调试费、保险费，以及设备租赁期满后出售可得的收入等。

（2）利息，指租赁公司为承租企业购置设备垫付资金所应支付的利息。

（3）租赁手续费，指租赁公司承办租赁设备所发生的业务费用和必要的利润。

2. 融资租赁租金的支付方式

租金通常采用分次支付的方式，具体有以下三类：

（1）按支付间隔期的长短，租金可分为年付租金、半年付租金、季付租金和月付租金等。

（2）按每期支付的金额，租金可分为等额支付租金和不等额支付租金两种。等额支付租金为年金形式。

（3）按支付时间的先后，租金可分为先付租金和后付租金。先付租金在期初支付，后付租金在期末支付。

3. 融资租赁租金的计算方法

（1）后付租金的计算。根据年资本回收额的计算公式，得出在后付租金的情况下每年年末支付租金数额的计算公式为

$$A = P/(P/A, i, n)$$

式中，A 为年租金，P 是融资租赁设备的价款，i 为年利率，n 为租期。

【例 4-5】某公司于 2020 年 1 月 1 日从租赁公司融资租入一套设备，该设备价值为 200 000 元，租期为 10 年。到期后，该设备归企业所有。双方商定采用 15% 的折现率。若

企业采用后付租金的方式,则该企业每年年末应支付的租金为多少?

解:每年年末应支付的租金 = 200 000 ÷ (P/A, 15%, 10) = 200 000 ÷ 5.018 8 = 39 850.16(元)

(2) 先付租金的计算。根据即付年金现值的计算公式,可得出先付租金的计算公式为

$$P = A/[(P/A, i, n-1) + 1]$$

式中,A 为年租金,P 是融资租赁设备的价款,i 为年利率,n 为租期。

【**例 4-6**】某公司于 2020 年 1 月 1 日从租赁公司融资租入一套设备,该设备价值为 200 000 元,租期为 10 年。到期后,该设备归企业所有。双方商定采用 15% 的折现率。若企业采用先付租金的方式,则该企业每年年初应支付的租金为多少?

解:每年年初应支付的租金 = 200 000 ÷ [(P/A, 15%, 9) + 1] = 34 652.44(元)

(五) 融资租赁筹资的优缺点

1. 融资租赁筹资的优点

(1) 筹资速度快。租赁往往比借款购置设备更迅速、更灵活,因为租赁是筹资与设备购置同时进行,可以缩短设备购进、安装的时间,使企业尽快形成生产力,有利于企业占领市场、打开销路。

(2) 限制条款少。融租租赁可以避免发行债券和长期借款所附加的多种限制条款,从而为企业经营活动提供更大的空间。

(3) 设备陈旧过时的风险小。由于科学技术的迅速发展,固定资产更新周期日趋缩短,企业设备陈旧过时的风险很大,而融资租赁可降低这一风险,且多数租赁协议都规定由出租人承担设备陈旧过时的风险。

(4) 财务风险小。租金在整个租期内分摊,不用到期归还大量本金。许多借款都在到期日一次偿还本金,这会给财务基础较弱的公司造成相当大的困难,有时还会造成不能偿付的风险。而租赁则把这种风险在整个租期内分摊,适当减少了不能偿付的风险。

(5) 税负轻。租金可在税前扣除,具有抵免所得税的效用。

2. 融资租赁筹资的缺点

融资租赁筹资的主要缺点是资金成本较高。融资租赁的租金通常比银行借款或发行债券所负担的利息高得多,租金总额通常要比设备价值高出 30%。尽管与借款方式相比,融资租赁能够避免到期一次性集中偿还的财务压力,但高额的固定租金也给各期的经营带来了负担。

习题

一、单项选择题

1. 某企业拟发行 5 年期债券进行筹资。该债券的票面金额为 100 元,票面利率为 12%,于每年年末付息一次,而当时的市场利率为 10%,那么该企业债券发行的价格应为

（　　）元。

A. 93.22　　　　　　　　　　　B. 100
C. 105.35　　　　　　　　　　　D. 107.67

2. 相对于长期借款筹资而言，股票筹资的特点是（　　）。

A. 筹资速度快　　　　　　　　　B. 筹资成本高
C. 弹性好　　　　　　　　　　　D. 财务风险大

3. 一般而言，下列企业资本成本最高的筹资方式是（　　）。

A. 发行公司债券　　　　　　　　B. 长期借款
C. 短期借款　　　　　　　　　　D. 融资租赁

4. 债务人或第三人将其动产或财产权利移交债权人占有，将该动产或财产权利作为债权取得担保的贷款为（　　）。

A. 信用贷款　　　　　　　　　　B. 保证贷款
C. 抵押贷款　　　　　　　　　　D. 质押贷款

5. 甲企业上年度资产平均占用额为5 000万元，经分析，其中不合理部分700万元，预计本年度销售增长8%，资金周转速度加快3%，则预测年度资金需要量为（　　）万元。

A. 4 834.98　　　　　　　　　　B. 4 504.68
C. 4 327.96　　　　　　　　　　D. 3 983.69

6. 以下不属于留存收益筹资特点的是（　　）。

A. 筹资数额有限　　　　　　　　B. 筹资成本最低
C. 维持公司控制权分布　　　　　D. 不发生筹资费用

7. 从筹资的角度来看，下列筹资方式中筹资风险最小的是（　　）。

A. 债券　　　　　　　　　　　　B. 长期借款
C. 融资租赁　　　　　　　　　　D. 普通股

二、多项选择题

1. 长期借款的缺点主要有（　　）。

A. 财务风险较高　　　　　　　　B. 限制条件较多
C. 融资数量有限　　　　　　　　D. 融资风险大

2. 下列各项中，属于吸收直接投资出资方式的有（　　）。

A. 现金　　　　　　　　　　　　B. 商誉
C. 实物　　　　　　　　　　　　D. 工业产权

3. 以下属于吸收直接投资优点的有（　　）。

A. 有利于提高企业的信誉　　　　B. 有利于尽快形成生产能力
C. 有利于降低公司财务风险　　　D. 有利于降低公司的资金成本

4. 以公开、间接方式发行股票的特点有（　　）。

A. 发行范围广，易募足资本　　　B. 股票变现性强，流通性好

C. 有利于提高公司知名度 D. 发行成本低

5. 下列各项中，属于留存收益区别于发行普通股筹资方式特点的有（　　）。

A. 筹资数额有限 B. 财务风险大

C. 不会分散控制权 D. 资金成本高

三、判断题

1. 从出租人的角度来看，杠杆租赁与售后租回或直接租赁并无区别。（　　）

2. 作为抵押贷款担保的抵押品可以是股票、债券等有价证券。（　　）

3. 根据我国法律规定，股份有限公司发行股票可以按面值发行，也可溢价或折价发行。（　　）

4. 按销售额比率法预测出来的资金需要量，是企业在未来一定时期的资金需要总量。（　　）

四、简答题

1. 普通股筹资的优缺点有哪些？
2. 长期借款筹资的优缺点有哪些？

五、计算题

某公司2020年销售额为20 000万元，净利润为2 400万元，净利润的60%分配给投资者。2020年12月31日，该公司的资产负债表（简表）如表4-6所示。

表4-6　某公司2020年资产负债表（简表）　　　　　万元

资产	期末余额	负债与权益	期末余额
货币资金	1 000	应付账款	1 000
应收账款	3 000	应付票据	2 000
存货	6 000	长期借款	9 500
固定资产	7 500	实收资本	4 500
无形资产	1 500	留存收益	2 000
资产合计	19 000	负债和所有者权益合计	19 000

该公司计划2021年销售额比上年增长20%，实现该目标无须增加设备。据历年财务数据分析，公司流动资产与流动负债随销售额同比例增减。假定该公司2021年的销售净利率和利润分配政策与上年保持一致。请计算2021年公司需增加的资金数额，并预测需要对外筹集的资金数额。

第五章

资本结构决策

学习目标

(1) 理解资本结构的概念和资本结构理论。
(2) 掌握资本成本的构成与种类，以及个别资本成本和平均资本成本的计算。
(3) 掌握经营杠杆、财务杠杆和总杠杆的原理和计算。
(4) 掌握资本结构决策的方法。

第一节 资本结构概述

一、资本结构的概念

在筹资管理中，资本结构有广义和狭义之分。广义的资本结构是指全部债务与股东权益的构成比例；狭义的资本结构则是指长期负债与股东权益的构成比例。本书所指的资本结构是指狭义的资本结构。

资本结构是企业在多种筹资方式下筹集资金形成的，各种筹资方式的不同组合决定着企业的资本结构及其变化。企业的筹资方式虽然很多，但一般分为债务资本和权益资本两大类。权益资本是企业必备的基础资本，因此资本结构的问题实际上也就是债务资本的比例问题，即债务资金在企业全部资本中所占的比重。

二、资本结构理论

资本结构理论是现代企业财务领域的核心部分，美国学者莫迪利安尼（Franco

Modigliani）与米勒（Merton Miller）提出了著名的 MM 理论，标志着现代资本结构理论的建立。

（一）MM 理论

最初的 MM 理论是建立在以下基本假设基础上的：

（1）企业只有长期债券和普通股票，债券和股票均在完善的资本市场上交易，不存在交易成本；

（2）个人投资者与机构投资者的借款利率与企业的借款利率相同且无借债风险；

（3）具有相同经营风险的企业称为风险同类，经营风险可以用息税前利润的方差衡量；

（4）每一个投资者对企业未来的收益、风险的预期都相同；

（5）所有的现金流量都是永续的，债券也是。

MM 理论认为，不考虑企业所得税，有无负债不改变企业的价值。因此，企业价值不受资本结构的影响，且有负债企业的股权成本随着负债程度的增大而增大。

在考虑企业所得税带来的影响后，修正的 MM 理论被提出。该理论认为，企业可利用财务杠杆增加企业价值，因为负债利息可带来避税利益，所以企业价值会随着资产负债率的增加而增加。具体而言，有负债企业的价值等于同一风险等级中某一无负债企业的价值加上赋税节余的价值；有负债企业的股权成本等于相同风险等级的无负债企业的股权成本加上与以市值计算的债务与股权比例成比例的风险报酬，且风险报酬取决于企业的债务比例以及企业所得税税率。

之后，米勒进一步将个人所得税因素引入修正的 MM 理论，并建立了同时考虑企业所得税和个人所得税的 MM 资本结构理论模型，也就是说，MM 理论分为有税 MM 理论和无税 MM 理论。

（二）权衡理论

修正了的 MM 理论只是接近了现实，但在现实经济实践中，各种负债成本随负债比率的增加而上升，当负债比率达到某一程度时，企业负担破产成本的概率会增加。经营良好的企业，通常会维持其债务不超过某一限度。为解释这一现象，权衡理论应运而生。

权衡理论通过放宽 MM 理论完全信息以外的各种假定，考虑在税收、财务困境成本存在的条件下，资本结构如何影响企业市场价值。权衡理论认为，有负债企业的价值等于无负债企业的价值加上税赋节约现值，再减去财务困境成本的现值。用公式表示为

$$V_L = V_U + PV(利息抵税) - PV(财务困境成本)$$

式中，V_L 表示有负债企业的价值；V_U 表示无负债企业的价值；PV 表示利息抵税的现值；PV 表示财务困境成本的现值。

（三）代理理论

代理理论认为企业资本结构会影响经理人员的工作水平和其他行为选择，从而影响企业未来现金收入和企业市场价值。该理论认为，债务筹资有很强的激励作用，并将债务视为一种担保机制。这种机制能够促使经理多努力工作、少个人享受，并且做出更好的投资决策，

从而降低由于两权分离而产生的代理成本。但是,债务筹资可能导致另一种代理成本,即企业接受债权人监督而产生的成本。均衡的企业所有权结构是由股权代理成本和债务代理成本之间的平衡关系来决定的。用公式表示为

$$V_L = V_U + PV(利息抵税) - PV(财务困境成本) - PV(债务代理成本) + PV(债务代理收益)$$

式中,PV 表示债务代理成本的现值;PV 表示债务代理收益的现值。

(四)优序融资理论

优序融资理论是以非对称信息条件及交易成本的存在为前提的,该理论认为,企业向外部融资要多支付各种成本,使得投资者可以通过分析企业的资本结构来判断企业市场价值。企业偏好内部融资,但当需要进行外部融资时,债务筹资优于股权筹资。从成熟的证券市场来看,企业的筹资优先模式首先是内部筹资,其次是借款、发行债券、可转换债券,最后是发行新股筹资。但是,该理论显然难以解释现实生活中所有的资本结构规律。

值得一提的是,积极主动地改变企业的资本结构(如通过出售或者回购股票或债券)牵涉到交易成本,企业很可能不愿意改变资本结构,除非资本结构严重偏离了最优水平。由于公司股权的市值随股价的变化而波动,所以大多数企业的资本结构变动很可能是被动发生的。

三、影响资本结构的因素

资本结构是一个产权结构问题,是社会资本在企业经济组织形式中的资源配置结果。资本结构的变化,将直接影响社会资本所有者的利益。影响资本结构的因素主要有以下六个:

(一)企业经营状况的稳定性和成长率

企业产销业务量的稳定程度对资本结构有重要影响。如果产销业务稳定,企业可较多地负担固定财务费用;如果产销业务量和盈余有周期性,则负担固定财务费用将承担较大的财务风险。经营发展能力表现为未来产销业务量的增长率。如果产销业务量能够以较高的水平增长,则企业可以采用高负债的资本结构以提升权益资本的报酬。

(二)企业的财务状况和信用等级

企业财务状况良好,信用等级高,债权人愿意向企业提供信用,企业容易获得债务资金;反之,如果企业财务状况欠佳,信用等级不高,债权人投资风险大,会降低企业获得信用的能力,加大债务资金筹资的资本成本。

(三)企业的资产结构

资产结构是企业筹集资本后进行资源配置和使用后的资金占用结构,包括长短期资产构成和比例,以及长短期资产内部的构成和比例。资产结构对企业资本结构的影响主要有如下两点:

(1)拥有大量固定资产的企业主要通过发行股票融通资金;

(2) 拥有较多流动资产的企业更多地依赖流动负债融通资金，资产适用于抵押贷款的企业负债较多，以技术研发为主的企业则负债较少。

(四) 企业投资人和管理当局的态度

从企业所有者的角度看，如果企业股权分散，则企业可能更多地采用权益资本筹资以分散企业风险。如果企业被少数股东控制，则股东通常重视企业控股权问题，为防止控股权被稀释，企业一般尽量避免普通股筹资，而是采用优先股或债务资金筹资。从企业管理当局的角度看，高负债资本结构的财务风险高，一旦经营失败或出现财务危机，管理当局将面临被市场接管的威胁或者被董事会解聘。因此，稳健的管理当局偏好于选择低负债比例的资本结构。

(五) 行业特征和企业发展周期

不同行业的资本结构差异很大。产品市场稳定的成熟产业经营风险低，因此可提高债务资金比重，发挥财务杠杆作用。高新技术企业的产品、技术、市场尚不成熟，经营风险高，因此可降低债务资金比重，控制财务杠杆风险。同一企业在不同发展阶段上，资本结构安排不同。在企业初创阶段，经营风险高，在资本结构安排上应控制负债比例；在企业发展成熟阶段，产品产销业务量稳定和持续增长，经营风险低，可适度增加债务资金比重，发挥财务杠杆效应；在企业收缩阶段，产品市场占有率下降，经营风险逐步加大，应逐步降低债务资金比重，保证经营现金流量能够偿付到期债务，保持企业的持续经营能力，降低破产风险。

(六) 经济环境的税务政策和货币政策

资本结构决策必然要研究理财环境因素，特别是宏观经济状况。政府调控经济的手段包括财政税收政策和货币金融政策。当所得税税率较高时，债务资金的抵税作用大，企业应充分利用这种作用提高自身价值。货币金融政策影响资本供给，从而影响利率水平的变动，当国家执行了紧缩的货币政策时，市场利率较高，企业债务资金成本增大。

第二节 资本成本

一、资本成本的概念和作用

(一) 资本成本的概念

资本成本是指企业为筹集和使用资本而付出的代价，包括筹资费用和用资费用。资本成本是资本所有权与资本使用权分离的结果。对出资者而言，由于让渡了资本使用权，必须取得一定的补偿，因而资本成本表现为让渡资本使用权所带来的投资报酬。对筹资者而言，由于取得了资本使用权，必须支付一定代价，因而资本成本表现为取得资本使用权所付出的代价。资本成本可以用绝对数表示，也可以用相对数表示。用绝对数表示的资本成本，主要由以下两个部分构成：

1. 筹资费

筹资费是指企业在资本筹措过程中为获取资本而付出的代价，如向银行支付的借款手续费，因发行股票、公司债券而支付的发行费等。筹资费用通常在资本筹集时一次性发生，在资本使用过程中不再发生，因此，可视为筹资数额的一项扣除。

2. 用资费

用资费是指企业在资本使用过程中因占用资本而付出的代价，如向银行等债权人支付的利息、向股东支付的股利等。用资费是因为占用了他人资金而必须支付的，是资本成本的主要内容。

（二）资本成本的作用

1. 资本成本是比较筹资方式、选择筹资方案的依据

各种资本的资本成本率是比较、评价各种筹资方式的依据。在评价各种筹资方式时，一般会考虑的因素包括对企业控制权的影响、对投资者吸引力的大小、融资的难易程度和风险、资本成本的高低等，而资本成本是其中的重要因素。在其他条件相同时，企业筹资应选择资本成本率最低的方式。

2. 平均资本成本是衡量资本结构是否合理的重要依据

企业财务管理的目标是企业价值最大化，企业价值是企业资产带来的未来现金流量的贴现值。计算企业价值时，经常采用企业的平均资本成本作为贴现率。当平均资本成本最小时，企业价值最大，此时的资本结构是企业理想的资本结构。

二、资本成本的影响因素

（一）总体经济环境

一个国家或地区的总体经济环境状况表现在国民经济发展水平、预期的通货膨胀等方面，而这些都会对企业筹资的资本成本产生影响。如果国民经济保持健康、稳定、持续地增长，整个社会经济的资金供给和需求相对均衡，且通货膨胀水平低，资金所有者投资的风险小，预期报酬率低，筹资的资本成本率相应就比较低；反之，如果经济过热，通货膨胀持续居高不下，投资者投资的风险大，预期报酬率高，筹资的资本成本率就高。

（二）资本市场条件

资本市场条件包括资本市场的效率和风险。如果资本市场缺乏效率，证券的市场流动性低，投资者的投资风险大，要求的预期报酬率高，那么通过资本市场融通的资本成本水平就比较高。

（三）企业经营状况和融资状况

企业的经营风险和财务风险共同构成企业总体风险。如果企业经营风险高，财务风险大，则企业总体风险水平高，投资者要求的预期报酬率高，企业筹资的资本成本就大。

(四) 企业对筹资规模和时限的需求

在一定时期内,国民经济体系中资金供给总量是一定的,资本是一种稀缺资源。因此企业一次性需要筹集的资金规模大、占用时限长,资本成本就高。当然,融资规模、时限与资本成本的正向相关性并非线性关系。一般来说,融资规模在一定限度内并不会引起资本成本的明显变化,当融资规模突破一定限度时,才会引起资本成本的明显变化。

三、个别资本成本的计算

个别资本成本是指单一融资方式本身的资本成本,包括银行借款资本成本、公司债券资本成本、融资租赁资本成本、普通股资本成本、优先股资本成本和留存收益成本等。其中,前三类是债务资本成本,后三类是权益资本成本。个别资本成本的高低,用相对数,即资本成本率表达。个别资本成本的计算有以下两种模式:

(一) 一般模式

为了便于分析比较,资本成本通常用不考虑资金时间价值的一般模式计算。计算时,将初期的筹资费用作为筹资额的一项扣除,扣除筹资费用后的筹资额称为筹资净额。一般模式通用的计算公式为

$$K = \frac{D}{(P-F)} \times 100\% = \frac{D}{P(1-f)} \times 100\%$$

式中,K 表示资本成本;D 表示用资费用;P 表示筹资总额;F 表示筹资费用;f 表示筹资费用率,即筹资费用与筹资总额的比率。

(二) 贴现模式

对于金额大、时间超过1年的长期资本,更为精确一些的资本成本计算方式是采用贴现模式,即将债务未来还本付息或股权未来股利分红的贴现值与目前筹资净额相等时的贴现率作为资本成本率。由筹资净额现值−未来资本清偿额现金流量现值=0,得出资本成本率=所采用的贴现率。

即

$$P_0 = \sum_{t=1}^{n} \frac{D_t}{(1+K)^t} + \frac{A}{(1+K)^n}$$

式中,P_0 表示筹资净额现值,K 表示资本成本率,D_t 表示 t 年的利息,A 表示本金,n 表示债务的期限,通常用年表示。

(三) 银行借款的资本成本率

银行借款的资本成本包括借款利息和借款手续费用,手续费用是筹资费用的具体表现,利息费用在税前支付,可以起到抵税作用。一般计算税后资本成本率,以便与权益资本成本率具有可比性。银行借款的资本成本率按一般模式计算为

$$K_b = \frac{I(1-T)}{P(1-f)} \times 100\% = \frac{i(1-T)}{(1-f)}$$

式中，K_b 表示银行借款资本成本率；I 表示银行借款年利率；T 表示所得税税率；P 表示筹资总额；i 表示银行借款利息率；f 表示银行借款筹资费率，即借款手续费率。

对于长期借款，需要考虑资金时间价值问题，还可以用贴现模式计算资本成本率。

【例 5-1】某企业取得 5 年期长期借款 200 万元，年利率为 10%，每年付息一次，到期一次还本，借款手续费率为 0.2%，企业所得税税率为 20%，计算该项借款的资本成本率。

解：该项借款的资本成本率为

$$K_b = \frac{I(1-T)}{p(1-f)} \times 100\% = \frac{i(1-T)}{(1-f)} = \frac{10\% \times (1-20\%)}{1-0.2\%} = 8.02\%$$

考虑资金时间价值，该项长期借款的资本成本为

$$200 \times (1-0.2\%) = 200 \times 10\% \times (1-20\%) \times (P/A, K_b, 5) + 200 \times (P/F, K_b, 5)$$

按插值法计算，得

$$K_b = 8.05\%$$

（二）公司债券的资本成本率

公司债券的资本成本，包括债券利息和借款发行费用。债券可以溢价发行，也可以折价发行，其资本成本率按一般模式计算为

$$K_B = \frac{I(1-T)}{B(1-f)} \times 100\%$$

式中，K_B 表示公司债券的资本成本率；B 表示债券筹资额，按发行价格确定。

【例 5-2】某企业以 1 100 元的价格溢价发行面值为 1 000 元、期限为 5 年、票面利率为 7% 的一批公司债券。每年付息一次，到期一次还本，发行费用率为 3%，所得税税率为 20%，计算该批债券的资本成本率。

解：该批公司债券的资本成本率为

$$K_B = 1\,000 \times 7\% \times (1-20\%)/[1\,100 \times (1-3\%)] = 5.25\%$$

考虑资金时间价值，该批公司债券的资本成本计算如下：

$$1\,100 \times (1-3\%) = 1\,000 \times 7\% \times (1-20\%) \times (P/A, K_B, 5) + 1\,000 \times (P/F, K_B, 5)$$

先试算再按插值法计算，得

$$K_B = 4.09\%$$

（三）普通股的资本成本率

普通股的资本成本主要是向股东支付的各期股利。由于各期股利并不一定固定，随企业各期收益波动，因此普通股的资本成本只能按贴现模式计算，并假定各期股利的变化呈一定规律性。如果是上市公司普通股，其资本成本还可以根据该公司股票收益率与市场收益率的相关性，按资本资产定价模型法估计。

1. 股利增长模型法

股利增长模型法是将未来期望股利收益折为现值，以确定其成本率的一种方法。假定资

本市场有效，其基本形式为

$$P_0 = \sum_{t=1}^{n} \frac{D_t}{(1+K_c)^t}$$

式中，P_0 表示普通股筹资净额，即发行价格扣除发行费用；D_t 表示普通股第 t 年的股利；K_c 表示普通股资本成本，即普通股投资必要收益率。

企业在具体运用该模型时，因股利政策的不同而有所区别。

若公司采用固定股利政策，则其资本成本公式为

$$K_c = \frac{D}{P_0} \times 100\%$$

式中，D 为每年固定股利。

【例5-3】某公司普通股市价为30元，筹资费用率为2%。若公司采用固定股利政策，每年固定股利0.6元，则其资本成本为多少？

$$K_c = \frac{0.6}{30 \times (1-2\%)} \times 100\% = 2.04\%$$

若公司采用固定增长股利政策，股利固定增长率为 g，则资本成本公式为

$$K_c = \frac{D_0(1+g)}{P_0} + g = \frac{D_1}{P_0} + g$$

式中，D_1 为第一年预期股利。

【例5-4】某公司普通股市价为30元，筹资费用率为2%。本年发放现金股利每股0.6元，预期股利年增长率为10%。则其资本成本为多少？

$$K_c = \frac{0.6 \times (1+10\%)}{30 \times (1-2\%)} \times 100\% + 10\% = 12.24\%$$

2. 资本资产定价模型法

假定资本市场有效，股票市场价格与价值相等。假定无风险报酬率为 R_f，市场平均报酬率为 R_m，某股票 β 系数为 β，则普通股资本成本率为：

$$K_c = R_f + \beta(R_m - R_f)$$

式中，R_f 为无风险报酬率，R_m 为市场平均报酬率或市场投资组合的期望收益率，β 为某股票的 β 系数（某股票的收益率相对于市场投资组合期望收益率的变动幅度）。

【例5-5】某公司普通股 β 系数为1.5，此时一年期国债利率为5%，市场平均报酬率为15%，请计算该普通股资本成本率。

解：该普通股资本成本率为

$$K_c = 5\% + 1.5 \times (15\% - 5\%) = 20\%$$

（四）优先股的资本成本率

优先股的资本成本主要是向优先股股东支付的各期股利。对于年固定股息率优先股而言，如果各期股利是相等的，优先股的资本成本率按一般模式计算为

$$K_p = \frac{D}{P(1-f)} \times 100\%$$

式中，K_p 表示优先股资本成本率；D 表示优先股年固定股息；P 表示优先股发行价格；f 表示筹资费用率。

【例 5-6】 某上市公司发行面值 100 元的优先股，规定的年股息率为 9%。该优先股溢价发行，发行价格为 120 元，发行时筹资费用率为发行价的 3%。请计算该优先股的资本成本率。

解： 该优先股的资本成本率为

$$K_P = \frac{100 \times 9\%}{120 \times (1-3\%)} = 7.73\%$$

由本例可见，该优先股票面股息率为 9%，但实际资本成本率只有 7.73%，主要原因是因为该优先股溢价 1.2 倍发行。

如果是浮动股息率优先股，则优先股的浮动股息率将根据约定的方法计算，并在公司章程中事先明确。由于浮动优先股各期股利是波动的，因此其资本成本率只能按照贴现模式计算，并假定各期股利的变化呈一定的规律性。此类浮动股息率优先股的资本成本率计算与普通股资本成本的股利增长模型法计算方式相同。

（五）留存收益的资本成本率

留存收益是由企业税后净利润形成的，是一种所有者权益，其实质是所有者向企业追加的投资。企业利用留存收益筹资不会发生筹资费用，如果企业将留存收益用于再投资，所获得的收益率低于股东自己进行一项风险相似的投资项目的收益率，企业就应该将其分配给股东。留存收益的资本成本率表现为股东追加投资所要求的报酬率，其计算与普通股成本相同，也分为股利增长模型法和资本资产定价模型法，不同点在于不考虑筹资费用。

四、平均资本成本的计算

平均资本成本是指在多元化融资方式下的综合资本成本，反映着企业资本成本整体水平的高低。在衡量和评价单一融资方案时，需要计算个别资本成本；在衡量和评价企业筹资总体的经济性时，需要计算企业的平均资本成本。平均资本成本用于衡量企业资本成本水平，确定企业理想的资本结构。

企业平均资本成本是以各项个别资本在企业总资本中的比重为权数，对各项个别资本成本率进行加权平均而得到的总资本成本率，其计算公式为

$$K_w = \sum W_j K_j$$

式中，K_w 表示平均资本成本；K_j 表示第 j 种个别资本成本率；W_j 表示第 j 种个别资本在全部资本中的比重。

平均资本成本率的计算存在着权数价值的选择问题，即各项个别资本按什么权数来确定资本比重。通常，可供选择的价值形式有账面价值、市场价值、目标价值等。

（一）账面价值权数

账面价值权数，即以各项个别资本的会计报表账面价值为基础来计算资本权数，确定各类资本占总资本的比重。其优点是资料容易取得，可以直接从资产负债表中得到，而且计算结果比较稳定；缺点是当债券和股票的市价与账面价值差距较大时，按账面价值计算出来的资本成本不能反映目前从资本市场上筹集资本的现时机会成本，不适合评价现时的资本结构。

（二）市场价值权数

市场价值权数，即以各项个别资本的现行市价为基础来计算资本权数，确定各类资本占总资本的比重。其优点是能够反映现时的资本成本水平，有利于进行资本结构决策；但现行市价处于经常变动之中，不容易取得，而且现行市价反映的只是现时的资本结构，不适用未来的筹资决策。

（三）目标价值权数

目标价值权数，即以各项个别资本预计的未来价值为基础来确定资本权数，确定各类资本占总资本的比重。目标价值是目标资本结构要求下的产物，是公司筹措和使用资金对资本结构的一种要求。对于公司筹措新资金，需要反映期望的资本结构来说，目标价值是有益的，适用于未来的筹资决策，但目标价值的确定难免带有主观性。

以目标价值为基础计算资本权重能体现决策的相关性。目标价值权数的确定，可以选择未来的市场价值，也可以选择未来的账面价值。选择未来的市场价值，与资本市场现状联系比较紧密，能够与现时的资本市场环境状况结合起来。目标价值权数的确定一般以现时市场价值为依据，但市场价值波动频繁，可行方案是选用市场价值的历史平均值，如30天、60天、120天均价等。总之，目标价值权数是主观愿望和预期的表现，依赖于财务经理的价值判断和职业经验。

【例5-7】某公司本年末长期资本账面总额为1 000万元，其中，银行长期贷款400万元，占40%；长期债券150万元，占15%；股东权益为450万元（共200万股，每股面值1元，市价8元），占45%。个别资本成本分别为5%、6%、9%，计算该公司的平均资本成本。

解：按账面价值计算，该公司的平均资本成本为：
$$K_w = 5\% \times 40\% + 6\% \times 15\% + 9\% \times 45\% = 6.95\%$$

按市场价值计算，该公司的平均资本成本为：
$$K_w = \frac{5\% \times 400 + 6\% \times 150 + 9\% \times 1\,600}{400 + 150 + 1\,600} = \frac{173}{2\,150} = 8.05\%$$

第三节　杠杆效应

财务管理中存在着类似于物理学中的杠杆效应的现象，表现为：由于特定固定支出或费用的存在，当某一财务变量以较小幅度变动时，另一相关变量会以较大幅度变动。财务管理中的杠杆效应包括经营杠杆、财务杠杆和总杠杆三种形式。杠杆效应既可以产生杠杆利益，也可能带来杠杆风险。

一、经营杠杆效应

（一）经营杠杆

经营杠杆，是指由于固定性经营成本的存在，企业的资产报酬（息税前利润）变动率大于产销业务量变动率的现象。经营杠杆反映了资产报酬的波动性，用以评价企业的经营风险。用息税前利润（EBIT）表示资产总报酬，则其计算公式为

$$EBIT = S - V - a = (P - V_c)Q - a = M - a$$

式中，$EBIT$ 表示息税前利润；S 表示销售额；V 表示变动性经营成本；a 表示固定性经营成本；Q 表示产销业务量；P 表示销售单价；V_c 表示单位变动成本；M 表示边际贡献。

上式中，影响 $EBIT$ 的因素包括产品售价、产品需求、产品成本等因素。当产品成本中存在固定性经营成本时，如果其他条件不变，产销业务量（即产销量、产销额）的增加虽然不会改变固定成本总额，但会降低单位产品分摊的固定成本，从而提高单位产品利润，使息税前利润的增长率大于产销业务量的增长率，进而产生经营杠杆效应。当不存在固定性经营成本时，所有成本都是变动性经营成本，边际贡献等于息税前利润，此时息税前利润变动率与产销业务量变动率完全一致。

【例5-8】甲公司年销售额1 000万元，变动成本500万元，固定成本200万元，则息税前利润为多少？当收入上涨10%时，息税前利润为多少？

解：息税前利润 = 1 000 - 500 - 200 = 300（万元）

当收入上涨10%时，息税前利润 = 1 000 × (1 + 10%) - 500 - 200 = 400（万元），息税前利润增加 = (400 - 300)/300 = 33.33%。

由于固定成本200万元的存在，收入上涨10%，则息税前利润上升33.33%。这是因为固定成本相对来说是不变的，生产的产品数量越多，单位产品分摊的固定成本就越少，若产品的售价固定，单位固定成本减少，单位息税前利润就会变多。

（二）经营杠杆系数

只要企业存在固定性经营成本，就存在经营杠杆效应，但以不同产销业务量为基础，其经营杠杆效应的大小是不一致的。测算经营杠杆效应程度，常用指标为经营杠杆系数，经营杠杆系数（DOL）是息税前利润变动率与产销业务量变动率的比值，计算公式为

$$DOL = \frac{\Delta EBIT/EBIT}{\Delta Q/Q} = \frac{\Delta EBIT/EBIT}{\Delta S/S}$$

式中，DOL 表示经营杠杆系数；$\Delta EBIT$ 表示息税前利润变动额；$EBIT$ 表示基期息税前利润；Q 表示基期产销业务量；ΔQ 表示产销业务量变动额；S 表示基期产销业务收入；ΔS 表示产销业务收入变动额。

上式经整理，经营杠杆系数的计算公式也可以简化为

$$DOL = \frac{Q(P-b)}{Q(P-b)-a} = \frac{EBIT+a}{EBIT} = \frac{M}{M-a} = \frac{M}{EBIT}$$

式中，Q 表示基期产销量；P 表示单价；b 表示单位变动成本；a 表示固定成本；M 表示基期边际贡献。

【例 5-9】甲公司产销某种服装，固定成本 500 万元，变动成本率 70%。年产销额为 5 000 万元时，变动成本 3 500 万元，固定成本 500 万元，息税前利润 1 000 万元；年产销额为 7 000 万元时，变动成本为 4 900 万元，固定成本仍为 500 万元，息税前利润为 1 600 万元。请计算甲公司的经营杠杆系数。

经营杠杆系数简化公式的推导

解：

$$DOL = EBIT 变动率 / Q 变动率 = 60\% / 40\% = 1.5$$

或：

$$DOL = M/EBIT = (5\ 000 - 3\ 500)/1\ 000 = 1.5$$

（三）经营杠杆与经营风险

经营风险是指企业由于生产经营上的原因而导致的资产报酬波动的风险。引起企业经营风险的主要原因是市场需求和生产成本等因素的不确定性，经营杠杆本身并不是资产报酬不确定的根源，只是资产报酬波动的表现。但是，经营杠杆放大了市场和生产等因素变化对利润波动的影响。经营杠杆系数越高，表明息税前利润受产销量变动的影响程度越大，经营风险也就越大。根据经营杠杆系数的计算公式，即

$$DOL = \frac{EBIT+a}{EBIT} = 1 + \frac{a}{EBIT}$$

上式表明，在息税前利润为正的前提下，经营杠杆系数最低为 1，不会为负数；只要有固定性经营成本存在，经营杠杆系数总是大于 1。

从上式可知，影响经营杠杆的因素包括企业成本结构中的固定成本比重和息税前利润水平，其中，息税前利润水平又受产品销售数量、销售价格、成本水平（单位变动成本和固定成本总额）高低的影响。固定成本比重越高，成本水平越高，产品销售数量和销售价格水平越低，经营杠杆效应就越大，反之则越小。

【例 5-10】某企业生产 A 产品，固定成本 100 万元，变动成本率 60%，计算当销售额分别为 1 000 万元、500 万元、250 万元时的经营杠杆系数。

解：当销售额为 1 000 万元时：

$$DOL = (1\ 000 - 1\ 000 \times 60\%)/[(1\ 000 - 1\ 000 \times 60\%) - 100] = 1.33$$

当销售额为 500 万元时：

$$DOL = (500 - 500 \times 60\%)/[(500 - 500 \times 60\%) - 100] = 2$$

当销售额为 250 万元时：

$$DOL = (250 - 250 \times 60\%)/[(250 - 250 \times 60\%) - 100] = \infty$$

上例计算结果表明：在其他因素不变的情况下，销售额越小，经营杠杆系数越大，经营风险

也就越大，反之越小。如销售额为 1 000 万元时，*DOL* 为 1.33，销售额为 500 万元时，*DOL* 为 2，显然后者的不稳定性大于前者，经营风险也大于前者。在销售额处于盈亏临界点 250 万元时，经营杠杆系数趋于无穷大，此时企业销售额稍有减少，便会导致更大的亏损。

二、财务杠杆效应

（一）财务杠杆

财务杠杆是指由于固定性资本成本的存在，企业的普通股收益（或每股收益）变动率大于息税前利润变动率的现象。财务杠杆反映了权益资本报酬的波动性，用以评价企业的财务风险。用普通股盈余或每股收益表示普通股权益资本报酬，则二者的计算公式为

$$TE = (EBIT - I) \times (1 - T) - D$$

$$EPS = [(EBIT - I) \times (1 - T) - D]/N$$

式中，TE 表示普通股盈余；EPS 表示每股收益；I 表示债务资金利息；D 表示优先股股利；T 表示所得税税率；N 表示普通股股数。

上式中，影响普通股收益的因素包括资产报酬、资本成本、所得税税率等。当有利息费用等固定性资本成本存在时，如果其他条件不变，息税前利润的增加虽然不会改变固定利息费用总额，但会降低每元息税前利润分摊的利息费用，从而提高每股收益，使得普通股收益的增长率大于息税前利润的增长率，进而产生财务杠杆效应。当不存在固定利息、股息等固定性资本成本时，息税前利润就是利润总额，此时利润总额变动率与息税前利润变动率完全一致。

【例 5-11】甲公司息税前利润为 1 000 万元，债务资金利息为 500 万元，所得税税率为 25%，普通股股数 10 万股，优先股股利为 10 万元，则普通股盈余和每股收益分别为多少？当息税前利润增加 10% 时，普通股盈余、每股收益和每股收益增长率分别为多少？

解：普通股盈余 =（1 000-500）×（1-25%）-10 = 365（万元）

每股收益 = 365/10 = 36.5（万元）

假设其他条件不变，息税前利润增加 10%，则

普通股盈余 =（1 100-500）×（1-25%）-10 = 440（万元）

每股收益 = 440/10 = 44（万元）

每股收益增长率 =（44-36.5）/36.5 = 20.55%

由于债务资金利息即固定资本成本 500 万元的存在，息税前利润上涨 10%，则每股收益增加 20.55%。这是因为固定资本成本相对来说是不变的，当息税前利润增加时，债务资金利息没有同比例增加，即在固定资本成本不变、普通股股数不变的情况下，每股普通股盈余就会增加得更多。

（二）财务杠杆系数

只要企业融资方式中存在固定性资本成本，就存在财务杠杆效应。测算财务杠杆效应的程度，常用指标为财务杠杆系数。财务杠杆系数（*DFL*）是普通股收益变动率与息税前利润

变动率的比值,计算公式为

$$DFL = \frac{\Delta EPS/EPS}{\Delta EBIT/EBIT}$$

式中,DFL 表示财务杠杆系数,EPS 表示基期普通股每股利润,ΔEPS 表示普通股每股利润变动额。

如果企业既存在固定利息的债务,也存在固定股息的优先股,则财务杠杆系数的计算公式可以简化为

$$DFL = \frac{EBIT}{EBIT - I - \dfrac{D}{1-T}}$$

式中,I 表示债务固定利息;D 表示优先股股利;T 表示所得税税率。

【例 5-12】有 A、B、C 三个公司,资本总额均为 1 000 万元,所得税税率均为 30%,每股面值均为 1 元。A 公司资本全部由普通股组成;B 公司债务资金为 300 万元(利率 10%),普通股为 700 万元;C 公司债务资金为 500 万元(利率 10.8%),普通股为 500 万元。三个公司 20×1 年 EBIT 均为 200 万元,20×2 年 EBIT 均为 300 万元,EBIT 增长了 50%。请计算三个公司的财务杠杆系数。

财务杠杆系数简化公式的推导

解: A 公司的 DFL=200/(200−0)=1
B 公司的 DFL=200/(200−300×10%)=1.176
C 公司的 DFL=200/(200−500×10.8%)=1.37

可见,资本成本中固定性的资本成本所占比重越高,财务杠杆系数就越大。A 公司由于不存在有固定资本成本的资本,因而没有财务杠杆效应;B 公司存在债务资本,其普通股收益增长幅度是息税前利润增长幅度的 1.176 倍;C 公司不仅存在债务资本,而且债务资本的比重比 B 公司高,其普通股收益增长幅度是息税前利润增长幅度的 1.37 倍。

(三)财务杠杆与财务风险

财务风险是指企业由于筹资原因产生资本成本负担而导致的普通股收益波动的风险。引起企业财务风险的主要原因是资产报酬的不利变化和资本成本的固定负担。由于财务杠杆的作用,当企业的息税前利润下降时,企业仍然需要支付固定的资本成本,导致普通股剩余收益以更快的速度下降。

财务杠杆放大了资产报酬变化对普通股收益的影响。财务杠杆系数越高,表明普通股收益的波动程度越大,财务风险也就越大。在不存在优先股股息的情况下,财务杠杆系数的计算公式为

$$DFL = 1 + \frac{I}{EBIT - I}$$

在上面公式中,分子是企业筹资产生的固定性资本成本负担,分母是归属于股东的收益。上式表明,在企业有正的税后利润的前提下,财务杠杆系数最低为 1,不会为负数;只要有固

定性资本成本存在，财务杠杆系数总是大于 1。

由上式可知，影响财务杠杆的因素包括企业资本结构中债务资金的比重、普通股收益水平、所得税税率水平。其中，普通股收益水平又受息税前利润、固定性资本成本的影响。债务成本比重越高，固定的资本成本支付额越高，息税前利润水平越低，财务杠杆效应就越大，反之则越小。

三、总杠杆效应

（一）总杠杆

经营杠杆和财务杠杆可以独自发挥作用，也可以综合发挥作用，总杠杆是用来反映二者共同作用结果的，即权益资本报酬与产销业务量之间的变动关系。由于固定性经营成本的存在，产生经营杠杆效应，导致产销业务量变动对息税前利润变动有放大作用；同样，由于固定性资本成本的存在，产生财务杠杆效应，导致息税前利润变动对普通股每股收益变动有放大作用。两种杠杆共同作用，将导致产销业务量稍有变动就会引起普通股每股收益更大的变动。

总杠杆是指由于固定经营成本和固定资本成本的存在，导致普通股每股收益变动率大于产销业务量变动率的现象。

（二）总杠杆系数

只要企业同时存在固定性经营成本和固定性资本成本，就存在总杠杆效应。产销业务量变动通过息税前利润的变动传导至普通股收益，使得每股收益发生更大的变动。用总杠杆系数（DTL）表示总杠杆效应的程度，可见，总杠杆系数是经营杠杆系数和财务杠杆系数的乘积，是普通股收益变动率与产销业务量变动率的倍数，其计算公式为

$$DTL = \frac{\Delta EPS/EPS}{\Delta Q/Q} = \frac{\Delta EPS/EPS}{\Delta S/S} = DOL \times DFL$$

经整理，总杠杆系数的计算也可以简化为

$$DTL = \frac{Q(P-b)}{Q(p-b) - a - I - d/(1-T)} = \frac{M}{EBIT - I - d/(1-T)}$$

【例 5-13】乙公司是一家服装企业，只生产销售某种品牌的西服。2020 年度固定成本总额为 20 000 万元，单位变动成本为 0.4 万元，单位售价为 0.8 万元，销售量为 100 000 套，乙公司 2020 年度发生的利息费用为 4 000 万元。

要求：

（1）计算 2020 年度的息税前利润；

（2）以 2020 年为基数，计算经营杠杆系数、财务杠杆系数、总杠杆系数。

解：

（1）2020 年度的息税前利润 =（0.8-0.4）×100 000-20 000 = 20 000（万元）

（2）经营杠杆系数 =（0.8-0.4）×100 000/20 000 = 2

财务杠杆系数=20 000/（20 000-4 000）=1.25
总杠杆系数=2×1.25=2.5

（三）总杠杆与公司风险

公司风险包括企业的经营风险和财务风险，反映了企业的整体风险。总杠杆系数反映了经营杠杆和财务杠杆之间的关系，用以评价企业的整体风险水平。在总杠杆系数一定的情况下，经营杠杆系数与财务杠杆系数此消彼长。总杠杆效应的意义在于：

（1）能够说明产销业务量变动对普通股收益的影响，据以预测未来的每股收益水平；

（2）揭示了财务管理的风险管理策略，即要保持一定的风险状况水平，需要维持一定的总杠杆系数，经营杠杆和财务杠杆可以有不同的组合。

一般来说，固定资产比重较大的资本密集型企业的经营杠杆系数高，经营风险大，企业筹资主要依靠权益资本，以保持较小的财务杠杆系数和财务风险；变动成本比重较大的劳动密集型企业的经营杠杆系数低，经营风险小，企业筹资可以主要依靠债务资金，保持较大的财务杠杆系数和财务风险。

一般来说，在企业初创阶段，产品市场占有率低，产销业务量小，经营杠杆系数大，此时，企业筹资主要依靠权益资本，在较低程度上使用财务杠杆；在企业扩张成熟期，产品市场占有率高，产销业务量大，经营杠杆系数小，此时，企业可扩大债务资本比重，在较高程度上使用财务杠杆。

第四节 资本结构决策

资本结构及其管理是企业筹资管理的核心问题。如果企业现有资本结构不合理，则应通过筹资活动优化、调整资本结构，使其趋于科学合理。

不同的资本结构会给企业带来不同的后果，企业利用债务资本举债经营具有双重作用，既可以发挥财务杠杆效应，也可能带来财务风险。因此，企业必须权衡财务风险和资本成本的关系，确定最佳的资本结构。评价企业资本结构最佳状态的标准应该是既能够提高股权收益或降低资本成本，又能控制财务风险，最终目的是提升企业价值。

股权收益表现为净资产报酬率或普通股每股收益，资本成本表现为企业的平均资本成本率。根据资本结构理论，当企业平均资本成本最低时，企业价值最大。所谓最佳资本结构，是指在一定条件下使企业平均资本成本率最低、企业价值最大的资本结构。资本结构优化的目标，是降低平均资本成本率或提高普通股每股收益。

从理论上讲，最佳资本结构是存在的，但由于企业内部条件和外部环境的经常性变化，动态地保持最佳资本结构十分困难。因此，在实践中，目标资本结构通常是企业结合自身实际进行适度负债经营所确立的资本结构，是根据满意化原则确定的资本结构。

资本结构优化要求企业权衡负债的低资本成本和高财务风险的关系，确定合理的资本结构。资本结构优化的目标,是降低平均资本成本率或提高企业价值。资本结构的决策有不同的方法,包括平均资本成本比较法、每股收益分析法与公司价值分析法。

一、平均资本成本比较法

平均资本成本比较法,是通过计算和比较各种可能的筹资组合方案的平均资本成本,选择平均资本成本率最低的方案。即能够降低平均资本成本的资本结构,就是合理的资本结构。这种方法侧重于从资本投入的角度对筹资方案和资本结构进行优化分析。

【例5-14】甲公司需筹集100万元长期资本,可以通过贷款、发行债券、发行普通股三种方式筹资,其个别资本成本率已分别测定,有关资料如表5-1所示。请分别计算三种方案的综合资本成本,选出最优方案。

表5-1 甲公司不同筹资方案的资本成本率与资本结构 %

筹资方式	资本结构			个别资本成本率
	A方案	B方案	C方案	
贷款	40	30	20	6
发行债券	10	15	20	8
发行普通股	50	55	60	9
合计	100	100	100	

解:

首先,分别计算三个方案的综合资本成本 K。

A方案:$K=40\%\times6\%+10\%\times8\%+50\%\times9\%=7.7\%$

B方案:$K=30\%\times6\%+15\%\times8\%+55\%\times9\%=7.95\%$

C方案:$K=20\%\times6\%+20\%\times8\%+60\%\times9\%=8.2\%$

其次,根据企业筹资评价的其他标准考虑企业的其他因素,对各个方案进行修正;之后,再选择其中成本最低的方案。本例中,我们假设其他因素对方案选择影响甚小,则A方案的综合资本成本最低。这样,该公司筹资的资本结构为贷款40万元、发行债券10万元、发行普通股50万元。

平均资本成本比较法仅以资本成本最低为选择标准,因测算过程简单,是一种比较便捷的方法。但这种方法只是比较了各种融资组合方案的资本成本,难以区别不同融资方案之间的财务风险,而且在实际计算中有时也难以确定各种融资方式的资本成本。

二、每股收益分析法

可以用每股收益的变化来判断资本结构是否合理,即能够提高普通股每股收益的资本结构就是合理的资本结构。在资本结构管理中,利用债务资本筹资的原因之一,就在于债务资本能够带来财务杠杆效应,利用负债筹资的财务杠杆作用来增加股东财富。

每股收益受到经营利润水平、债务资本成本水平等因素的影响，分析每股收益与资本结构的关系，可以找到每股收益无差别点。所谓每股收益无差别点，是指不同筹资方式下每股收益都相等时的息税前利润或产销业务量水平。根据每股收益无差别点，可以判断在什么样的息税前利润水平或产销业务量水平前提下适于采用何种筹资组合方式，进而确定企业的资本结构安排。

在每股收益无差别点上，无论是采用债务还是股权筹资方案，每股收益都是相等的。当预期息税前利润水平或产销业务量水平大于每股收益无差别点时，应当选择债务筹资方案，反之，则选择股权筹资方案。在每股收益无差别点上，不同筹资方案的每股收益是相等的，用公式表示为

$$\frac{(\overline{EBIT}-I_1)(1-T)-D_{p1}}{N_1}=\frac{(\overline{EBIT}-I_2)(1-T)-D_{p2}}{N_2}$$

式中，$\overline{EBIT}$ 表示息税前利润平衡点，即每股收益无差别点；I_1、I_2 表示两种筹资方式下的债务利息；D_{p1}、D_{p2} 表示两种筹资方式下的优先股股利；N_1、N_2 表示两种筹资方式下普通股股数；T 表示所得税税率。

【例 5-15】 光华公司目前资本结构为：总资本 1 000 万元，其中债务资金 400 万元（年利息 40 万元），普通股资本 600 万元（600 万股，面值 1 元，市价 5 元）。由于有一个较好的新投资项目，需要追加筹资 300 万元，有下列两个筹资方案。

甲方案：增发普通股 100 万股，每股发行价 3 元。

乙方案：向银行取得长期借款 300 万元，利息率 16%。

根据财务人员测算，追加筹资后销售额可望达到 1 200 万元，变动成本率为 60%，固定成本为 200 万元，所得税税率 20%，不考虑筹资费用因素。请计算甲、乙两个筹资方案的每股收益无差别点。

解：根据上述数据，代入无差别点计算公式，即

$$\frac{(\overline{EBIT}-40)\times(1-20\%)}{600+100}=\frac{(\overline{EBIT}-40-48)\times(1-20\%)}{600}$$

得

$$\overline{EBIT}=376(万元)$$

这里，376 万元是两个筹资方案的每股收益无差别点，在此点上，两个方案的每股收益相等，均为 0.384 元。企业预期追加筹资后销售额为 1 200 万元，预期获利 280 万元，低于无差别点 376 万元，应当采用财务风险较小的甲方案，即增发普通股方案。在 1 200 万元销售额水平上，甲方案的 EPS 为 0.274 元，乙方案的 EPS 为 0.256 元。

当企业需要的资本额较大时，可能会采用多种筹资方式组合融资。这时，需要详细比较分析各种组合筹资方式下的资本成本负担及其对每股收益的影响，选择每股收益最高的筹资方式。

【例 5-16】 光华公司目前资本结构为：总资本 1 000 万元，其中债务资本 400 万元（年

利息 40 万元），普通股资本 600 万元（600 万股，面值 1 元，市价 5 元）。由于扩大经营规模，需要追加筹资 800 万元，所得税税率 20%，不考虑筹资费用因素。有三个筹资方案。

甲方案：增发普通股 200 万股，每股发行价 3 元；同时向银行借款 200 万元，利率保持原来的 10%。

乙方案：增发普通股 100 万股，每股发行价 3 元；同时溢价发行 500 万元面值为 300 万元的公司债券，票面利率 15%。

丙方案：不增发普通股，溢价发行 600 万元面值为 400 万元的公司债券，票面利率 15%；由于受债券发行数额的限制，需要补充向银行借款 200 万元，利率 10%。

要求：
（1）计算甲、乙两个筹资方案的每股收益无差别点；
（2）计算乙、丙两个筹资方案的每股收益无差别点；
（3）计算甲、丙两个筹资方案的每股收益无差别点；
（4）根据以上资料，对三个筹资方案进行选择。

解：
（1）甲、乙两个筹资方案的比较，即

$$\frac{(\overline{EBIT} - 40 - 20) \times (1 - 20\%)}{600 + 200} = \frac{(\overline{EBIT} - 40 - 45) \times (1 - 20\%)}{600 + 100}$$

得

$$\overline{EBIT} = 260 (万元)$$

（2）乙、丙两个筹资方案的比较，即

$$\frac{(\overline{EBIT} - 40 - 45) \times (1 - 20\%)}{600 + 100} = \frac{(\overline{EBIT} - 40 - 80) \times (1 - 20\%)}{600}$$

得

$$\overline{EBIT} = 330 (万元)$$

（3）甲、丙两个筹资方案的比较，即

$$\frac{(\overline{EBIT} - 40 - 20) \times (1 - 20\%)}{600 + 200} = \frac{(\overline{EBIT} - 40 - 80) \times (1 - 20\%)}{600}$$

得

$$\overline{EBIT} = 300 (万元)$$

（4）当筹资方案两两比较时，产生了三个筹资分界点，上述分析结果可用图 5-1 表示。从图 5-1 中可以看出，当 EBIT 预期为 260 万元以下时，应当采用甲筹资方案；当 EBIT 预期为 260 万 ~ 330 万元时，应当采用乙筹资方案；当 EBIT 预期为 330 万元以上时，应当采用丙筹资方案。

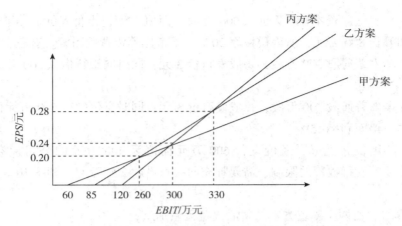

图 5-1 每股收益无差别点分析

每股收益分析法可以分析判断在什么样的息税前利润水平下适于采用何种资本结构。这种方法确定的最佳资本结构亦即每股利润最大的资本结构，但这种方法只考虑了资本结构对每股收益的影响，并假定每股收益最大，股票价格也最高，未考虑资本结构变动给企业带来的风险变化，因为随着负债的增加，投资者的风险加大，股票价格和企业价值也会有下降的趋势。因此，单纯地用每股收益分析法有时会做出错误的决策。

三、公司价值分析法

以上两种方法都是从账面价值的角度进行资本结构优化分析，没有考虑市场反应，即没有考虑风险因素。公司价值分析法，是在考虑市场风险的基础上，以公司市场价值为标准进行资本结构优化，即能够提升公司价值的资本结构，就是合理的资本结构。这种方法主要用于对现有资本结构进行调整，适用于资本规模较大的上市公司资本结构优化。同时，在公司价值最大的资本结构下，公司的平均资本成本率也是最低的。

设 V 表示公司价值，S 表示权益资本价值，B 表示债务资金价值，P 表示优先股价值。公司价值应该等于资本的市场价值，即

$$V = S + B + P$$

为简化分析，假设公司各期的 $EBIT$ 保持不变，债务资金的市场价值等于其面值，权益资本的市场价值的计算式为

$$S = \frac{(EBIT - I)(1 - T) - PD}{K_c}$$

在评估企业价值时，一般用资本资产定价模型来估计资本成本率，故

$$K_c = R_f + \beta(R_m - R_f)$$

此时：

$$K_w = K_b \times B/V + K_c \times S/V$$

式中，K_b 表示税前债务利息率。

【例 5-17】某公司息税前利润为 400 万元，资本总额账面价值为 2 000 万元。假设无风险报酬率为 6%，证券市场平均报酬率为 10%，所得税税率为 25%，债务市场价值等于面

值。经测算，不同债务水平下的权益资本成本率和税前债务利息率（假设税前债务利息率等于税前债务资本成本）如表5-2所示。请分析债务资本为多少时的资本结构是公司的最佳资本结构。

表5-2 权益资本成本率和税前债务利息率

债务市场价值/万元	税前债务利息率/%	股票β系数	权益资本成本率/%
0	—	1.50	12.0
200	8.0	1.55	12.2
400	8.5	1.65	12.6
600	9.0	1.80	13.2
800	10.0	2.00	14.0
1 000	12.0	2.30	15.2
1 200	15.0	2.70	16.8

解：根据表5-2，可计算出不同资本结构下的企业总价值和平均资本成本率，如表5-3所示。

表5-3 不同资本结构下的企业总价值和平均资本成本率

债务市场价值/万元	股票市场价值/万元	公司总价值/万元	税后债务资本成本率/%	普通股资本成本率/%	平均资本成本率/%
0	2 000	2 000	—	12.0	12.0
200	1 888	2 088	4.80	12.2	11.5
400	1 743	2 143	5.10	12.6	11.2
600	1 573	2 173	5.40	13.2	11.0
800	1 371	2 171	6.00	14.0	11.1
1 000	1 105	2 105	7.20	15.2	11.4
1 200	786	1 986	9.00	16.8	12.1

可以看出，在没有债务资本的情况下，公司的总价值等于股票的账面价值。当公司增加一部分债务时，财务杠杆开始发挥作用，公司总价值上升，平均资本成本率下降。在债务资本达到600万元时，公司总价值最高，平均资本成本率最低。债务资本超过600万元后，随着利息率的不断上升，财务杠杆作用逐步减弱甚至显现负作用，公司总价值下降，平均资本成本率上升。因此，债务资本为600万元时的资本结构是该公司的最佳资本结构。

习 题

一、单项选择题

1. 下列关于资本成本的表述中，不正确的是（   ）。

A. 资本成本只能用相对数表示

B. 对出资者而言，资本成本表现为让渡资本使用权所带来的投资报酬

C. 对筹资者而言，资本成本表现为取得资本使用权所付出的代价

D. 如果国民经济过热，筹资的资本成本就高

2. 某公司向银行借款 2 000 万元，年利率为 8%，筹资费率为 0.5%，该公司适用的所得税税率为 25%，则该笔借款的资本成本是（　　）。

A. 6.00%　　　　　　　　　　　　B. 6.03%

C. 8.00%　　　　　　　　　　　　D. 8.04%

3. 某企业发行了期限为 5 年的长期债券 10 000 万元，年利率为 8%，每年年末付息一次，到期一次还本，债券发行费率为 1.5%，企业所得税税率为 25%，该债券的资本成本率为（　　）。

A. 6%　　　　　　　　　　　　　B. 6.09%

C. 8%　　　　　　　　　　　　　D. 8.12%

4. 某企业拟增加发行普通股，发行价为 15 元/股，筹资费率为 2%，企业刚刚支付的普通股股利为 1.2 元/股，预计以后每年股利将以 5% 的速度增长，企业所得税税率为 30%，则企业普通股的资本成本为（　　）。

A. 14.31%　　　　　　　　　　　B. 13.57%

C. 14.40%　　　　　　　　　　　D. 13.4%

5. 为反映现时资本成本水平，计算平均资本成本最适宜采用的价值权数是（　　）。

A. 账面价值权数　　　　　　　　B. 目标价值权数

C. 市场价值权数　　　　　　　　D. 历史价值权数

6. 下列各项中，会导致经营杠杆效应最大的情况是（　　）。

A. 实际销售额等于目标销售额　　B. 实际销售额大于目标销售额

C. 实际销售额等于盈亏临界点销售额　　D. 实际销售额大于盈亏临界点销售额

7. 某公司经营风险较大，准备采取措施降低杠杆程度，下列措施中，无法达到这一目的的是（　　）。

A. 降低利息费用　　　　　　　　B. 降低固定成本水平

C. 降低变动成本　　　　　　　　D. 提高产品销售单价

8. 某企业某年的财务杠杆系数为 2.5，息税前利润的计划增长率为 10%，假定其他因素不变，则该年普通股每股收益的增长率为（　　）。

A. 4%　　　　　　　　　　　　　B. 5%

C. 20%　　　　　　　　　　　　D. 25%

9. 下列关于最佳资本结构的表述中，错误的是（　　）。

A. 最佳资本结构在理论上是存在的

B. 资本结构优化的目标是提高企业价值

C. 企业平均资本成本最低时资本结构最佳

D. 企业的最佳资本结构应当长期固定不变

10. 下列方法中，能够用于资本结构优化分析并考虑了市场风险的是（　　）。

　　A. 杠杆分析法　　　　　　　　　　　B. 公司价值分析法

　　C. 每股收益分析法　　　　　　　　　D. 利润敏感性分析法

11. 甲企业 2020 年净利润 750 万元，所得税税率 25%。已知甲企业负债 10 000 万元，利率 10%。2020 年销售收入 5 000 万元，变动成本率 40%，固定成本总额与利息费用数额相同。则下列说法错误的是（　　）。

　　A. 如果销售量增加 10%，息税前利润将增加 15%

　　B. 如果息税前利润增加 20%，每股收益将增加 40%

　　C. 如果销售量增加 10%，每股收益将增加 30%

　　D. 如果每股收益增加 10%，销售量需要增加 30%

12. 根据有税 MM 理论，当企业负债比例提高时，（　　）。

　　A. 权益资本成本上升　　　　　　　　B. 债务资本成本上升

　　C. 加权平均资本成本上升　　　　　　D. 加权平均资本成本不变

13. 从企业价值最大化目标考虑，下列关于资本结构各理论的说法中不正确的是（　　）。

　　A. 有税 MM 理论认为最佳资本结构是负债比率为 100%

　　B. 权衡理论认为债务抵税收益值等于财务困境成本时的资本结构为最佳资本结构

　　C. 无税 MM 理论认为企业价值与资本结构无关

　　D. 代理理论认为在确定资本结构时还需要考虑债务代理成本和股权代理成本

14. 某公司普通股目前的股价为 10 元/股，筹资费率为 6%，刚刚支付的每股股利为 2 元，股利固定增长率为 2%，则该企业利用留存收益的资本成本为（　　）。

　　A. 22.40%　　　　　　　　　　　　　B. 22.00%

　　C. 23.70%　　　　　　　　　　　　　D. 23.28%

15. 在某企业的资本结构中，产权比率（负债/所有者权益）为 2/3，债务税后资本成本为 10.5%。目前市场上的无风险报酬率为 8%，市场上所有股票的平均收益率为 16%，公司股票的 β 系数为 1.2，所得税税率为 25%，则平均资本成本为（　　）。

　　A. 14.76%　　　　　　　　　　　　　B. 16.16%

　　C. 17.6%　　　　　　　　　　　　　D. 12%

二、多项选择题

1. 下列各项因素中，能够影响公司资本成本水平的有（　　）。

　　A. 通货膨胀　　　　　　　　　　　　B. 筹资规模

　　C. 经营风险　　　　　　　　　　　　D. 资本市场效率

2. 在计算个别资本成本时，需要考虑所得税抵减作用的筹资方式有（　　）。

　　A. 银行借款　　　　　　　　　　　　B. 长期债券

C. 优先股 　　　　　　　　　　　D. 普通股

3. 下列各项因素中，影响经营杠杆系数计算结果的有（　　）。
   A. 销售单价 　　　　　　　　　　B. 销售数量
   C. 资本成本 　　　　　　　　　　D. 所得税税率

4. 下列各项中，影响财务杠杆系数的有（　　）。
   A. 息税前利润 　　　　　　　　　B. 普通股股利
   C. 优先股股息 　　　　　　　　　D. 借款利息

5. 下列关于 MM 理论的说法中，正确的有（　　）。
   A. 在不考虑企业所得税的情况下，企业价值不受负债资本的影响，仅取决于企业经营风险的大小
   B. 在不考虑企业所得税的情况下，有负债企业的权益成本随负债比例的增加而增加
   C. 在考虑企业所得税的情况下，企业价值随着负债比例的增加而减少
   D. 在有企业所得税的情况下，一个有负债企业的权益资本成本要比无负债企业的权益资本成本高

6. 根据考虑所得税的修正 MM 理论，当企业负债比例提高时，（　　）。
   A. 企业价值上升 　　　　　　　　B. 企业价值不变
   C. 加权平均资本成本不变 　　　　D. 股权资本成本上升

7. 根据权衡理论，下列各项中会影响企业价值的是（　　）。
   A. 债务利息抵税 　　　　　　　　B. 债务代理成本
   C. 股权代理成本 　　　　　　　　D. 财务困境成本

8. 下列关于资本结构理论的表述中，正确的有（　　）。
   A. 根据 MM 理论，当存在企业所得税时，企业负债比例越高，企业价值越大
   B. 根据权衡理论，平衡债务利息的抵税收益与财务困境成本是确定最佳资本结构的基础
   C. 根据代理理论，均衡的企业所有权结构是由股权代理成本和债务代理成本之间的平衡关系来决定的
   D. 根据优序融资理论，当存在外部融资需求时，企业倾向于债务融资，而不是股权融资

9. 下列各项因素中，影响企业资本结构决策的有（　　）。
   A. 企业的经营状况 　　　　　　　B. 企业的信用等级
   C. 国家的货币供应量 　　　　　　D. 管理者的风险偏好

10. 下列关于资本结构的说法中，正确的有（　　）。
    A. 在最佳资本结构下，平均资本成本率是最低的
    B. 在最佳资本结构下，企业价值最大
    C. 资本结构及其管理是企业投资管理的核心问题
    D. 资本结构优化的目标，是降低平均资本成本率或提高企业价值

三、判断题

1. 资本成本率是企业用以确定项目要求达到的投资报酬率的最低标准。（　　）

2. 在其他条件不变的情况下，企业财务风险大，投资者要求的预期报酬率就高，企业筹资的资本成本相应就大。（　　）

3. 由于内部筹资一般不产生筹资费用，所以内部筹资的资本成本最低。（　　）

4. 在企业承担总风险能力一定且利率相同的情况下，对于经营杠杆水平较高的企业，应当保持较低的负债水平；而对于经营杠杆水平较低的企业，则可以保持较高的负债水平。（　　）

5. 使企业税后利润最大的资本结构是最佳资本结构。（　　）

6. 根据不考虑所得税的初始 MM 理论，负债比重不影响企业价值。（　　）

7. 当预期息税前利润大于每股收益无差别点时，应当选择财务杠杆效应较大的筹资方案，理由是该方案的资本成本低。（　　）

8. 在资本结构优化的方法中，平均资本成本比较法和每股收益分析法都没有考虑风险因素。（　　）

9. 以目标价值为基础计算资本权重，能体现决策的相关性。（　　）

10. 总杠杆系数等于经营杠杆系数加上财务杠杆系数。（　　）

四、计算题

1. 甲公司 2×15 年年末长期资本为 5 000 万元，其中长期银行借款 1 000 万元，年利率为 6%，所有者权益（包括普通股股本和留存收益）为 4 000 万元，公司计划在 2×16 年追加筹集资金 5 000 万元，其中按面值发行债券 2 000 万元，票面年利率为 6.86%，期限 5 年，每年付息一次，到期一次还本，筹资费率为 2%；发行优先股筹资 3 000 万元；固定股息率为 7.76%，筹资费用率为 3%，公司普通股 β 系数为 2，一年期国债利率为 4%，市场平均报酬率为 9%，公司适用的所得税税率为 25%。假设不考虑筹资费用对资本结构的影响，发行债券和优先股不影响借款利率和普通股股价。

要求：

(1) 计算甲公司长期银行借款的资本成本；

(2) 计算发行债券的资本成本（不用考虑资金时间价值）；

(3) 计算甲公司发行优先股的资本成本；

(4) 利用资本资产定价模型计算甲公司留存收益的资本成本；

(5) 计算加权平均资本成本。

2. 某企业目前的资产总额为 5 000 万元，资产负债率为 50%，负债的利息率为 10%，全年固定成本和费用总额（含利息）为 550 万元，净利润为 750 万元，企业适用的所得税税率为 25%。

要求：

(1) 计算三个杠杆系数；

(2) 预计明年销量增加 10%，计算息税前利润增长率。

3. 某公司不存在优先股，2×18 年销售额为 1 000 万元，销售净利率为 12%。2×19 年财务杠杆系数为1.5；2×19年固定性经营成本为240万元；所得税税率为25%；2×19年普通股股利为150万元。

要求：

(1) 计算2×18年的税前利润；

(2) 计算2×18年的息税前利润；

(3) 计算2×18年的利息；

(4) 计算2×18年的边际贡献；

(5) 计算2×19年的经营杠杆系数；

(6) 计算2×19年的总杠杆系数；

(7) 若2×19年销售额预期增长20%，计算2×19年每股收益增长率。

4. 东方公司计划2×19年开展一个新项目，投资额为8 000万元，无投资期。经测算，公司原来项目的息税前利润为500万元，新项目投产后，会带来1 000万元的息税前利润。

现有甲、乙两个筹资方案：甲方案为按照面值的120%增发票面利率为6%的公司债券；乙方案为增发2 000万股普通股。两个方案均在2×19年12月31日发行完毕并立即购入新设备投入使用。

东方公司现在普通股股数为3 000万，负债1 000万元，平均利息率为10%。公司所得税税率为25%。

要求：

(1) 计算甲、乙两个筹资方案的每股收益无差别点息税前利润；

(2) 用每股收益无差别点法判断应采取哪个方案？

(3) 简要说明使用每股收益无差别点法如何做出决策？

5. 某公司息税前利润为4 000万元，公司适用的所得税税率为25%，公司目前总资本为2 000万元，全部是权益资金。该公司准备用发行债券购回股票的办法调整资本结构。经咨询调查，目前无风险收益率为6%，所有股票的平均收益率为16%。假设债券市场价值等于债券面值，在不同负债情况下的利率和公司股票的β系数如表5-4所示。

表5-4 在不同负债情况下的利率和公司股票的β系数

债券市场价值/万元	债券利率/%	股票的β系数
600	10	1.45
1 000	14	2.0

要求：

(1) 计算在不同债券筹资情况下公司股票的资本成本；

(2) 假定公司的息税前利润保持不变，试计算在各种筹资方案下公司的市场价值（精确至元）；

(3) 计算在不同债券筹资情况下公司的加权平均资本成本；

(4) 根据企业总价值和加权资本成本为企业做出正确的筹资决策。

第六章

项目投资管理

学习目标

（1）了解企业投资的分类、投资管理的原则与投资过程分析。
（2）理解企业投资的含义、特点与程序。
（3）掌握投资项目现金流量的构成与计算。
（4）掌握各种投资决策指标的计算方法和决策规则。
（5）掌握各种投资决策方法的相互比较与具体应用。

第一节　投资管理概述

一、投资的含义

投资活动是企业生产经营活动的起点，企业通过筹资获取资金后，必须将资金投入生产经营，以获取更多的经济效益。企业的投资可以分广义投资和狭义投资。广义投资是指特定经济主体（包括政府、企业和个人）将筹集到的货币、实物资产等作为资本投放于某一个具体对象上，以期在未来较长期间内获取预期经济利益的经济行为，既包括企业内部使用资金的过程（购建厂房、设备、无形资产等），又包括对外投放资金的过程（购买股票、债券等）。狭义投资是指对外投资，本章中的投资指的是广义投资。

二、企业投资的分类

将企业投资进行分类，有利于分清投资的性质，按不同的特点和要求进行投资决策，加强投资管理。

（一）按投资与企业生产经营的关系分类

按投资与企业生产经营的关系分类，投资可分为直接投资和间接投资。

直接投资是指将资金直接投放于形成生产经营能力的实体性资产，直接谋取经营利润的企业投资。企业通过直接投资购买设备，配置劳动力、劳动资料和劳动对象等具体生产要素，开展生产经营活动。

间接投资是指将资金投放于股票、债券等权益性资产上，以获取利息、股利或资本利得收入的投资。之所以称为间接投资，是因为股票、债券的发行方在筹集到所需资金后，再把这些资金投放于形成生产经营能力的实体性资产，获取经营利润。而间接投资方并不直接介入企业的具体生产经营过程，通过在股票、债券等金融资产上所约定的收益分配权利，获取股利或利息收入，分享直接投资的经营利润。

（二）按投资对象的存在形态和性质分类

按投资对象的存在形态和性质分类，投资可分为项目投资和证券投资。

企业可以通过投资购买具有实质内涵的资产，包括有形资产和无形资产，形成具体的生产经营能力，开展实质性的生产经营活动，谋取经营利润，这类投资称为项目投资。项目投资属于直接投资，其目的在于改善生产条件、扩大生产能力，以获取更多的经营利润。

企业可以通过投资购买证券资产，通过证券资产上所赋予的权利间接控制被投资企业的生产经营活动，获取投资收益，这类投资称为证券投资，即购买属于综合生产要素的权益性权利资产的企业投资。

（三）按投资活动对企业未来生产经营前景的影响分类

按投资活动对企业未来生产经营前景的影响分类，投资可分为发展性投资和维持性投资。

发展性投资是指对企业未来的生产经营发展全局有重大影响的企业投资。发展性投资也可以称为战略性投资，如企业兼并或合并的投资、转换新行业和开发新产品的投资、大幅度扩大生产规模的投资等。发展性投资项目实施后，往往可以改变企业的经营方向和经营领域，或者明显地扩大企业的生产经营能力，或者实现企业的战略重组。

维持性投资是指为了维持企业现有的生产经营正常顺利进行，不会改变企业未来生产经营发展全局的企业投资。维持性投资也可以称为战术性投资，如更新替换旧设备的投资、配套流动资金的投资、生产技术革新的投资等。维持性投资项目所需要的资金不多，对企业生产经营的前景影响不大，投资风险相对较小。

（四）按投资活动资金投出的方向分类

按投资活动资金投出的方向分类，投资可分为对内投资和对外投资。

对内投资是指把资金投向企业内部，用于购买和配置各种生产经营所需的经营性资产。

对外投资是指把资金投向本企业范围以外的其他单位的资金投放。对外投资多以现金、有形资产、无形资产等形式，通过联合投资、合作经营、换取股权、购买证券等投资方式，向企业外部的其他单位投放资金。

（五）按投资项目之间的相互关联关系分类

按投资项目之间的相互关联关系分类，投资可分为独立投资和互斥投资。

独立投资是相容性投资，各个投资项目之间互不关联、互不影响，可以并存。对于一个独立投资项目而言，其他投资项目是否被采纳，对本项目的决策并无显著影响。因此，独立投资项目决策主要考虑的是该方案本身是否满足某种决策标准，无须考虑其他项目的影响。例如，某企业规定凡是本企业所提交的需要进行决策的投资方案，如果预期投资报酬率能够超过15%，将会得以实施。预期投资报酬率达到15%就是一种预期的决策标准，只需考虑方案本身的预期投资报酬率是否超过15%即可。

互斥投资是非相容性投资，各个投资项目之间相互关联、相互替代，不能并存。对于一个互斥投资项目而言，其他投资项目是否被采纳或放弃，将直接影响本项目的决策。其他投资项目被采纳，本项目就不能被采纳。因此，互斥投资项目决策考虑的是各方案之间的排斥性，也许每个方案都是可行方案，但是需要从中选择出最优的方案。例如，对企业现有设备进行更新，购买新设备就必须处置旧设备，它们之间只能选择一个，是互斥的关系。

（六）按项目投资的风险程度分类

按项目投资的风险程度分类，投资可分为确定性投资和风险性投资。

确定性投资是指对未来情况可以较为准确地予以预测的投资。未来结果较为确定，风险很小，企业在进行此类投资决策时可以不考虑风险的问题。

风险性投资是指未来情况不确定、难以准确预测的投资。由于未来结果难以确定、风险大，企业在进行此类投资决策时应充分考虑风险问题，采用科学的分析方法，以做出正确的投资决策。企业的大多数战略性投资都属于风险性投资。

（七）按投资回收时间的长短分类

按投资回收时间的长短分类，投资可分为短期投资和长期投资。

短期投资又称为流动资产投资，是指能够并且也准备在一年以内收回的投资，主要是指对现金、应收账款、存货、短期有价证券等的投资，长期证券如能随时变现亦可作为短期投资。

长期投资则是指一年以上才能收回的投资，主要是指对厂房、机器设备等固定资产的投资，也包括对无形资产和长期有价证券的投资。由于长期投资中固定资产所占的比重较大，因此，长期投资有时专指固定资产投资。

三、企业投资的意义

在市场经济条件下，企业能否把所筹集到的资金投放于风险小、回收快、收益高的项目中，对企业生存与发展有重要的意义。

(一) 投资是企业生存与发展的基本前提

投资是企业的一种资本性支出行为。通过投资支出，企业购进流动资产和长期资产，形成生产条件和生产能力。无论是新建一个企业，还是构建一条生产流水线，都属于企业的一种投资行为。通过投资，可以确立企业的生产经营方向，合理配置企业的各类资产，并将它们有机地结合起来，形成企业的综合生产经营能力。企业投资方向的选择会影响企业的长期发展，因此，投资决策正确与否，会直接影响企业的成败。

(二) 投资是获取利润的基本前提

企业财务管理的目标是不断提高企业价值，为股东创造财富。要想获得利润，必须通过投资配置形成企业的各类资产，从事各类经营活动，获取收益来实现。通过投资形成生产经营能力，企业才能开展具体的经营活动，获取经营利润。那些以购买股票、债券等有价证券方式对其他单位的投资，可以通过取得股利或债息来获取投资收益，也可以通过转让证券来获取资本利得。

(三) 投资是降低企业经营风险的重要方法

企业在生产经营过程中面临着各种各样的风险，有来自市场的竞争风险，有来自资金周转的风险，还有来自原材料涨价、费用居高不下等其他成本风险。通过投资，可以将资金投向企业生产经营薄弱的环节，使企业的生产经营能力配套、平衡、协调，形成更大的综合生产能力。通过投资，企业可以把资金投向多个行业，实现多元化经营，如将资金投放于经营相关程度较低的产品或行业，增加公司销售和盈余的稳定性，降低资产的流动性风险、变现风险，增强资产的安全性。

四、投资管理的程序

投资管理在企业财务管理中占据十分重要的地位。由于企业投资有很大的风险，一旦出现决策失误，会严重影响企业的财务状况和现金流量，甚至导致企业破产。因此，投资者必须在认真调查的基础上，依照特定的程序，运用科学的方法，对每一项投资进行可行性分析，以确保投资决策的正确性与合理性。投资管理包括以下几个程序：

(一) 提出投资方案

提出投资方案是投资程序的第一步，是根据公司的长远发展战略、中长期投资计划和投资环境的变化，在把握良好的投资机会的前提下，提出相应的方案。方案可以由企业高级管理人员或者各级管理部门和相关领导提出。一般而言，高级管理人员提出的投资方案大多是规模较大的战略性投资，如兴建厂房、构建生产线等；而由企业的基层或中层人员提出的投资方案多为战术性投资，如企业营销部门提出销售新产品方案、生产部门提出更新设备方案等。

(二) 评价投资方案

评价投资方案主要从四个方面进行：首先是对提出的投资方案进行分类，为各方案评价分析做好准备；其次是计算投资项目的建设期间与经营期间，测算投资项目投产后的现金流入、现金流出，估计投资方案每一期的现金流量情况；再次是运用相关投资评级指标，对各投资方案进行分析评价，并按照一定标准进行排序；最后是考虑资本限额等约束条件，编制评价报告，做出相应的投资预算。

（三）确定投资方案

投资项目经过相应的评价之后，按照决策权限的高低由企业高层管理人员或者相关部门经理做出决策，最终选取最优方案。投资数额较少或影响较小的战术性投资或者维持性投资，一般由部门经理直接做出决策，而投资数额较大或影响较大的项目须由董事会或者股东大会批准。

（四）实施并监控投资项目

投资项目一旦决策通过，企业需要积极筹集资金，按照既定的投资方案有计划、按步骤地实施投资项目，并且在项目实施过程中对项目的实施进度、工程质量、项目成本和工程预算等进行监督、控制、审核，以保证投资项目能够按照预算如期进行，顺利完成。除此之外，在投资项目实施过程中，也需要定期分析，将项目实际产生的现金流量与预期的现金流量进行对比，找出二者之间的差异，通过分析差异找出原因，并根据不同的情况做出延迟投资、放弃投资、增加或减少投资等后续处理。

（五）事后审计与再次评价投资项目

投资项目完成之后，企业要进行事后审计与再次评价。企业内部审计机构将投资项目的实际表现与最初的预期相比，通过对差异进行分析可以更加深入地了解项目的关键点，如发现预测技术的不完善之处，寻找项目执行过程中存在的疏漏等。同时，还可以借助审计结果对管理投资项目的部门进行绩效评价，并据此完善激励制度，以提高投资管理效率。

第二节　投资项目的现金流量分析

一、现金流量的含义

由一项长期投资方案所引起的在未来一定期间所发生的现金收支，称为现金流量（Cash Flow），又称现金流。投资决策中所使用的现金是指广义的现金，包括库存现金、银行存款等货币性资产，还包括投资项目需要投入的企业拥有的非货币性资产（如原材料、设备等）的变现价值。在一般情况下，投资决策中的现金流量通常指现金净流量（Net Cash Flow，NCF）。

二、投资项目现金流量相关假设

（一）全投资假设

假设当确定项目的现金流量时，站在企业投资者的立场，不论投资资金的来源是自有资金还是借入资金等其他形式的现金流量,即使是借入资金,也将其视为企业的自有资金。

(二) 时点指标假设

假设计算项目的现金流量时涉及的指标均按照年初或年末的时点处理,不论是时点指标还是时期指标。其中,建设投资在建设期内有关年度的年初发生,垫支的流动资金在建设期的最后一年即营业期的第一年年初发生,营业期内各年的营业收入、付现成本、折旧(摊销)、利润、税金等项目的确认均发生在年末;项目最终报废或者清理时回收的固定资产余值及流动资金均发生在终结点上。

(三) 确定性假设

假设与项目现金流量有关的价格、产量、销售量、成本水平、所得税税率等因素均为已知常数。

(四) 产销平衡假设

假设项目投资决策中,营业期每年的产量等于当年的销量。

(五) 营业期与折旧年限一致假设

假设项目中的固定资产折旧年限或使用年限与营业期相同。

三、投资项目的现金流量分析

(一) 投资项目的生命周期

投资项目的生命周期大致可以分为三个阶段,即建设期、营业期、终结期,如图6-1所示。其中,建设期是指投资项目开始投资至投资完成期间,建设期的第一年年初为建设起点,建设完成日至项目清理日(项目生命周期的最后一年,也被称为终结点)为营业期。建设期产生的现金流量为初始现金流量,营业期产生的现金流量为营业现金流量,终结期产生的现金流量为终结现金流量。

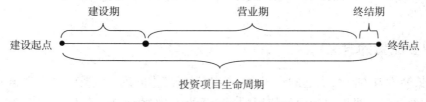

图6-1 投资项目的生命周期

(二) 现金流量的构成

按照现金流动的方向,可以将投资活动的现金流量分为现金流入量、现金流出量和现金净流量。其中,现金流入量是指该方案引起企业现金收入的增加额;现金流出量是指该方案引起企业现金收入的减少额;在一定时间内现金流入量与现金流出量的差额称为现金净流量。三者的关系可表示为

$$现金净流量 = 现金流入量 - 现金流出量$$

现金流入量大于现金流出量,现金净流量为正值;反之,现金净流量为负值。例如,在建设期内的现金净流量一般小于或等于零,在经营期内的现金净流量则多为正值。

按照项目投资现金流量的发生时间,投资活动的现金流量分为初始现金流量、营业现金流量和终结现金流量。因为使用这种分类方法计算现金流量比较方便,所以接下来将详细分析这三种现金流量。

(三) 投资项目的现金流量计算

1. 初始现金流量

建设期的现金流量主要是现金流出量,即在该投资项目上的原始投资,包括长期资产投资、营运资金垫支或机会成本。在一般情况下,初始阶段中固定资产的原始投资通常在年内一次性投入(如购买设备),如果原始投资不是一次性投入(如工程建造),则应把投资归属于不同投入年份之中。

1) 长期资产投资

长期资产投资包括在固定资产、无形资产、递延资产等长期资产上的购入、建造、运输、安装、试运行等方面所需的现金支出,如设备购置成本、运输费、安装费等。投资实施后导致固定资产性能改进而发生的改良支出,属于固定资产的后期投资。

机会成本

2) 营运资金垫支

营运资金垫支是指投资项目形成了生产能力,需要在流动资产上追加的投资。由于扩大了企业生产能力,原材料、在产品、产成品等流动资产规模也随之扩大,需要追加投入日常营运资金。同时,企业营业规模扩大后,应付账款等结算性流动负债也随之增加,自动补充了一部分日常营运资金的需要。因此,为该投资垫支的营运资金是追加的流动资产扩大量与结算性流动负债扩大量的净差额。为简化计算,垫支的营运资金在营业期的流入流出过程可忽略不计,只考虑建设期投入与终结期收回对现金流量的影响。

2. 营业现金流量(营业现金净流量)

营业阶段是投资项目的主要阶段,是指投资项目投入使用后,在其寿命期内的生产经营阶段。该阶段既有现金流入量,也有现金流出量。这里的现金流入量主要是营运各年的营业收入(为简化计算,直接将营业收入视为现金流入),现金流出量主要是营运各年的付现营运成本。付现成本是指经营期内因为正常生产经营活动而用现实货币资金支付的成本费用(如营业现金支出和缴纳的税金,不包括折旧和利息支出)。

所得税是投资项目的现金支出,即现金流出量。在正常营业阶段,由于营运各年的营业收入和付现营运成本数额比较稳定,考虑所得税对投资项目现金流量的影响,投资项目正常营运阶段所获得的营业现金净流量,可按下列公式进行测算,即

$$营业现金净流量 = 现金流入量 - 现金流出量$$
$$= 营业收入 - 付现成本 - 所得税$$
$$= 税后营业利润 + 非付现成本$$

或

$$\text{营业现金净流量} = \text{收入} \times (1-\text{所得税税率}) - \text{付现成本} \times (1-\text{所得税税率}) + \text{非付现成本} \times \text{所得税税率}$$

式中，非付现成本主要包括固定资产年折旧费用、长期资产摊销费用、资产减值损失等。

非付现成本指的是企业在经营期不以现金支付的成本费用，一般包括固定资产的折旧、无形资产的摊销额、开办费的摊销额等。

3．终结现金流量

终结期的现金流量主要是现金流入量，包括固定资产变价净收入和垫支营运资金的收回等。

付现成本与
非付现成本

1）固定资产变价净收入

投资项目在终结阶段，原有固定资产将退出生产经营，企业对固定资产进行清理处置。固定资产变价净收入，是指固定资产出售或报废时的出售价款或残值收入扣除清理费用后的净额。

2）垫支营运资金的收回

伴随着固定资产的出售或报废，投资项目的生命结束，企业将出售与该项目相关的存货，应收账款收回，应付账款也随之偿付。营运资金恢复到原有水平，项目开始垫支的营运资金在项目结束时得以收回。

在实务中，对某一投资项目在不同时点上的现金流量数额的测算，通常通过编制投资项目现金流量表进行。通过该表，能测算出投资项目相关现金流量的时间和数额，以便进一步进行投资项目可行性分析。

【例6-1】为扩大生产能力，某公司计划新增加一条生产流水线。目前有A、B两个方案可供选择。A方案需要投资500 000元，B方案需要投资750 000元。两个方案的预计使用寿命均为5年，均采用直线法折旧，A方案预计残值为20 000元，B方案预计残值为30 000元。A方案预计年销售收入为1 000 000元，第一年付现成本为660 000元，以后在此基础上每年增加维修费10 000元。B方案预计年销售收入为1 400 000元，年付现成本为1 050 000元。项目投入营运时，A方案需垫支营运资金200 000元。假设公司所得税税率为20%。请为该公司计算两个方案的现金净流量。

解：根据上述资料，两个方案的现金净流量计算如表6-1所示。

表6-1 两个方案的现金净流量计算　　　　　　　　　　　元

项　目	第0年	第1年	第2年	第3年	第4年	第5年
A方案：	—	—	—	—	—	—
固定资产投资	-500 000	—	—	—	—	—
营运资金垫支	-200 000	—	—	—	—	—
营业现金流量	—	291 200	283 200	275 200	267 200	259 200
固定资产残值	—	—	—	—	—	20 000

续表

项　目	第0年	第1年	第2年	第3年	第4年	第5年
营运资金收回	—	—	—	—	—	200 000
现金流量合计	-700 000	291 200	283 200	275 200	267 200	479 200
B方案:	—	—	—	—	—	—
固定资产投资	-750 000	—	—	—	—	—
营业现金流量	—	308 800	308 800	308 800	308 800	308 800
固定资产残值	—	—	—	—	—	30 000
现金流量合计	-750 000	308 800	308 800	308 800	308 800	338 800

A方案现金净流量计算式为

固定资产每年计提折旧=（500 000-20 000）÷5=96 000（元）

建设期现金净流量为

$$NCF_0 = -500\,000 - 200\,000 = -700\,000（元）$$

营业现金净流量为

A方案营业现金净流量=税后营业利润+非付现成本

$NCF_1 =$（1 000 000-660 000-96 000）×（1-20%）+96 000=291 200（元）

$NCF_2 =$（1 000 000-670 000-96 000）×（1-20%）+96 000=283 200（元）

$NCF_3 =$（1 000 000-680 000-96 000）×（1-20%）+96 000=275 200（元）

$NCF_4 =$（1 000 000-690 000-96 000）×（1-20%）+96 000=267 200（元）

终结现金净流量为

$NCF_5 =$（1 000 000-700 000-96 000）×（1-20%）+96 000+20 000+200 000
　　　=479 200（元）

B方案现金净流量计算如下：

建设期现金净流量为

$$NCF_0 = -750\,000（元）$$

营业期现金净流量为

B方案营业现金净流量=税后营业利润+非付现成本

$NCF_{1-4} =$（1 400 000-1 050 000-144 000）×（1-20%）+144 000=308 800（元）

或

$NCF_{1-4} =$ 收入×（1-所得税税率）-付现成本×（1-所得税税率）+非付现成本×
　　　　所得税税率
　　　=1 400 000×80%-1 050 000×80%+144 000×20%
　　　=308 800（元）

终结期现金净流量为

$NCF_5 =$（1 400 000-1 050 000-144 000）×（1-20%）+144 000+30 000
　　　=338 800（元）

第三节　投资项目的评价指标计算

投资决策是指无论把资金投资于企业内部还是企业外部，都需要采用特定指标对各个可行方案进行分析和评价，并从中选择最优方案的过程。投资项目决策的分析评价需要采用一些专门的评价指标和方法，常用的财务可行性评价指标有净现值、年金净流量、现值指数、内含报酬率和回收期等，围绕这些指标进行投资项目财务评价就产生了净现值法、内含报酬率法、回收期法等评价方法，这些指标的计算都依赖于投资项目的现金流量。同时，根据是否考虑了资金时间价值来分类，这些评价指标可以分为静态评价指标和动态评价指标。考虑了资金时间价值的指标称为动态评价指标，没有考虑资金时间价值的指标称为静态评价指标。

一、净现值

（一）基本原理

投资项目的未来现金净流量按照企业的资本成本率或者企业要求的折算率折算为现值之后减去原始投资额现值的差额，称为净现值（Net Present Value，NPV）。其计算公式为

$$净现值（NPV）= 未来现金净流量现值 - 原始投资额现值 = \sum_{t=0}^{n} \frac{NCF_t}{(1+i)^t}$$

计算净现值时，要按预定的贴现率对投资项目的未来现金流量和原始投资额进行贴现。预定的贴现率是投资者所期望的最低投资报酬率。

若投资方案的净现值大于零，则方案可行，说明方案的未来现金净流量现值大于原始投资额现值，即实际报酬率高于投资者所期望的最低投资报酬率。

若投资方案的净现值小于零，则方案不可行，说明方案的未来现金净流量现值小于原始投资额现值，即实际投资报酬率低于投资者所期望的最低投资报酬率。

若投资方案的净现值等于零，则方案可行，说明方案的未来现金净流量现值等于原始投资额现值，即投资报酬率刚好达到投资者所期望的最低投资报酬率。

因此，净现值的经济含义可以看成投资方案的报酬超过基本报酬之后的剩余收益，当其他条件相同时，备选方案的净现值越大，方案越好。

（二）净现值的计算

采用净现值法来评价投资方案时，可按以下步骤进行：

（1）计算投资方案各年的现金流量，包括现金流出量、现金流入量和现金净流量。

（2）选定投资方案采用的贴现率。贴现率的参考标准有投资者希望获得的预期最低投资报酬率、企业平均资本成本率等。

（3）按选定的贴现率，分别将各年的现金净流量折算成现值。如果运营期 NCF 相等，可以按照年金法折算成现值；如果运营期 NCF 不相等，则先将每年的 NCF 进行折现，再进

行合计。

(4) 将未来的现金净流量现值与原始投资额现值进行比较，若前者大于或等于后者，则方案可行；若前者小于后者，则方案不可行，说明方案的实际报酬率达不到投资者所要求的报酬率。

【例 6-2】 沿用【例 6-1】的资料，假设折现率为 10%，请判断 A、B 方案是否可行。

解：

A 方案的净现值 = 479 200 × (P/F，10%，5) + 267 200 × (P/F，10%，4) +
275 200 × (P/F，10%，3) + 283 200 × (P/F，10%，2) +
291 200 × (P/F，10%，1) − 700 000
= 479 200×0.620 9+267 200×0.683 0+275 200×0.751 3+283 200×
0.826 4 +291 200×0.909 1−700 000
= 485 557.04（元）

由于 A 方案的净现值大于 0，所以，A 方案可行。

B 方案的净现值 = 338 800 × (P/F，10%，5) + 308 800 × (P/A，10%，4) − 750 000
= 338 800×0.620 9 +308 800×3.169 9−750 000
= 439 226.04（元）

由于 B 方案的净现值大于 0，所以，B 方案也可行。

（三）净现值法的决策规则

净现值法的决策规则是在只有一个备选方案或独立方案时，净现值为正的方案则采纳，净现值为负的方案则不采纳；当存在多个备选方案的互斥项目可供选择时，应采用净现值为正且最大值者。

根据上面的计算结果可知，A 方案的净现值大于 B 方案的净现值，因此该公司应当选择 A 方案。

（四）净现值法的优缺点

1. 净现值法的优点

(1) 考虑了项目计算期内的全部现金净流量。

(2) 能灵活地考虑投资风险。净现值法在所设定的贴现率中包含投资风险报酬率要求，能够有效地考虑投资风险。

(3) 采用各年现金净流量折现的方法，考虑了资金时间价值。

2. 净现值法的缺点

(1) 所采用的贴现率不易确定。如果两个方案采用不同的贴现率进行贴现，采用净现值法不能够得出正确结论。在同一方案中，如果要考虑投资风险，要求的风险报酬率也不易确定。

(2) 不适用于原始投资额现值不同的投资方案的比较决策。如果各方案的原始投资额现值不相等，有时无法做出正确决策。在独立投资方案比较中，尽管某项目净现值大于其他项目，但所需投资额大，获利能力可能低于其他项目，而该项目与其他项目又是非互斥的，因此只凭净现值大小无法决策。

（3）净现值法不能直接用于对寿命期不同的互斥投资方案进行决策。例如，某项目有甲、乙两个备选方案，其中甲方案尽管净现值小，但其寿命期短；乙方案尽管净现值大，但它是在较长的寿命期内取得的。两个方案由于寿命期不同，因而净现值是无法直接进行比较的，要采用净现值法对寿命期不同的投资方案进行决策，需要将各方案均转化为相等寿命期才能进行比较。

二、现值指数

（一）现值指数的计算

现值指数（Present Value Index，PVI）又称获利指数，是投资项目投入使用后的未来现金净流量现值与原始投资额现值之比。现值指数可以看成每投入1元的原始投资可以获取的现值净收益。其计算公式为

$$现值指数 = \frac{未来现金净流量现值}{原始投资额现值}$$

现值指数的计算步骤如下：

（1）计算出未来现金净流量现值。

（2）计算现值指数，即根据未来现金净流量现值与原始投资额现值之比计算现值指数。

【例6-3】 甲公司有A、B两个独立投资方案可供投资，相关资料如表6-2所示。请分别计算A、B方案的现值指数。

表6-2　A、B方案的相关资料　　　　　　　　　　　　　　　元

项目	方案A	方案B
原始投资额现值	30 000	3 000
未来现金净流量现值	32 400	4 800
净现值	2 400	1 800

解：从净现值的绝对数来看，A方案大于B方案，似乎应采用A方案，但从投资额来看，A方案的原始投资额现值大大超过了B方案。所以，在这种情况下，如果仅用净现值来判断方案的优劣，就难以做出正确的比较和评价。现值指数的计算公式为

A方案的现值指数 = 32 400÷30 000 = 1.08

B方案的现值指数 = 4 800÷3 000 = 1.6

（二）现值指数法的决策规则

根据现值指数的计算公式可知，现值指数有三种计算结果：大于1、等于1、小于1。

若现值指数大于或等于1，则方案可行，说明方案实施后的投资报酬率高于或等于必要报酬率；若现值指数小于1，则方案不可行，说明方案实施后的投资报酬率低于必要报酬

率。在存在多个备选的互斥方案决策时,应选择现值指数较大的方案,现值指数越大,方案越好。

在【例6-3】中,根据计算结果,B方案的现值指数大于A方案,应当选择B方案。

(三)现值指数法的优缺点

1. 现值指数法的优点

(1)由于现值指数是一个相对数指标,反映了投资效率,用现值指数指标来评价独立投资方案,可以克服净现值指标不便于对原始投资额现值不同的独立投资方案进行比较和评价的缺点。

(2)能够从动态的角度反映资金投入与总产出之间的关系。

2. 现值指数的缺点

现值指数只代表了某个方案获取收益的能力(即相对数),而不是某个方案本身可以获取的收益(即绝对数),它忽略了互斥项目之间在投资规模上的差异,因此在互斥方案选择时可能会得到错误的答案。

三、内含报酬率

(一)基本原理

内含报酬率(Internal Rate of Return,IRR),是指对投资方案未来的每年现金净流量进行贴现,使投资方案未来现金净流量现值恰好与原始投资额现值相等,即净现值等于零时的贴现率。

内含报酬率的基本原理是:在计算方案的净现值时,以必要投资报酬率作为贴现率计算,净现值的结果往往是大于零或小于零,这就说明方案实际可能达到的投资报酬率大于或小于必要投资报酬率;而当净现值为零时,说明两种报酬率相等。根据这个原理,内含报酬率法就是要计算出使净现值等于零时的贴现率,这个贴现率就是投资方案实际可能达到的投资报酬率。

1. 未来每年现金净流量相等时

每年现金净流量相等是一种年金形式,通过查年金现值系数表,可计算出未来现金净流量现值,并令其净现值为零,计算步骤如下:

(1)计算出年金现值系数,即

$$未来每年现金净流量 \times 年金现值系数 - 原始投资额现值 = 0$$

$$年金现值系数 = \frac{原始投资额现值}{未来每年现金净流量}$$

(2)根据计算出的净现值为零时的年金现值系数,通过查年金现值系数表,找出相应的贴现率i,该贴现率就是该方案的内含报酬率。

(3)若无法直接通过年金现值系数表查到,则需要在年金现值系数表上相同期数内找到与年金现值系数相近的较大和较小的两个折现率,使用内插法求出该方案的内含报酬率。

【例6-4】某公司拟购入一台新型设备,采购价为1 600 000元,预计使用年限为10年,无残值。该方案的最低投资报酬率要求为 12%（以此作为贴现率）。使用新设备后，估计每年可以产生现金净流量 300 000 元。请用内含报酬率指标评价该方案是否可行。

解：300 000×年金现值系数−1 600 000＝0

年金现值系数＝1 600 000÷300 000＝5.333 3

现已知该方案的使用年限为 10 年，查年金现值系数表，可得时期 10、系数为 5.333 3 所对应的贴现率在 12%~14% 之间，用插值法计算如下：

折现率		年金现值系数	
12%		5.650 2	
?% } x% } 2%		5.333 3 } 0.316 9 } 0.434 1	
10%		5.216 1	

采用插值法求得该方案的内含报酬率为 13.46%，高于最低投资报酬率 12%，方案可行。

2. 未来每年现金净流量不相等时

如果投资方案的未来每年现金净流量不相等，则各年现金净流量的分布就不是年金形式，不能采用直接查年金现值系数表的方法来计算内含报酬率，而需采用逐次测试法，计算步骤如下：

（1）根据已知的有关资料，先估计一次贴现率来试算未来现金净流量的现值，并将这个现值与原始投资额现值相比。如果净现值大于零，为正数，表示估计的贴现率低于方案实际可能达到的投资报酬率，需要重估一个较高的贴现率进行试算；如果净现值小于零，为负数，表示估计的贴现率高于方案实际可能达到的投资报酬率，需要重估一个较低的贴现率进行试算。如此反复试算，直到找到净现值基本接近于零的两个正负值所对应的折现率。

（2）根据上述得出的两个相邻的折现率，采用插值法，计算出方案的实际内含报酬率。

【例 6-5】 某公司有一个项目投资方案，需要一次性投资 120 000 元，该项目的使用年限为 4 年，每年可产生的现金净流量分别为 30 000 元、40 000 元、50 000 元和 35 000 元。请计算该投资方案的内含报酬率。

解：由于该方案每年产生的现金净流量不相同，需逐次测试计算方案的内含报酬率。具体测算过程如表 6-3 所示。

表 6-3 净现值的逐次测试

年数	每年现金净流量/元	第一次测算 12%		第二次测算 10%	
1	30 000	0.893	26 790	0.909	27 270
2	40 000	0.797	31 880	0.826	33 040
3	50 000	0.712	35 600	0.751	37 550
4	35 000	0.636	22 260	0.683	23 905
未来现金净流量现值合计			116 530	—	121 765
减：原始投资额现值			120 000		120 000
净现值			−3 470	—	1 765

第一次测算，采用折现率12%，净现值为负数，说明该方案的内含报酬率低于12%。第二次测算，采用折现率10%，净现值为正数，但已较接近于零。因而可以估算，该方案的内含报酬率在10%～12%之间。进一步运用插值法，得出该方案的内含报酬率为10.67%。

（二）内含报酬率法的决策规则

内含报酬率法的决策规则是在只有一个备选方案可供选择时，如果计算出的内含报酬率大于或等于公司的资本成本率或必要报酬率，则方案可行；反之，则方案不可行。在存在多个备选方案可供选择的互斥方案决策中，应选择内含报酬率超过资本成本率或必要报酬率的方案中较大的投资方案。

（三）内含报酬率法的优缺点

1. 内含报酬率法的优点

（1）内含报酬率反映了投资项目可能达到的报酬率，易于被高层决策人员理解。

（2）对于独立投资方案的比较决策，如果各方案原始投资额现值不同，可以通过计算各方案的内含报酬率，反映各独立投资方案的获利水平，便于对比分析。

2. 内含报酬率法的缺点

（1）计算过程比较复杂，不易直接考虑投资风险大小。

（2）在互斥投资方案决策时，如果各方案的原始投资额现值不相等，有时无法做出正确的决策。例如，有甲、乙两个投资方案，甲方案的原始投资额低，净现值小，但内含报酬率可能较高；乙方案的原始投资额高，净现值大，但内含报酬率可能较低，此时无法做出正确的决策。

（3）当不同年度的未来现金净流量有正有负时，就会出现多个内含报酬率的问题。

四、回收期

回收期（Payback Period，PP），是指投资项目的未来现金净流量与原始投资额相等时所经历的时间，即原始投资额通过未来现金净流量回收所需要的时间。

投资者希望投入的资本能以某种方式尽快地收回来，收回的时间越长，所担风险就越大。因而，投资方案回收期的长短是投资者十分关心的问题，也是评价方案优劣的标准之一。用回收期指标评价方案时，回收期越短越好。

（一）静态回收期

静态回收期是指没有考虑资金时间价值，直接用未来现金净流量累计到原始投资额时所经历的时间。

1. 未来每年现金净流量相等时

这种情况是一种年金形式，因此回收期的计算公式为

$$回收期 = \frac{原始投资额}{每年现金净流量}$$

【例6-6】某机械制造厂为提高生产能力，准备从甲、乙两种设备中选购其中一种。甲

设备的采购价格为35 000元,投入使用后,每年可以产生的现金净流量为7 000元;乙设备的采购价格为36 000元,投入使用后,每年可以产生的现金净流量为8 000元。请使用回收期指标决策分析该厂应选购哪种设备。

解:

$$甲设备回收期 = \frac{35\ 000}{7\ 000} = 5(年)$$

$$乙设备回收期 = \frac{36\ 000}{8\ 000} = 4.5(年)$$

计算结果显示,乙设备的回收期比甲设备短,该厂应选择乙设备。

2. 未来每年现金净流量不相等时

在这种情况下,应把未来每年的现金净流量逐年加总,根据累计现金净流量来确定回收期,其计算公式为

$$投资回收期 = M + \frac{第 M 年的尚未回收额}{第 M + 1 年的现金净流量}$$

式中,M 为收回原始投资的前一年。

【例6-7】某公司目前有一个投资项目需要进行决策,该项目共计需要投资150 000元,项目的使用年限为5年,每年产生的现金净流量不相等,假设企业的资本成本率为5%,其他相关资料如表6-4所示。请计算该投资项目的回收期。

表6-4 其他相关资料   元

年数	现金净流量	累计净流量	净流量现值	累计净流量现值
1	30 000	30 000	28 560	28 560
2	35 000	65 000	31 745	60 305
3	60 000	125 000	51 840	112 145
4	50 000	175 000	41 150	153 295
5	40 000	215 000	31 360	184 655

解:从表6-4的累计现金净流量现值可见,该投资项目的回收期在第3年与第4年之间。为了计算较为准确的回收期,采用以下方法计算:

$$项目回收期 = 3 + \frac{150\ 000 - 125\ 000}{50\ 000} = 3.5(年)$$

(二)动态回收期

动态回收期是指在考虑资金时间价值时将投资引起的未来现金净流量进行贴现,计算未来现金净流量现值等于原始投资额现值时所经历的时间。

1. 未来每年现金净流量相等时

在这种年金形式下,假定动态回收期为 n 年,计算步骤如下:

(1) 计算年金现值系数,其表达式为

$$(P/A, i, n) = \frac{原始投资额现值}{每年现金净流量现值}$$

（2）通过查年金现值系数表，在相同的折现率内，找到与上述年金现值系数相邻近的较大和较小的两个期数。

（3）根据上述两个邻近的期数与已求得的年金现值系数，利用插值法，推算出动态回收期 n。

在【例6-6】中，假定资本成本率为9%，查表得知当 $i=9\%$ 时，第6年年金现值系数为4.485 9，第7年年金现值系数为5.033 0。这样，由于甲设备的年金现值系数为5，乙设备的年金现值系数为4.5，相应的回收期运用插值法计算，得出

甲设备的动态回收期 $n=6.94$ 年

乙设备的动态回收期 $n=6.03$ 年

2. 未来每年现金净流量不相等时

在这种情况下，应把每年的现金净流量现值逐一贴现并加总，根据累计现金净流量现值来确定回收期。在【例6-7】中，该投资项目的动态回收期为

$$项目回收期 = 3 + \frac{150\ 000 - 112\ 145}{41\ 150} = 3.92(年)$$

（三）回收期法的优缺点

1. 回收期法的优点

其计算简便，概念易于理解。这种方法是以回收期的长短来衡量方案的优劣，收回投资所需的时间越短，所冒的风险就越小。可见，回收期法是一种较为保守的方法。

2. 回收期法的缺点

没有考虑资金时间价值。

静态回收期和动态回收期还有一个共同局限，就是它们计算回收期时只考虑了未来现金净流量（或现值）总和中等于原始投资额（或现值）的部分，没有考虑超过原始投资额（或现值）的部分（即没有考虑回收期满后的现金流量状况）。回收期法优先考虑短期内实现投资回收的项目，作为辅助方法较为合适。

【例6-8】A、B两个投资方案的相关资料如表6-5所示。请判断A、B两个方案的优劣。

表6-5 A、B两个投资方案的相关资料

项目	年数	A方案	B方案
原始投资额/元	0	1 000	1 000
现金净流量/元	1	100	600
	2	300	300
	3	600	100
静态回收期	—	3年	3年

从表 6-5 中可知，A、B 两个投资方案的原始投资额相同，回收期也相同，以静态回收期来评价两个方案，似乎并无优劣之分。但如果考虑资金时间价值，用动态回收期分析，则 B 方案显然要好得多。

五、评价指标之间的比较分析

（一）非折现与折现现金流量指标的比较分析

非折现现金流量指标没有考虑资金时间价值因素，将处于不同时点上的现金流入与现金支出视为无差别的资金进行对比分析，在一定程度上夸大了投资成本的回收速度和获利水平。折现现金流量指标考虑了资金时间价值因素，按照设定的折现率将不同时点上的现金流入与现金支出折算到同一时点上，使不同时期的现金流量具有可比性，更方便做出正确、合理的投资决策。

非折现现金流量指标对于寿命周期不同、资本投出时间与获取收益时间不同的方案难以做出正确、合理的投资决策。折现现金流量指标对于寿命周期不同、资本投出时间与获取收益时间不同的方案可以通过净现值、内含报酬率和现值指数等指标进行综合分析，以便做出正确、合理的决策。

（二）折现现金流量指标的比较分析

1. 折现现金流量指标之间的联系与区别

净现值、现值指数、内含报酬率与基准折现率之间的关系如下：

当净现值>0 时，则现值指数>1，内含报酬率>基准折现率。
当净现值=0 时，则现值指数=1，内含报酬率=基准折现率。
当净现值<0 时，则现值指数<1，内含报酬率<基准折现率。

折现现金流量指标对比如表 6-6 所示。

表 6-6 折现现金流量指标对比

指标	净现值	现值指数	内含报酬率
相对数指标/绝对数指标	绝对数指标	相对数指标	相对数指标
是否能反映投入、产出关系	不能	能	能
是否受设定折现率的影响	是	是	否
能否反映项目投资方案本身收益率	否	否	能

2. 折现现金流量指标之间的对比分析

（1）当投资规模相同时，运用净现值、现值指数、内含报酬率这三种方法得到的结论是相同的。

（2）当投资规模不同时，运用净现值、现值指数、内含报酬率这三种方法得到的结论会产生差异。净现值反映的是各方案的获利数额，是绝对数指标；现值指数实质上就是净现值的另一种表达形式，是相对数指标；内含报酬率反映项目的获利能力，是相对数指标。

最高的净现值符合企业的最大利益，净现值越高，企业的收益越大。因此，当互斥项目投资规模不同且资金可以满足投资规模要求时，净现值决策规则优于现值指数决策规则与内含报酬率决策规则。

总之，在没有资金量限制的情况下，利用净现值法在所有的投资评价中都能做出正确的决策，而利用内含报酬率法和现值指数法在独立项目评价中也能做出正确的决策，但在互斥项目决策中有时会得到错误的结论。因此，在这三种评价方法中，净现值法仍然是最好的评价方法。

【例6-9】 某国际集团目前有甲、乙、丙三个投资项目可供投资，假定企业拥有充足的资金。其中，甲项目需要的投资金额为10 000元，项目运行期限5年；乙项目需要的投资金额为18 000元，项目运行期限为5年；丙项目需要的投资金额为18 000元，项目运行期限8年。假设企业的资本成本率为10%，其他有关资料如表6-7所示。应如何安排投资顺序？

表6-7 其他相关资料

项 目	甲项目	乙项目	丙项目
原始投资额/元	10 000	18 000	18 000
每年现金净流量/元	4 000	6 500	5 000
期限/年	5	5	8
净现值/元	+5 164	+6 642	+8 675
现值指数	1.52	1.37	1.48
内含报酬率/%	28.68	23.61	22.28

解：对上述三个投资方案的各种决策指标进行对比分析，如表6-8所示。

表6-8 三个投资方案的比较决策

净现值	丙＞乙＞甲
现值指数	甲＞丙＞乙
内含报酬率	甲＞乙＞丙

从表6-7和表6-8的数据可以看出以下三点：

（1）甲项目与乙项目比较：两个项目的原始投资额不同但项目期限相同，尽管乙项目的净现值大于甲项目，但乙项目的原始投资额高，获利程度低。因此，应优先安排内含报酬率和现值指数相对较高的甲项目。

（2）乙项目与丙项目比较：两个项目的原始投资额相等但项目期限不同，尽管丙项目的净现值和现值指数高，但是它需要经历8年才能获得。乙项目5年就可以结束，结束之后所收回的投资可以进行再投资，将其投资于其他后续项目再次获取收益。因此，应该优先安排内含报酬率相对较高的乙项目。

（3）甲项目与丙项目比较：两个项目的原始投资额和期限都不相同，甲项目的内含报酬率较高，但其净现值较低。丙项目的净现值高，但其期限长，是依靠较大的投资额取得的。因此，从获利程度的角度来看，甲项目是优先方案。

已知条件为企业拥有充足的资金，因此，虽然甲项目的内含报酬率最高，但并不符合企业价值最大化的目标,故本题的投资顺序为丙>乙>甲。

第四节 项目投资决策

一、新建项目投资决策

新建项目投资决策的重点是分析项目的现金流量情况,计算项目相关指标,进而判断项目是否具有可行性。一般而言,新建项目在建设期内会涉及固定资产(或无形资产)投资以及垫支营运资金。新建项目往往会带来企业生产能力的提升,因此在营业期内,需要分析新建项目带来的现金流入与现金流出,计算在营业期内的现金净流量。在新建项目结束时还要分析固定资产变卖或停止使用所产生的现金流量以及垫支营运资金的回收。

【例6-10】 甲企业为增加企业生产能力,提高产能,计划新增一条生产线。新生产线需要在第1年年初投资750 000元,预计生产线使用寿命为5年,预计净产值为50 000元,采用直线法计提折旧。生产线投入使用之后,预计每年可以带来营业收入1 400 000元,增加付现成本1 100 000元。在项目投入使用时需要垫支营运资金250 000元。企业要求的最低报酬率为12%,适用所得税税率为25%。请采用净现值法为甲企业做出是否进行投资的决策。

解: 计算新建生产线在营业期内每年计提的折旧费,即

$$年折旧费 = (750\ 000 - 50\ 000) \div 5 = 140\ 000\ (元)$$

计算该项目的现金净流量,即

$$初始现金净流量\ (NCF_0) = -750\ 000 - 250\ 000 = -1\ 000\ 000\ (元)$$

$$营业现金净流量\ (NCF_{1-4}) = (1\ 400\ 000 - 1\ 000\ 000 - 140\ 000) \times (1-25\%) + 140\ 000$$
$$= 335\ 000\ (元)$$

$$终结现金净流量\ (NCF_5) = 335\ 000 + 250\ 000 + 50\ 000 = 635\ 000\ (元)$$

计算项目的净现值,即

$$净现值\ (NPV) = -1\ 000\ 000 + 335\ 000 \times (P/A, 12\%, 4) + 635\ 000 \times (P/F, 12\%, 5)$$
$$= -1\ 000\ 000 + 335\ 000 \times 3.037\ 3 + 635\ 000 \times 0.567\ 4$$
$$= -1\ 000\ 000 + 1\ 017\ 495.5 + 360\ 299 = 377\ 794.5\ (元)$$

根据计算结果可知,该项目的净现值为377 794.5元,大于0,因此该项目具有可行性。

二、固定资产更新决策

固定资产更新是指由于技术进步或者经济环境变化导致正在使用的旧资产不宜继续使用,需要用先进的技术对原设备进行局部改造或者直接更换全新的资产。固定资产更新决策主要是在继续使用旧设备与购置新设备之间进行选择,是项目投资决策的重要组成部分。

(一)寿命期相同的设备重置决策

一般来说,如果不改变企业的生产能力,用新设备来替换旧设备,不会增加企业的营业收入,即使有少量的残值变价收入,也不是实质性收入增加。因此,大部分以旧换新进行的

设备重置都属于替换重置。在替换重置方案中,所发生的现金流量主要是现金流出量。如果购入的新设备较旧设备性能提高了,扩大了企业的生产能力,这种设备重置属于扩建重置。

【例6-11】某公司现有一台旧机床,目前准备用一台新机床替换,以减少成本。旧设备采用直线法计提折旧,新设备采用年数总和法计提折旧,该公司所得税税率为25%,资本成本率为10%。其余资料如表6-9所示。请为该公司做出是继续使用旧设备还是对其进行更新的决策。

表6-9 其余资料

项目	旧设备	新设备
原价/元	64 000	52 500
税法残值/元	4 000	4 500
税法使用年限/年	6	4
已使用年限/年	2	0
可使用年限/年	4	4
垫支营运资金/元	10 000	11 000
每年折旧费(直线法)/元	10 000	12 000
每年营运成本/元	13 000	7 000
每年可获得收入/元	50 000	60 000
目前变现价值/元	44 000	52 500

解:两机床的使用年限均为4年,可采用净现值法决策。将两个方案的有关现金流量资料整理后,列出分析表如表6-10和表6-11所示。

表6-10 保留旧机床方案的现金流量   元

项　目	第0年	第1年	第2年	第3年	第4年
初始投资(1)	-44 000	—	—	—	—
垫支营运资金(2)	-10 000	—	—	—	—
销售收入(3)	—	50 000	50 000	50 000	50 000
付现成本(4)	—	13 000	13 000	13 000	13 000
折旧额(5)	—	10 000	10 000	10 000	10 000
税前利润(6)=(3)-(4)-(5)	—	27 000	27 000	27 000	27 000
所得税(7)=(6)×25%	—	6 750	6 750	6 750	6 750
税后净利(8)=(6)-(7)	—	20 250	20 250	20 250	20 250
收回垫支营运资金(9)	—	—	—	—	10 000
固定资产残值回收(10)	—	—	—	—	4 000
现金净流量(11)=(1)+(2)+(5)+(8)+(9)+(10)	-54 000	30 250	30 250	30 250	44 250

旧设备净现值（NPV）= -54 000+30 250×（P/A，10%，3）+44 250×（P/F，10%，4）

= -54 000+30 250×2.486 9+44 250×0.683 0

= -54 000+75 228.725+30 222.75

= 51 451.475（元）

表 6-11 购买新机床方案的现金流量 　　　　　　　　　　　　元

项　目	第 0 年	第 1 年	第 2 年	第 3 年	第 4 年
初始投资（1）	-52 500	—	—	—	—
垫支营运资金（2）	-11 000	—	—	—	—
销售收入（3）	—	60 000	60 000	60 000	60 000
付现成本（4）	—	7 000	7 000	7 000	7 000
折旧额（5）	—	19 200	14 400	9 600	4 800
税前利润（6）=（3）-（4）-（5）	—	33 800	38 600	43 400	48 200
所得税（7）=（6）×25%	—	8 450	9 650	10 850	12 050
税后净利（8）=（6）-（7）	—	25 350	28 950	32 550	36 150
收回垫支营运资金（9）	—	—	—	—	11 000
固定资产残值回收（10）	—	—	—	—	4 500
现金净流量（11）=（1）+（2）+（5）+（8）+（9）+（10）	-63 500	44 550	43 350	42 150	56 450

新设备净现值（NPV）= -63 500+44 550×（P/F，10%，1）+43 350×（P/F，10%，2）+42 150×（P/F，10%，3）+56 450×（P/F，10%，4）

= -63 500+44 550×0.909 1+43 350×0.826 4+42 150×0.751 3+56 450×0.683 0

= -63 500+40 500.41+35 824.44+31 667.30+38 555.35

= 83 047.5（元）

根据计算结果可知，新设备的净现值为 83 047.5 元，旧设备的净现值为 51 451.475 元。因此，投资新设备比较经济。

（二）寿命期不同的设备重置决策

在上面的例题中，新旧设备的使用年限是相同的。但是在大多数情况下，新设备的使用年限要比旧设备长，此时固定资产更新决策就变成在两个或者两个以上寿命期不同的投资项目之间进行选择的问题。

对于寿命期不同的项目，直接采用净现值、现值指数或内含报酬率指标进行决策不太适用。为了使投资项目具有可比性，要设法使其能够在相同的寿命期内进行比较，常用的方法为最小公倍数法和年均净现值法。

1. 最小公倍数法

最小公倍数法又称为项目复制法，是将两个方案中设备使用寿命周期的最小公倍数作为比较期间，将寿命周期不同的方案调整为寿命周期相同的两个方案，并假设两个方案在这个比较期间内进行多次重复投资，将各自多次投资的净现值进行比较分析的方法。

【例 6-12】某企业现有 A、B 两个设备购置方案，企业要求的最低投资报酬率为 10%。A 设备的投资额为 10 000 元，使用年限为 2 年，无残值，每年可以产生 8 000 元的现金净流量。B 设备的投资额为 20 000 元，使用年限为 3 年，无残值，每年可以产生 10 000 元的现金净流量。请为该企业做出合理的投资决策。

解：将两个方案的期限调整为最小公倍数 6 年，即 A 设备要在 6 年内周转 3 次，B 设备要在 6 年内周转 2 次。未调整之前，两个方案的相关评价指标如表 6-12 所示。

表 6-12　两个方案的相关评价指标

项　目	A 方案	B 方案
净现值/元	3 888	4 870
现值指数	1.388 8	1.243 5
内含报酬率/%	38.00	23.39

尽管 A 方案的净现值低于 B 方案，但现值指数和内含报酬率均高于 B 方案。按两个方案期限的最小公倍数测算，A 方案经历了 3 次投资循环，B 方案经历了 2 次投资循环，循环后各方案的相关评价指标如下：

A 方案的净现值（NPV）= 8 000×（P/A，10%，6）−10 000×（P/F，10%，4）−10 000×（P/F，10%，2）−10 000

= 8 000×4.355 3−10 000×0.683 0−10 000×0.826 4−10 000

= 9 748.4（元）

B 方案的净现值（NPV）= 10 000×（P/A，10%，6）−20 000×（P/F，10%，3）−20 000

= 10 000×4.355 3−20 000×0.751 3−20 000

= 8 527（元）

上述计算说明，延长寿命期后，两个方案的建设期限相等，A 方案的净现值 9 748.4 元高于 B 方案的净现值 8 527 元，故 A 方案优于 B 方案。

至于内含报酬率指标，可以测算出当 $i=38\%$ 时，A 方案的净现值=0；当 $i=23.39\%$ 时，B 方案的净现值=0。这说明，只要方案的现金流量状态不变，按最小公倍数法延长寿命期后，方案的内含报酬率并不会变化。

由于将寿命期不同的项目换算为最小公倍数年限比较麻烦，而按各方案本身期限计算的年均净流量与换算公倍数期限后的结果一致。因此，在实务中，对于期限不同的互斥方案，无须换算寿命期限，直接按原始期限的年均净现值法决策。

2. 年均净现值法

年均净现值法是把投资项目在寿命周期内总的净现值转化为每年的平均净现值,并进行比较分析的方法。计算公式为

$$年均净现值 = \frac{净现值}{年金现值系数}$$

在【例 6-12】中,两个方案的年均净现值如下:

$$A \text{ 方案的年均净现值} = \frac{3\ 888}{(P/A, 10\%, 2)}$$

$$= \frac{3\ 888}{1.735\ 5}$$

$$= 2\ 240.277 \text{(元)}$$

$$B \text{ 方案的年均净现值} = \frac{4\ 870}{(P/A, 10\%, 3)}$$

$$= \frac{4\ 870}{2.486\ 9}$$

$$= 1\ 958.261 \text{(元)}$$

从计算结果可以看出,使用 A 方案的年均净现值 2 240.277 元高于 B 方案的年均净现值 1 958.261 元,故 A 方案优于 B 方案。使用最小公倍数法与年均净现值法所得到的结论是一致的。

习 题

一、单项选择题

1. 下列不属于静态投资回收期缺点的是( )。
   A. 没有考虑回收期满后继续发生的现金流量
   B. 无法直接利用现金净流量信息
   C. 不能正确反映不同的投资方式对项目的影响
   D. 没有考虑资金时间价值因素

2. 当资本成本为 10% 时,某项目的净现值为 50 元,则该项目的内含报酬率( )。
   A. 高于 10%   B. 低于 10%
   C. 等于 10%   D. 无法界定

3. 下列说法中不正确的是( )。
   A. 当净现值大于零时,获利指数小于 1
   B. 当净现值大于零时,说明该方案可行
   C. 当净现值为零时,说明此时的折现率为内含报酬率
   D. 净现值是未来现金流量的总现值与初始投资额现值之差

4. 某公司投资一个项目,初始投资在第 1 年年初一次投入,该项目预期未来 4 年每年的

现金净流量为 9 000 元。所有现金流都发生在年末，资本成本率为 9%。如果项目净现值（NPV）为 3 000 元，已知（P/A，9%，4）= 3.239 7，那么该项目的初始投资额为（　　）元。

　　A. 11 253　　　　　　　　　　　　B. 13 236
　　C. 26 157　　　　　　　　　　　　D. 29 160

5. A 企业进行一项固定资产投资，已知新设备市场价格为 1 000 万元，由于新设备扩大了生产能力，需要增加流动资产 100 万元，同时，预计应付账款增加 20 万元，则该投资垫支的营运资金为（　　）万元。

　　A. 1 000　　　　　　　　　　　　B. 1 080
　　C. 80　　　　　　　　　　　　　　D. 100

6. 对投资项目内含报酬率的大小不产生影响的因素是（　　）。

　　A. 投资项目的原始投资　　　　　　B. 投资项目的现金流入量
　　C. 投资项目的有效年限　　　　　　D. 投资项目的预期报酬率

7. 获利指数与净现值指标相比，其优点是（　　）。

　　A. 便于投资额相同的方案的比较
　　B. 便于进行独立投资机会获利能力的比较
　　C. 考虑了现金流量的时间价值
　　D. 考虑了投资风险性

8. 下列关于企业投资意义的说法中，不正确的是（　　）。

　　A. 投资是企业生存与发展的基本前提　　B. 投资是筹集资金的基本前提
　　C. 投资是获取利润的基本前提　　　　　D. 投资是企业风险控制的重要手段

9. 关于投资项目的评价指标，下列说法中不正确的是（　　）。

　　A. 净现值大于或等于 0 时，方案可行　　B. 年均净流量越大，方案越好
　　C. 现值指数大于或等于 0 时，方案可行　D. 现值指数越大，方案越好

10. 下列选项中，不属于营业期现金流量的是（　　）。

　　A. 营业收入　　　　　　　　　　　B. 付现成本
　　C. 折旧　　　　　　　　　　　　　D. 所得税

11. 一台旧设备的账面价值为 30 000 元，变现价值为 32 000 元。某企业打算继续使用该设备，但由于物价上涨，估计需增加经营性流动资产 5 000 元与经营性流动负债 2 000 元。假定所得税税率为 25%，则继续使用该设备的初始现金流出量为（　　）元。

　　A. 32 200　　　　　　　　　　　　B. 33 800
　　C. 34 500　　　　　　　　　　　　D. 35 800

12. 下列关于预计投资项目营业现金流量的各种说法中，不正确的是（　　）。

　　A. 营业现金流量等于税后净利润加上折旧
　　B. 营业现金流量等于营业收入减去付现成本再减去所得税

C. 营业现金流量等于税后收入减去税后成本再加上折旧引起的税负减少额

D. 营业现金流量等于营业收入减去营业成本再减去所得税

13. 下列关于评价投资项目回收期的说法中，不正确的是（   ）。

   A. 它忽略了资金时间价值

   B. 它需要一个主观上确定的最长的可接受回收期作为评价依据

   C. 它不能测度项目的盈利性

   D. 它不能测度项目的流动性

14. 在下列评价指标中，属于非贴现指标的是（   ）。

   A. 静态投资回收期   B. 内含报酬率

   C. 净现值   D. 获利指数

15. 某项目的投资额为 800 万元，在第 1 年年初一次性投入，寿命期为 3 年。第 1 年获得现金净流量 300 万元，第 2 年获得现金净流量 400 万元，第 3 年获得现金净流量 500 万元。若该项目的资本成本为 10%，项目的寿命期为 3 年，则该项目的净现值为（   ）万元。已知 $(P/F, 10\%, 1) = 0.9091$，$(P/F, 10\%, 2) = 0.8264$，$(P/F, 10\%, 3) = 0.7513$。

   A. 178.94   B. 400

   C. 251.66   D. 1 200

16. 某投资方案，当折现率为 15% 时，其净现值为 45 元，当折现率为 17% 时，其净现值为 -10 元。该方案的内含报酬率为（   ）。

   A. 14.88%   B. 16.86%

   C. 16.64%   D. 17.14%

17. 净现值和获利指数指标共同的缺点是（   ）。

   A. 不能直接反映投资项目的实际收益率

   B. 不能反映投入与产出之间的关系

   C. 没有考虑资金时间价值

   D. 无法利用全部现金净流量的信息

18. 在对投资项目进行评价时，投资者要求的风险报酬取决于该项目的（   ）。

   A. 经营风险   B. 财务风险

   C. 系统性风险   D. 特有风险

19. 各个投资项目之间相互关联、相互替代，不能同时并存的投资是（   ）。

   A. 对内投资   B. 对外投资

   C. 独立投资   D. 互斥投资

20. 某投资项目各年的预计现金净流量分别为：$NCF_0 = -200$ 万元，$NCF_1 = -50$ 万元，$NCF_{2-3} = 100$ 万元，$NCF_{4-11} = 250$ 万元，$NCF_{12} = 150$ 万元，则该项目包括建设期的静态投资回收期为（   ）年。

   A. 2.0   B. 2.5

C. 3.2
D. 4.0

21. 某方案原始投资额为70万元，不需要安装，寿命期为8年，营业期内各年的现金净流量为15万元，资本成本率为10%，该方案的现值指数为（　　）。已知（P/A，10%，8）= 5.334 9。
   A. 0.98
   B. 1.43
   C. 1.14
   D. 0.56

22. 某投资项目投产后某年营业收入为3 000万元，营业总成本为1 000万元，折旧为600万元，若不考虑所得税，则该项目该年的营业现金净流量为（　　）万元。
   A. 2 000
   B. 2 600
   C. 2 400
   D. 3 200

23. 下列投资方案决策方法中，最适用于项目寿命期不同的互斥投资方案决策的是（　　）。
   A. 净现值法
   B. 静态回收期法
   C. 年均净现值法
   D. 动态回收期法

24. 按照企业投资的分类，下列各项中属于项目投资的是（　　）。
   A. 购买固定资产
   B. 购买短期公司债券
   C. 购买股票
   D. 购买长期公司证券

25. 某项目的原始投资额现值合计为2 600万元，获利指数为1.3，则净现值为（　　）万元。
   A. 780
   B. 2 600
   C. 700
   D. 500

二、多项选择题

1. 甲公司拟投资一个项目，需要一次性投入100万元，全部是固定资产投资，投产后每年净利润为110 000元，预计寿命期为10年，按直线法计提折旧，残值率为10%，适用的所得税税率为25%，要求的最低报酬率为10%。则下列说法中正确的有（　　）。
   A. 该项目营业期年现金净流量为200 000元
   B. 该项目静态投资回收期为5年
   C. 该项目获利指数为1.68
   D. 该项目净现值为267 470元

2. A公司最近购买了10 000份B公司的股票，这个行为属于（　　）。
   A. 对外投资
   B. 对内投资
   C. 直接投资
   D. 间接投资

3. 下列属于投资项目现金流量的构成的有（　　）。
   A. 建设期的现金流量
   B. 营业期的现金流量
   C. 终结期的现金流量
   D. 利息的支付

4. 某投资项目的内含报酬率为8%，项目的资本成本率也为8%，则下列表述正确的有（　　）。

　　A. 该项目净现值等于零

　　B. 该项目本身的投资报酬率为8%

　　C. 该项目各年现金流入量现值之和大于其各年现金流出量现值之和

　　D. 该项目各年现金流入量现值之和等于其各年现金流出量现值之和

5. 企业的投资活动与经营活动是不相同的，投资活动的结果对企业的经济利益有较长期的影响。与日常经营活动相比，企业投资活动的主要特点有（　　）。

　　A. 属于企业的战略性决策　　　　B. 属于企业的非程序化管理

　　C. 投资价值的波动性小　　　　　D. 更能反映经营者的能力

6. 下列属于现金流入量的是（　　）。

　　A. 营业收入　　　　　　　　　　B. 残值回收额

　　C. 营运资金回收额　　　　　　　D. 建设投资

7. 关于静态投资回收期说法正确的是（　　）。

　　A. 忽视了资金时间价值　　　　　B. 没有考虑项目寿命期所有现金流量

　　C. 不能测算项目的盈利　　　　　D. 属于正指标

8. 若净现值为负数，表明该投资项目（　　）。

　　A. 为亏损项目，不可行

　　B. 内含报酬率小于0，不可行

　　C. 内含报酬率没有达到必要报酬率，不可行

　　D. 内含报酬率不一定小于0

9. 下列各个指标中用来衡量投资效率的有（　　）。

　　A. 净现值　　　　　　　　　　　B. 年金净流量

　　C. 现值指数　　　　　　　　　　D. 内含报酬率

10. 下列关于净现值法的说法中，正确的有（　　）。

　　A. 净现值法没有考虑投资风险

　　B. 净现值法的适用性强

　　C. 净现值法不适用于独立投资方案的比较决策

　　D. 如采用净现值法对寿命期不同的投资方案进行比较，需要将各方案均转化为相等寿命期进行比较

11. 采用获利指数进行投资项目经济分析的决策标准是（　　）。

　　A. 获利指数大于或等于1，该方案可行

　　B. 获利指数小于1，该方案可行

　　C. 几个方案的获利指数均小于1，指数越小，方案越好

　　D. 几个方案的获利指数均大于1，指数越大，方案越好

12. 计算企业现金流量时，每年现金净流量可按下列公式（　　）来计算。
A. NCF=净利+折旧+所得税 B. NCF=净利+折旧-所得税
C. NCF=营业收入-付现成本-所得税 D. NCF=净利+折旧

13. 下列说法中正确的有（　　）。
A. 净现值法能反映各种投资方案的净收益率
B. 净现值法不能反映投资方案的实际报酬
C. 内含报酬率法简明易懂，但没有考虑资金时间价值
D. 现值指数法有利于在投资额不同的投资方案之间进行对比

14. 下列各项中，构成项目终结期现金流量的有（　　）。
A. 设备运输费、安装费 B. 固定资产变价净收入
C. 垫支营运资金的收回 D. 原材料购置费

15. 净现值指标的缺点有（　　）。
A. 所采用的贴现率不易确定
B. 不适用于原始投资额不相等的独立投资方案的比较决策
C. 不能对寿命期不同的互斥投资方案直接进行比较决策
D. 没有考虑投资的风险性

16. 下列各项中，属于维持性投资的有（　　）。
A. 企业间兼并合并的投资 B. 开发新产品投资
C. 更新替换旧设备的投资 D. 生产技术革新的投资

17. 下列各项中会影响项目终结点现金流量的有（　　）。
A. 最后一期的营业现金流量 B. 固定资产的变价净收入
C. 垫支的营运资金的收回 D. 营业期间的现金流量

18. 与财务会计使用的现金流量表中的现金流量相比，项目投资决策所使用的现金流量的特点有（　　）。
A. 只反映特定投资项目的现金流量 B. 只反映某一会计年度的现金流量
C. 只反映经营活动的现金流量 D. 所依据的数据是预计信息

19. 影响项目内含报酬率的因素包括（　　）。
A. 投资项目的有效年限 B. 投资项目的现金流量
C. 企业要求的最低投资报酬率 D. 银行贷款利率

20. 下列各项中，属于间接投资的有（　　）。
A. 股票投资 B. 债券投资
C. 固定资产投资 D. 流动资产投资

三、判断题

1. 采用逐次测试法计算内含报酬率时，如果净现值大于零，说明该方案的内含报酬率比估计的报酬率要低，应以更低的贴现率测试。　　　　　　　　　　　　　　　　（　　）

2. 内含报酬率是指现值指数为零时的报酬率。（   ）

3. 在长期投资决策中，内含报酬率的计算本身与项目设定折现率的高低无关。（   ）

4. 独立投资是非相容性投资，各个投资项目之间相互关联、相互替代，不能同时并存。
（   ）

5. 生产技术革新投资属于战术性投资。（   ）

6. 在实务中，对于期限不等的互斥方案，需要换算成相同的寿命期限再进行比较。
（   ）

7. A 企业投资 20 万元购入一台设备，无其他投资，建设期为 0，预计使用年限为 20 年，无残值。设备投产后预计每年可获得税后营业利润 4 万元，则该投资的静态投资回收期为 5 年。（   ）

8. 投资方案的回收期越长，表明该方案的风险越小。（   ）

9. 项目投资属于直接投资，证券投资属于间接投资。（   ）

10. 对内投资都是直接投资，对外投资都是间接投资。（   ）

11. 内含报酬率是指能使投资方案的净现值为零时的贴现率，或者说，是使未来现金流入量等于未来现金流出量时的报酬率。（   ）

12. 在估算项目投资的现金流量时，为该投资垫支的营运资金等于追加的流动资产扩大量。（   ）

13. 非贴现的方法由于不考虑资金时间价值，是过去评价投资方案最常用的方法，目前只作为评价时的辅助方法使用。（   ）

14. 动态回收期指未来现金净流量累计到原始投资额时所经历的时间。（   ）

15. A 企业用新设备代替旧设备，此新设备管理性能提高，扩大了企业的生产能力，则 A 企业的设备重置属于扩建重置。（   ）

16. 单项目自身特有的风险不宜作为项目资本风险的度量因素。（   ）

17. 投资决策的正确与否，直接关系到企业的兴衰成败。（   ）

18. 某投资项目的固定资产投资额为 100 万元，无形资产投资额为 20 万元，流动资金投资额为 10 万元，建设期资本化利息为 5 万元，则该投资项目的原始投资额为 135 万元。
（   ）

19. 在选择投资方案时，如果方案是互斥的，且投资规模和风险相同，则可以使用净现值或内含报酬率来确定。（   ）

20. 如果 A、B、C 三个投资方案是独立的，那么采用内含报酬率法可以对它们进行排列。
（   ）

四、计算分析题

1. A 公司为扩大生产能力，打算购买一台新设备，相关资料如下：

资料一：新设备的投资额为 1 800 万元，生命周期为 10 年；采用直线法计提折旧，预计期末净残值为 300 万元；假设设备购入后即可投入生产，不需要垫支营运资金。

资料二：新设备投产后的第1—6年每年为企业增加营业现金净流量400万元，第7—10年每年为企业增加营业现金净流量500万元，在项目终结时，预计设备净残值全部收回。

资料三：假设企业要求的最低报酬率为10%；

要求：

（1）计算项目静态投资回收期；

（2）计算项目净现值；

（3）评价项目投资的可行性并说明理由。

2. 某企业拟投资100万元购置一台新设备，年初购入时支付20%的款项，剩余80%的款项下年年初付清。新设备购入后可立即投入使用，使用年限为5年，预计净残值为5万元，按直线法计提折旧。新设备投产时需要垫支营运资金10万元，设备使用期满时全额收回。新设备投入使用后，该公司每年新增净利润11万元，该项投资要求的必要报酬率为12%。

要求：

（1）计算新设备每年的折旧额；

（2）计算新设备投入使用后第1—4年营业现金净流量；

（3）计算新设备投入使用后第5年现金净流量；

（4）计算新设备购置项目的净现值。

3. 某公司为一个投资项目拟定了A、B两个方案，相关资料如下：

资料一：A方案原始投资额在建设期起点一次性投入，项目寿命期为6年，净现值为25万元。

资料二：B方案原始投资额为100万元，在建设期起点一次投入，建设期为1年，项目营业期为3年，营业期每年的现金净流量均为50万元，项目终结可获得固定资产余值收入10万元。

资料三：A、B方案的基准折现率均为10%。$(P/F, 10\%, 4) = 0.6830$，$(P/F, 10\%, 6) = 0.5645$，$(P/F, 10\%, 8) = 0.4665$，$(P/A, 10\%, 6) = 4.3553$，$(P/A, 10\%, 3) = 2.4869$，$(P/A, 10\%, 4) = 3.1699$。

要求：

（1）计算B方案的净现值；

（2）用年均净现值法做出投资决策；

（3）延长两个方案到相同的寿命期，做出投资决策。

营运资金管理

> **学习目标**
>
> （1）理解营运资金管理的相关概念。
> （2）理解和掌握现金、应收账款和存货的管理与控制方法。
> （3）掌握最佳现金持有量的确定、应收账款信用政策的制定和经济批量的计算方法。
> （4）能够运用营运资金管理的原理和方法，结合企业营运资金管理的特点，针对营运资金管理中存在的问题，选择与制定适合企业管理要求的营运资金管理方案。

第一节 营运资金管理概述

一、营运资金的概念及特点

（一）营运资金的概念

营运资金是指在企业生产经营活动中占用在流动资产上的资金。营运资金有广义和狭义之分。广义的营运资金是指总营运资金，是一个企业流动资产的总额；狭义的营运资金指净营运资金，是指流动资产减去流动负债后的余额。本章所指的营运资金是狭义的营运资金，因此，营运资金的管理既包括流动资产的管理，也包括流动负债的管理。

1. 流动资产

流动资产是指可以在1年内或超过1年的一个营业周期内变现或运用的资产。流动资产具有占用时间短、周转快、易变现等特点。企业拥有较多的流动资产，可在一定程度上降低

财务风险。流动资产按不同的标准具有不同的分类,常见的分类方式如下:

(1) 流动资产按占用形态不同,分为现金、以公允价值计量且其变动计入当期损益的金融资产、应收及预付款项和存货等。

(2) 流动资产按在生产经营过程中所处的环节不同,分为生产领域中的流动资产、流通领域中的流动资产以及其他领域中的流动资产。

2. 流动负债

流动负债是指需要在1年或者超过1年的营业周期内偿还的债务。流动负债又称为短期负债,具有成本低、偿还期短的特点,必须加强管理。流动负债按不同的标准具有不同的分类,最常见的分类方式如下:

(1) 流动负债以应付金额是否确定为标准,可以分为应付金额确定的流动负债和应付金额不确定的流动负债。应付金额确定的流动负债是指那些根据合同或法律规定到期必须偿付并有确定金额的流动负债,如短期借款、应付票据、应付短期融资券等;应付金额不确定的流动负债是指那些要根据企业生产经营状况,到一定时期或具备一定条件时才能确定的流动负债,或应付金额需要估计的流动负债,如应交税费、应付产品质量担保债务等。

(2) 流动负债以形成的情况为标准,可以分成自然性流动负债和人为性流动负债。自然性流动负债是指不需要正式安排,由于结算程序或有关法律法规的规定等原因而自然形成的流动负债;人为性流动负债是指由财务人员根据企业对短期资金的需求情况通过人为安排所形成的流动负债,如短期银行借款等。

(3) 流动负债以是否支付利息为标准,可以分为有息流动负债和无息流动负债。

(二) 营运资金的特点

1. 营运资金的来源具有多样性

企业筹集长期资金的方式一般较少,只有吸收直接投资、发行股票、发行债券等方式。与筹集长期资金的方式相比,企业筹集营运资金的方式较为灵活多样,通常有银行短期借款、短期融资券、商业信用、应交税费、应付股利、应付职工薪酬等多种内外部融资方式。

2. 营运资金的数量具有波动性

流动资产的数量会随企业内外条件的变化而变化,时高时低,波动很大。季节性企业如此,非季节性企业也如此。随着流动资产数量的变动,流动负债的数量也会相应发生变动。

3. 营运资金的周转具有短期性

企业占用在流动资产上的资金,通常会在1年或超过1年的一个营业周期内收回,对企业影响的时间比较短。根据这一特点,营运资金可以用商业信用、银行短期借款等短期筹资方式来解决。

4. 营运资金的实物形态具有变动性和易变现性

企业营运资金的占用形态是经常变化的,营运资金的每次循环都要经过采购、生产、销售等过程,一般按照现金、材料、在产品、产成品、应收账款、现金的顺序转化。为此,在进行流动资产管理时，必须在各项流动资产上合理配置资金数额，做到结构合理，以促进资金周转顺利进行。同时，以公允价值计量且其变动计入当期损益的金融资产、应收账款、存货等流动资产，一般具有较强的变现能力，当遇到意外情况，企业资金周转不灵、现金短缺时，可迅速变卖这些资产，以获取现金，这在财务上应付临时性资金需求具有重要意义。

二、营运资金的管理原则

企业的营运资金在全部资金中占有相当大的比重，而且周转期短，形态易变。因此，营运资金管理是企业财务管理工作的一项重要内容。企业进行营运资金管理，应遵循以下原则：

（一）满足合理的资金需求

企业应认真分析生产经营状况，合理确定营运资金的需求数量。企业营运资金的需求数量与企业生产经营活动有直接关系。在一般情况下，当企业产销两旺时，流动资产会不断增加，流动负债也会相应增加；而当企业产销量不断减少时，流动资产和流动负债也会相应减少。因此，企业财务人员应认真分析生产经营状况，采用一定的方法预测营运资金的需求数量，营运资金的管理必须把满足正常合理的资金需求作为首要任务。

（二）提高资金使用效率

营运资金的周转是指企业的营运资金从现金投入生产经营开始，到最终转化为现金的过程。加速资金周转是提高资金使用效率的主要手段之一，提高营运资金使用效率的关键是采取得力措施，缩短营业周期，加速变现过程，加快营运资金周转。因此，企业要千方百计地加速存货、应收账款等流动资产的周转，以便用有限的资金服务于更大的产业规模，为企业取得更优的经济效益提供条件。

（三）节约资金使用成本

在营运资金管理中，必须正确处理满足生产经营需要和节约资金使用成本两者之间的关系，要在保证生产经营需要的前提下，尽力降低资金使用成本。一方面，要挖掘资金潜力，加速资金周转，精打细算地使用资金；另一方面，要积极拓展融资渠道，合理配置资源，筹措低成本资金，服务于生产经营。

（四）保持足够的短期偿债能力

偿债能力是企业财务风险高低的标志之一。合理安排流动资产与流动负债的比例关系，保持流动资产结构与流动负债结构的适配性，保证企业有足够的短期偿债能力，是营运资金管理的重要原则。流动资产、流动负债以及两者之间的关系能较好地反映企业的短期偿债能力，流动负债是在短期内需要偿还的债务，而流动资产则是在短期内可以转化为现金的资产。因此，如果一个企业的流动资产比较多，流动负债比较少，则说明企业的短期偿债能力较强；反之，则说明短期偿债能力较弱。但如果企业的流动资产太多，流动负债太少，也不是正常现象，可能是因流动资产闲置或流动负债利用不足所致。

第二节　现金管理

现金有广义、狭义之分，广义的现金是指在生产经营过程中以货币形态存在的资金，包括库存现金、银行存款和其他货币资金等；狭义的现金仅指库存现金。这里所讲的现金是指广义的现金。

保持合理的现金水平是企业现金管理的重要内容。现金是变现能力最强的资产，代表着企业直接的支付能力和应变能力，可以用来满足生产经营开支的各种需要，也是还本付息和履行纳税义务的保证。拥有足够的现金，对于降低企业的风险、增强企业资产的流动性和债务的可清偿性有着重要的意义。但现金收益性最弱，持有量不是越多越好，即使是银行存款，其利率也非常低。因此，现金存量过多，它所提供的流动性边际效益便会随之下降，从而使企业的收益水平下降。

除了应付日常的业务活动之外，企业还需要拥有足够的现金偿还贷款、把握商机以备不时之需。企业必须建立一套管理现金的方法，持有合理的现金数额，使其在时间上继起，在空间上并存，在现金的流动性和收益性之间进行合理选择。企业必须编制现金预算，以衡量企业在某段时间内的现金流入量与流出量，以便在保证企业正常经营活动所需现金的同时，尽量减少企业的现金数量，从暂时闲置的现金中获得最大的收益，提高资金收益率。

一、持有现金的动机

持有现金出于三种动机，即交易性动机、预防性动机和投机性动机。

（一）交易性动机

企业的交易性动机是指企业为了维持日常周转及正常商业活动而持有现金。企业每天都会产生许多支出和收入，这些支出和收入在数额上不相等、在时间上不匹配，企业需要持有一定的现金来调节，以使生产经营活动继续进行。

在许多情况下，企业向客户提供的商业信用条件和它从供应商那里获得的信用条件不同，所以企业必须持有现金。如供应商提供的信用条件是 30 天付款，而企业迫于竞争压力，则向顾客提供 45 天的信用期，这样，企业必须筹集满足 15 天正常运营的资金来维持企业运转。

另外，企业业务的季节性要求企业逐渐增加存货以等待季节性的销售高潮，这时，一般会发生季节性的现金支出，企业现金余额下降；随后又随着销售高潮的到来，存货减少，现金又逐渐恢复到原来的水平。

（二）预防性动机

预防性动机是指企业需要持有一定量的现金，以应对突发事件。这种突发事件可能是社会经济环境变化，也可能是企业的某大客户违约导致企业产生突发性偿付等。尽管财务人员试图利用各种手段来较准确地估算企业需要的现金数额，但这些突发事件会使原本很好的财务计划失去效果。因此,为了应对突发事件,企业有必要维持比日常正常运转所需金额更多的现金。

确定预防性动机的现金数额时,需要考虑三个因素。

(1) 企业愿冒现金短缺风险的程度;

(2) 企业预测现金收支可靠的程度;

(3) 企业临时融资的能力。

希望尽可能减少风险的企业倾向于保留大量的现金余额,以应付其交易性动机和大部分预防性动机。现金收支预测可靠性程度较高、信誉良好、与银行关系良好的企业,预防性动机的现金持有量一般较低。

(三) 投机性动机

投机性动机是企业需要持有一定量的现金以抓住突然出现的获利机会。这种机会大多是一闪即逝的,如证券价格的突然下跌,企业若没有用于投机的现金,就会错过这一机会。

二、持有现金的成本

(一) 机会成本

现金的机会成本是指企业因持有一定现金余额而丧失的再投资收益。再投资收益是企业不能同时用该现金进行有价证券投资所产生的机会成本,这种成本在数额上等于资金成本。例如,某企业的资本成本为10%,年均持有现金为50万元,则该企业每年持有现金的机会成本为5万元(50×10%)。放弃的再投资收益即机会成本属于变动成本,与现金持有量的多少密切相关,即现金持有量越大,机会成本越大,反之就越小。

(二) 管理成本

现金的管理成本是指企业因持有一定数量的现金而发生的管理费用,如管理人员的工资、安全措施费用等。管理成本一般属于固定成本,即在一定范围内和现金持有量之间没有明显的比例关系。

(三) 短缺成本

现金的短缺成本是指在现金持有量不足,又无法及时通过有价证券变现加以补充而给企业造成的损失,包括直接损失与间接损失。现金的短缺成本随现金持有量的增加而下降,随现金持有量的减少而上升,即与现金持有量成负相关。

(四) 转换成本

现金的转换成本是企业用现金购入有价证券以及转让有价证券换取现金时付出的交易费用,即现金与有价证券之间相互转换的成本,如委托买卖佣金、委托手续费、证券过户费、实物交割手续费等。转换成本与企业在一定时间内转换的次数有关,转换的次数越多,转换成本就越高。

三、现金持有量决策

在现金预算中,为了确定预算期末现金资产的余缺状况,除了要合理估计预算期内的现金收入与支出项目外,还应当确定期末应保留的最佳现金余额,这就是现金持有量决策所要解决的主要问题。企业出于各种动机而持有一定货币,但出于成本和收益关系的考虑,必须确定最佳现金持有量。最佳现金持有量的确定方法主要有成本分析模型、存货模型以及随机模型。

(一)成本分析模型

成本分析模型强调持有现金是有成本的,最佳现金持有量是使现金持有成本最小化的持有量。成本分析模型考虑的现金持有成本包括机会成本、管理成本和短缺成本。

成本分析模型是根据现金相关成本,分析预测其总成本最低时现金持有量的一种方法。其计算公式为

最佳现金持有量下的现金相关成本=min(管理成本+机会成本+短缺成本)

其中,管理成本属于固定成本,机会成本是正相关成本,短缺成本是负相关成本。因此,成本分析模型是要找到机会成本、管理成本和短缺成本所组成的总成本曲线中最低点所对应的现金持有量,把它作为最佳现金持有量,具体如图7-1所示。

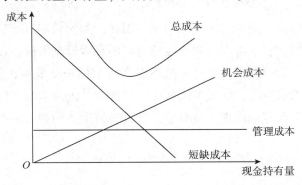

图7-1 成本分析模型的现金成本

【例7-1】某企业有四个现金持有方案,它们各自的现金持有量(平均)、机会成本、管理成本、短缺成本如表7-1所示。假设现金的机会成本率为12%,请确定最佳现金持有量。

表7-1 四种现金持有方案的各种成本   元

方案	甲	乙	丙	丁
现金持有量	25 000	50 000	75 000	100 000
机会成本	3 000	6 000	9 000	12 000
管理成本	20 000	20 000	20 000	20 000
短缺成本	12 000	6 750	2 500	0

解：这四个方案的总成本计算如表 7-2 所示。将各方案的总成本进行比较可知，丙方案的总成本最低，故丙方案下的 75 000 元是该企业的最佳现金持有量。

表 7-2 四种方案的现金持有总成本   元

方案	甲	乙	丙	丁
机会成本	3 000	6 000	9 000	12 000
管理成本	20 000	20 000	20 000	20 000
短缺成本	12 000	6 750	2 500	0
总成本	35 000	32 750	31 500	32 000

（二）存货模型

1. 基本内容

企业平时持有较多的现金会降低现金的短缺成本，但也会增加现金占用的机会成本；如果平时持有较少的现金，则会增加现金的短缺成本，但也能减少现金占用的机会成本。如果企业平时只持有较少的现金，则在有现金需要时（如手头现金用尽），通过出售有价证券换回现金，既能满足现金的需要，避免短缺成本，又能减少机会成本。因此，适当的现金与有价证券之间的转换，是企业提高资金使用效率的有效途径。这与企业奉行的营运资金政策有关。采用宽松的流动资产投资政策时，保留较多的现金，则转换次数少，如果经常进行大量的有价证券与现金的转换，则会增加转换成本。因此，如何确定有价证券与现金的每次转换量是一个需要研究的问题，这可以应用现金持有量的存货模型解决。该模型认为，当现金用尽时，可以通过出售有价证券进行补充，故不存在现金的短缺成本，而管理成本相对稳定，同现金持有量的多少关系不大，属于与决策无关的成本，无须考虑。该模型依旧是从现金的相关成本最低的角度来确定最佳现金持有量，不过该模型下的相关成本包括机会成本和转换成本。

2. 假设前提

在运用存货模型确定最佳现金持有量时，需要建立如下假设前提：

（1）企业在一定时期内，现金的总需求量是一定的，并且可以预测。

（2）在预测期内，企业不会发生现金短缺，可以通过出售有价证券来弥补现金的不足。

（3）企业现金流量是稳定的，在一定时期内的现金流出均匀发生并且能够可靠地预测其数量。

（4）证券利率及每次固定交易费用可以获悉。

3. 最佳现金持有量的确定

现金的转换成本与现金转换次数、每次的转换量有关。在企业一定时期现金使用量确定的前提下，每次以有价证券转换回的现金金额越大，企业平时持有的现金量便越高，转换的次数便越少，现金的转换成本就越低；反之，每次转换回的现金金额越低，企业平时持有的现金量便越低，转换的次数会越多，现金的转换成本就越高。可见，现金转换成本与现金持有量成反比。现金的转换成本与现金的机会成本所组成的相关总成本曲线如图7-2所示。

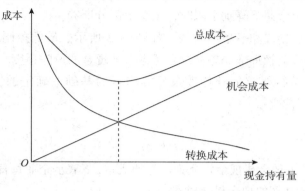

图7-2 存货模型的现金成本

在图7-2中，现金的机会成本和转换成本是两条随现金持有量的变化呈不同方向发展的曲线，两条曲线交叉点相应的现金持有量，即为相关总成本最低的现金持有量，此时转换成本与机会成本相等。相关计算公式为

$$总成本=机会成本+转换成本$$

即

$$TC = \frac{Q}{2} \times K + \frac{T}{Q} \times F$$

式中，TC 表示总成本，Q 表示最佳现金持有量，K 表示短期有价证券的投资报酬率，T 表示一定时期的现金总需求，F 表示每次的转换成本。

运用微积分求最小值原理，可推出最佳现金持有量。

$$Q = \sqrt{\frac{2TF}{K}}$$

将其代入总成本公式，可得最低总成本。

$$TC = \sqrt{2TFK}$$

【例7-2】某企业全年现金需求总量为9 000元，每次现金转换成本为150元，持有现金的机会成本率约为30%，则最佳现金持有量及其总成本为多少？

解：最佳现金持有量及其总成本为：

$$最佳现金持有量 = \sqrt{\frac{2 \times 9\,000 \times 150}{30\%}} = 3\,000（元）$$

$$总成本 = \sqrt{2 \times 9\,000 \times 150 \times 30\%} = 900（元）$$

（三）随机模型

在实际工作中，企业现金流量往往具有很大的不确定性。假定每日现金流量的分布接近正态分布，每日现金流量可能低于也可能高于期望值，其变化是随机的。由于现金流量的波动是随机的，只能对现金持有量确定一个控制区域，定出上限和下限。当企业现金余额在上限和下限之间波动时，说明

存货模型的来源

企业现金持有量处于合理的水平，无须进行调整。当现金余额达到上限时，则将部分现金转换为有价证券；当现金余额下降到下限时，则卖出部分证券。

随机模型有两条控制线和一条回归线，如图7-3所示。最低控制线 L 取决于模型之外的因素，其数额是由现金管理部经理在综合考虑短缺现金的风险程度、企业借款能力、企业日常周转所需资金、银行要求的补偿性余额等因素的基础上确定的。回归线 R 的计算公式为

$$R = \sqrt{\frac{3b\delta^2}{4i}} + L$$

式中，b 表示证券转换为现金或现金转换为证券的成本；δ 表示企业每日现金流量变动的标准差；i 表示以日为基础计算的现金机会成本。

最高控制线 H 的计算公式为

$$H = 3R - 2L$$

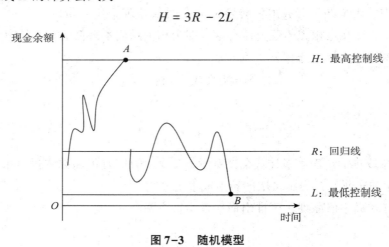

图7-3　随机模型

运用随机模型求最佳现金持有量符合随机思想，即企业现金支出是随机的，收入是无法预知的，所以，适用于所有企业最佳现金持有量的测算。另外，随机模型建立在企业的现金未来需求总量和收支不可预测的前提下，因此，计算出来的现金持有量比较保守。

四、现金的日常管理

现金的日常管理主要是对现金日常收支的控制，目的在于通过提高现金周转速度，提高现金的使用效率。提高现金使用效率的途径主要有两个：一是尽量加速收款；二是严格控制现金支出。

（一）收款管理

1. 收款系统

一个高效率的收款系统能够使收款成本和收款浮动期达到最小，同时也能够保证与客户汇款及其他现金流入来源相关的信息的质量。

收款成本包括浮动期成本、管理收款系统的相关费用（如银行手续费）及第三方处理

费用或清算相关费用。在获得资金之前，收款在途项目使企业无法利用这些资金，也会产生机会成本。信息的质量包括收款方得到的付款人的姓名、付款的内容和付款时间。信息要求及时、准确地到达收款人一方，以便收款人及时处理资金，做出发货的安排。

收款浮动期是指从支付开始到企业收到资金的时间间隔。收款浮动期主要是由纸基（或称纸质）支付工具导致的，分为邮寄浮动期、处理浮动期与结算浮动期。邮寄浮动期是指从付款人寄出支票到收款人或收款人的处理系统收到支票的时间间隔，处理浮动期是指支票的接受方处理支票和将支票存入银行以收回现金所花的时间，结算浮动期是指通过银行系统进行支票结算所需的时间。

2. 收款方式的改善

电子支付方式对比纸基支付方式是一种改进。电子支付方式的优点如下：
(1) 结算时间和资金可用性可以预计。
(2) 支付具有灵活性，不受人工干扰。
(3) 客户的汇款信息可与支付同时传送，更容易更新应收账款。
(4) 客户的汇款从纸基方式转向电子方式，减少或消除了收款浮动期，降低了收款成本。
(5) 收款过程更容易控制，且提高了预测精度。

(二) 付款管理

现金支出管理的主要任务是尽可能延缓现金的支出时间，当然，这种延缓必须是合理合法的。控制现金支出的目标是在不损害企业信誉的条件下，尽可能推迟现金的支出。

1. 使用现金浮游量

现金浮游量是指由于企业提高收款效率和延长付款时间所产生的企业账户上的现金余额和银行账户上的企业存款余额之间的差额。

2. 推迟应付款的支付

推迟应付款的支付是指企业在不影响自己信誉的前提下，充分运用供货方所提供的信用优惠，尽可能地推迟应付款的支付期。

3. 汇票代替支票

汇票分为商业承兑汇票和银行承兑汇票，与支票不同的是，承兑汇票并不是见票即付。这一方式的优点是推迟了企业调入资金支付汇票的实际所需时间。这样，企业就只需在银行中保持较少的现金余额。它的缺点是某些供应商可能并不喜欢用汇票付款，银行也不喜欢处理汇票，它们通常需要耗费更多的人力。同支票相比，银行处理汇票会收取较高的手续费。

第三节 应收账款管理

一、应收账款的功能

企业通过提供商业信用，采取赊销、分期付款等方式可以扩大销售，增强竞争力，获得利润。应收账款作为企业为扩大销售和盈利的一项投资,也会产生一定的成本,所以企业需要在应收账款所增加的盈利和所增加的成本之间权衡。应收账款管理就是分析赊销的条件,使赊销带来的盈利增加大于应收账款投资产生的成本费用增加,最终使企业利润增加,企业价值上升。

应收账款的功能指其在生产经营中的作用,主要有以下两个方面:

1. 增加销售

在激烈的市场竞争中,通过提供赊销可有效地促进销售。因为企业提供赊销不仅向顾客提供了商品,也在一定时间内向顾客提供了购买该商品的资金,顾客将从赊销中得到好处。所以赊销会带来企业销售收入和利润的增加,特别是在企业销售新产品、开拓新市场时,赊销具有重要的意义。

提供赊销所增加的产品一般不增加固定成本,因此,赊销所增加的收益等于增加的销售量与单位边际贡献的乘积,计算公式为

$$增加的收益 = 增加的销售量 \times 单位边际贡献$$

2. 减少存货

企业持有一定产成品、存货会相应地占用资金,形成仓储费用、管理费用等,产生成本,而赊销则可避免这些成本的产生。所以,无论是季节性生产企业还是非季节性生产企业,当产成品存货较多时,一般都会采用优惠的信用条件进行赊销,将存货转化为应收账款,减少产成品、存货,同时,存货资金占用成本、仓储与管理费用等会相应减少,从而提高企业收益。

二、应收账款的成本

应收账款作为企业为增加销售和盈利进行的投资,会产生一定的成本,主要包括机会成本、管理成本和坏账成本。

(一) 应收账款的机会成本

应收账款会占用企业一定量的资金,而企业若不把这部分资金投放于应收账款,便可以用于其他投资并可能获得收益,如投资债券获得利息收入。这种因投放于应收账款而放弃其他投资所带来的收益,即为应收账款的机会成本。其计算公式为

$$应收账款平均余额 = 日赊销额 \times 平均收现期$$

$$应收账款占用资金 = 应收账款平均余额 \times 变动成本率$$

$$\begin{aligned}应收账款占用资金的应计利息(即机会成本) &= 应收账款占用资金 \times 资本成本\\ &= 应收账款平均余额 \times 变动成本率 \times 资本成本\\ &= 日赊销额 \times 平均收现期 \times 变动成本率 \times 资本成本\\ &= \frac{年赊销额}{360} \times 平均收现期 \times 变动成本率 \times 资本成本\end{aligned}$$

【例 7-3】假设某公司预测的年度赊销收入为 600 000 元,应收账款周转天数为 60 天,

变动成本率为50%，资本成本率为10%。则应收账款平均余额、占用资金和机会成本分别是多少？

解： 应收账款平均余额＝600 000÷360×60＝100 000（元）

应收账款占用的资金＝100 000×50%＝50 000（元）

应收账款机会成本＝50 000×10%＝5 000（元）

（二）应收账款的管理成本

应收账款的管理成本主要是指在进行应收账款管理时所增加的费用，主要包括调查顾客信用状况的费用、收集各种信息的费用、账簿的记录费用、收账费用、数据处理成本、相关管理人员成本和从第三方购买信用信息的成本等。

（三）应收账款的坏账成本

在赊销交易中，债务人由于种种原因无力偿还债务，债权人就有可能因无法收回应收账款而发生损失，这种损失就是坏账成本。可以说，企业发生坏账成本是不可避免的，而此项成本一般与应收账款发生的数量成正比。

坏账成本的测算公式为

应收账款的坏账成本＝赊销额×预计坏账损失率

三、信用政策

应收账款的信用政策，是企业对应收账款投资进行规划和控制的基本原则和行为规范，是企业财务管理的一个重要组成部分。制定合理的信用政策，是加强应收账款管理、提高应收账款投资效益的重要前提。应收账款的信用政策包括信用标准、信用条件和收账政策三个方面。

（一）信用标准

信用标准是指信用申请者获得企业提供的信用所必须达到的最低信用水平，通常以预期的坏账损失率作为判别标准。如果企业执行的信用标准过于严格，可能会降低对符合可接受信用风险标准客户的赊销额，减少坏账损失，减少应收账款的机会成本，但不利于扩大企业销售量，甚至会限制企业的销售机会；如果企业执行的信用标准过于宽松，可能会对不符合可接受信用风险标准的客户提供赊销，因此，会增加随后还款的风险并增加应收账款的管理成本与坏账成本。

1. 信息来源

当企业进行信用分析时，必须考虑信息的类型、数量和成本。信息既可以从企业内部收集，也可以从企业外部收集。无论从哪儿收集信用信息，都必须将成本与预期的收益进行对比。企业内部产生的最重要的信用信息来源是信用申请人执行信用申请（协议）的情况和企业自己保存的有关信用申请人还款历史的记录。

企业可以使用各种外部信息来源帮助其确定申请人的信誉。申请人的财务报表是该种信息的主要来源之一，由于可以将这些财务报表及其相关比率与行业平均数进行对比，因此，它们都提供了有关信用申请人的重要信息。获得申请人付款状况的第二个信息来源是一些商业参考资料或申请人过去获得赊购的供货商。另外，银行或其他贷款机构（如商业贷款机构或租赁公司）可以提供申请人财务状况和可使用信用额度方面的标准化信息。最后，一些地方性和全国性的信用评级机构收集、评价和报告有关申请人信用状况的历史信息也很重要，这些信用报告包括还款历史、财务信息、最高信用额度、可获得的最长信用期限和所有未了解的债务诉讼等信息。

2. 信用的定性分析

信用的定性分析是指对申请人质的方面的分析。常用的信用定性分析法是5C信用评价系统，即评估申请人信用品质的五个方面，分别是品质、能力、资本、抵押和条件。

（1）品质（Character）。品质是指个人申请人或企业申请人的诚实和正直表现。品质反映了个人或企业在过去的还款中所体现的还款意图和愿望，这是5C信用评价系统中最主要的因素。品质通常要根据过去的记录结合现状调查来进行分析，包括企业经营者的年龄、文化、技术结构、遵纪守法情况、开拓进取及领导能力、有无获得荣誉奖励或纪律处分、团结协作精神和组织管理能力等。

（2）能力（Capacity）。能力是指经营能力，通常通过分析申请者的生产经营能力及获利情况，如管理制度是否健全、管理手段是否先进、产品生产销售是否正常、在市场上有无竞争力、经营规模和经营实力是否逐年增长等来评估。

（3）资本（Capital）。资本是指如果企业或个人当前的现金流不足以还债，他们在短期和长期内可供使用的财务资源。企业资本雄厚，说明企业具有强大的物质基础和抗风险能力，因此，信用分析必须调查了解企业资本规模和负债比率，反映企业资产或资本对于负债的保障程度。

（4）抵押（Collateral）。抵押是指当企业或个人不能满足还款条件时，可以用作债务担保的资产或其他担保物。信用分析必须分析担保抵押手续是否齐备、抵押品的估值和出售有无问题、担保人的信誉是否可靠等。

（5）条件（Condition）。条件是指影响申请者还款能力和还款意愿的经济环境。经济环境对企业发展前途具有一定影响，也是影响企业信用的一项重要的外部因素。信用分析必须对企业的经济环境，包括企业发展前景、行业发展趋势、市场需求变化等进行分析，预测其对企业经营效益的影响。

3. 信用的定量分析

进行商业信用的定量分析可以从考察信用申请人的财务报表开始。通常使用比率分析法评价顾客的财务状况，常用的指标有流动性和营运资本比率（如流动比率、速动比率以及现金对负债总额比率）、债务管理和支付比率（利息保障倍数、长期债务对资本比率、带息债务对资产总额比率，以及负债总额对资产总额比率），以及盈利能力指标（销售回报率、总资产回报率和净资产收益率），将这些指标和信用评级机构及其他协会发布的行业标准进行比较，可以观察申请人的信用状况。

(二) 信用条件

信用条件是销货企业要求赊购客户支付货款的条件，由信用期限、折扣期限和现金折扣三个要素组成，折扣期限和现金折扣构成折扣条件。

1. 信用期限

信用期限是企业允许顾客从购货到付款之间的时间，或者说是企业给予顾客的最长付款时间，一般简称为信用期。

信用期的确定，主要是分析改变现行信用期对收入和成本的影响。延长信用期，会使销售额增加，产生有利影响；但与此同时，应收账款的机会成本、收账费用和坏账损失增加，会产生不利影响。当前者大于后者时，可以延长信用期，否则不宜延长；如果缩短信用期，情况则与此相反。

【例7-4】A企业目前采用30天按发票金额（即无现金折扣）付款的信用政策，拟将信用期限放宽至60天，仍按发票金额付款。假设同等风险投资的最低报酬率为15%，其他有关数据如表7-3所示。请判断是否采用60天信用期。

表7-3 信用期决策数据

项目	信用期	
	30天	60天
全年销售量/件	100 000	120 000
全年销售额（单价5元）/元	500 000	600 000
变动成本（每件4元）/元	400 000	480 000
固定成本/元	50 000	50 000
可能发生的收账费用/元	3 000	4 000
可能发生的坏账损失/元	5 000	9 000

解：在分析时，先计算放宽信用期增加的盈利，然后计算增加应收账款投资增加的成本费用，最后计算放宽信用期增加的税前损益，并做出判断。

首先，计算增加的盈利，即

$$增加的盈利 = 增加的边际贡献 - 增加的固定成本$$
$$= (120\,000 - 100\,000) \times (5-4) = 20\,000（元）$$

其次，计算增加的成本费用。

计算增加的应收账款机会成本，即

$$变动成本率 = 4 \div 5 \times 100\% = 80\%$$

改变信用期导致增加的机会成本 = 60天信用期应计利息 - 30天信用期应计利息

$$= 600\,000 \div 360 \times 60 \times 80\% \times 15\% - 500\,000 \div 360 \times 30 \times 80\% \times 15\%$$
$$= 7\,000（元）$$

计算增加的收账费用和坏账损失，即

$$增加的收账费用 = 4\,000 - 3\,000 = 1\,000（元）$$

$$增加的坏账损失 = 9\,000 - 5\,000 = 4\,000（元）$$

最后，计算增加的税前损益，即

$$放宽信用期增加的税前损益 = 增加的盈利 - 增加的成本费用$$
$$= 20\,000 - 7\,000 - 1\,000 - 4\,000$$
$$= 8\,000（元）$$

由于放宽信用期增加的税前损益大于 0，故应放宽信用期，即采用 60 天信用期。

2. 折扣条件

折扣条件包括折扣期限和现金折扣两个方面。折扣期限是为顾客规定的可享受现金折扣的付款时间。现金折扣是在顾客提前付款时给予的优惠。如果企业给顾客提供现金折扣，那么顾客在折扣期付款时少付的金额所产生的"成本"将影响企业收益。当顾客利用了企业提供的现金折扣，而现金折扣又没有促使销售额增长时，企业的净收益会下降。当然，上述收入方面的损失可能会全部或部分地由应收账款持有成本的下降所补偿。

向顾客提供现金折扣的主要目的在于吸引顾客为享受优惠而提前付款，缩短企业的平均收款期。

现金折扣的表示常用如"5/10，3/20，$N/30$"这样的符号。这三个符号的含义是："5/10"表示 10 天内付款，可享受 5% 的价格优惠，即只需支付原价的 95%，如原价为 10 000 元，只支付 9 500 元；"3/20"表示 20 天内付款，可享受 3% 的价格优惠，即只需支付原价的 97%，若原价为 10 000 元，则只需支付 9 700 元；"$N/30$"表示付款的最后期限为 30 天，此时付款无优惠。

企业采用什么程度的现金折扣，要与信用期限结合起来考虑。例如，要求顾客最迟不超过 30 天付款，若希望顾客 20 天、10 天付款，能给予多大折扣，或者给予 5%、3% 的折扣，能吸引顾客在多少天内付款。不论是信用期限还是现金折扣，都可能给企业带来收益，但也会增加成本。当企业给予顾客某种现金折扣时，应当考虑折扣所能带来的收益与成本孰高孰低，权衡利弊。

因为现金折扣是与信用期限结合使用的，所以确定折扣程度的方法与程序实际上与确定信用期限的方法与程序一致，只不过要把所提供的延期付款时间和折扣综合起来，计算各方案的延期与折扣能取得多大的收益增量，再计算各方案带来的成本变化，最终确定最佳方案。

【例 7-5】沿用例 7-4 的信用期决策数据，假设该企业在放宽信用期的同时，为了吸引顾客尽早付款，提出了"0.8/30，$N/60$"的现金折扣条件，估计会有一半的顾客（按 60 天信用期所能实现的销售量计算）将享受现金折扣优惠。请判断是否应当放宽信用期并提供现金折扣。

解：第一步，计算增加的盈利，即

$$增加的盈利 = (120\,000 - 100\,000) \times (5 - 4)$$

$$= 20\ 000\ (元)$$

第二步，计算增加的应收账款占用资金的应计利息，即

$$30\ 天信用期应计利息 = 500\ 000 \div 360 \times 30 \times 80\% \times 15\% = 5\ 000\ (元)$$

$$提供现金折扣的平均收现期 = 30 \times 50\% + 60 \times 50\% = 45\ (天)$$

$$提供现金折扣的应计利息 = 600\ 000 \div 360 \times 45 \times 80\% \times 15\% = 9\ 000\ (元)$$

$$增加的应收账款占用资金的应计利息 = 9\ 000 - 5\ 000 = 4\ 000\ (元)$$

第三步，计算增加的收账费用和坏账损失，即

$$增加的收账费用 = 4\ 000 - 3\ 000 = 1\ 000\ (元)$$

$$增加的坏账费用 = 9\ 000 - 5\ 000 = 4\ 000\ (元)$$

第四步，估计现金折扣成本的变化，即

增加的现金折扣成本 = 新的销售水平×享受现金折扣的顾客比例×新的现金折扣率 − 旧的销售水平×享受现金折扣的顾客比例×旧的现金折扣率

$$= 600\ 000 \times 50\% \times 0.8\% - 500\ 000 \times 0 \times 0$$

$$= 2\ 400\ (元)$$

第五步，计算增加的税前损益，即

$$增加的税前损益 = 增加的盈利 - 增加的成本费用$$

$$= 20\ 000 - (4\ 000 + 1\ 000 + 4\ 000 + 2\ 400)$$

$$= 8\ 600\ (元)$$

由于增加的税前损益大于0，故应当放宽信用期并提供现金折扣。

（三）收账政策

收账政策是指信用条件被违反时，企业采取的收账策略。企业如果采取较积极的收账政策，可能会减少应收账款投资，减少坏账损失，但要增加收账成本；如果采用较消极的收账政策，则可能会增加应收账款投资，增加坏账损失，但会减少收账费用。一般来说，可以参照评价信用标准、制定信用条件的方法来制定收账政策。

【例7-6】某公司目前的收账政策和拟采用的收账政策如表7-4所示，应收账款的机会成本率为8%，产品的变动成本率为60%，试根据资料做出正确的收账政策决策。

表7-4　某公司目前的收账政策和拟采用的收账政策

项　目	现行收账政策	拟采用的收账政策
年赊销额/万元	1 600	2 800
应收账款周转率/次	12	20
坏账损失率/%	2.5	2
收账费用/万元	10	15

根据以上资料，编制收账政策决策计算表，如表7-5所示。

表7-5 收账政策决策计算表　　　　　　　　　　　　　　万元

项　目	现行收账政策	拟采用的收账政策
年赊销额	1 600	2 800
变动成本	1 600×60%＝960	2 800×60%＝1 680
信用成本前收益	640	1 120
信用成本	—	—
机会成本	80×8%＝6.4	84×8%＝6.72
坏账损失	1 600×2.5%＝40	2 800×2%＝56
收账费用	10	15
小计	56.4	77.72
信用成本后收益	583.6	1 042.28

根据表7-5的计算可知，采用新的收账政策可以带来更多的收益，因此公司应采用新的收账政策。

四、应收账款的日常管理

应收账款的管理难度比较大，在确定合理的信用政策之后，还要做好应收账款的日常管理工作，包括客户的信用调查和分析评价、应收账款的催收工作等。

（一）调查客户信用

信用调查是指收集和整理反映客户信用状况有关资料的工作。信用调查是企业应收账款日常管理的基础，是正确评价客户信用的前提条件。企业对顾客进行信用调查主要通过以下两种方法：

1. 直接调查

直接调查是指调查人员通过与被调查单位直接接触，通过当面采访、询问、观看等方式获取信用资料的一种方法。直接调查可以保证收集资料的准确性和及时性，但也有一定的局限。例如，获得的往往是感性资料，同时，若不能得到被调查单位的合作，则会使调查工作难以开展。

2. 间接调查

间接调查是指以被调查单位及其他单位保存的有关原始记录和核算资料为基础，通过加工整理获得被调查单位信用资料的一种方法。这些资料主要来自以下四个方面：

（1）财务报表。通过财务报表分析，可以基本掌握一个企业的财务状况和信用状况。

（2）信用评估机构。因为专门的信用评估部门的评估方法先进，评估调查细致，评估程序合理，所以可信度较高。在我国，目前的信用评估机构有三种形式：第一种是独立的社会评估机构，它们只根据自身的业务吸收有关专家参加，不受行政干预和集团利益的牵制，独立自主地开办信用评估业务；第二种是政策性银行、政策性保险公司负责组织的评估机构，一般由银行、保险公司有关人员和各部门专家进行评估；第三种是由商业银行、商业性保险公司组织的评估机构，由商业性银行、商业性保险公司组织专家对其客户进行评估。

（3）银行。银行是信用资料的一个重要来源，许多银行都设有信用部，为其顾客服务，并负责对其顾客信用状况进行记录、评估。但银行的资料一般只在内部及同行间进行交流，而不会向其他单位提供。

（4）其他途径。财税部门、工商管理部门、消费者协会等机构都可能提供相关的信用状况资料。

（二）评估客户信用

收集好信用资料以后，就需要对这些资料进行分析、评价。企业一般采用5C系统来评价客户，并对客户信用进行等级划分。在信用等级方面，目前主要有两种划分制度：一种是三类九级制，即将企业的信用状况分为AAA、AA、A、BBB、BB、B、CCC、CC、C，其中AAA为信用最优等级，C为信用最低等级；另一种是三级制，即分为AAA、AA、A三个信用等级。

（三）收账的日常管理

应收账款发生后，企业应采取相应措施，尽量争取按期收回款项，否则会因拖欠时间过长而发生坏账，使企业蒙受损失。因此，企业必须在对收账的收益与成本进行比较分析的基础上，制定切实可行的收账政策。通常，企业可以采取寄发账单、电话催收、派人上门催收、法律诉讼等方式催收应收账款，然而催收账款要发生费用，某些催款方式的费用还会很高。一般来说，收账的花费越大，收账措施越有力，可收回的账款应越多，坏账损失也就越小。因此，制定收账政策需要在收账费用和所减少的坏账损失之间权衡。制定有效、得当的收账政策，这在很大程度上要依靠有关人员的经验。从财务管理的角度讲，也有一些数量化的方法可以参照，根据应收账款总成本最小化的原则，可以通过比较各收账方案成本的大小对其进行选择。

第四节 存货管理

存货是指企业在生产经营过程中为销售或者耗用而储备的物资，包括材料、燃料、低值易耗品、在产品、半成品、产成品、协作件、商品等。存货管理水平的高低直接影响着企业的生产经营能否顺利进行，并最终影响企业的收益、风险等状况。因此，存货管理是财务管理的一项重要内容，企业必须根据生产经营规模确定相应的存货规模。如果没有足够的存货，则不能满足企业正常生产经营的需求；如果存货过多，则会引起各种成本的上升。存货管理需要在存货的收益和成本之间进行权衡，其基本目标是在满足生产销售的前提下，尽量降低存货数量，以减少企业成本、增加收益，达到最佳状态。

一、存货管理的目标

持有存货的原因,一方面是为了保证生产或销售的经营需要;另一方面是出于对价格的考虑,零购物资的价格往往较高,而整批购买在价格上有优惠。但是,过多的存货要占用较多的资金,并且会增加包括仓储费、保险费、维护费、管理人员工资在内的各项开支。因此,存货管理的目标就是在保证生产或销售经营需要的前提下,最大限度地降低存货成本,具体包括以下五个方面:

(一) 保证生产正常进行

生产过程中需要的原材料和在产品,是生产的物质保证。为保证生产的正常进行,必须储备一定量的原材料,否则可能会造成生产中断、停工待料的情况。尽管当前部分企业的存货管理已经实现计算机自动化管理,但要实现存货为零的目标仍属不易。

(二) 增加销售

一定数量的存货储备能够增加企业在生产和销售方面的机动性和适应市场变化的能力。当企业市场需求量增加时,若产品储备不足,就有可能失去销售良机。同时,由于顾客为节约采购成本和其他费用,一般可能成批采购;企业为了达到运输上的最优批量,也会组织成批发运。所以,保持一定量的存货是有利于市场销售的。

(三) 维持均衡生产,降低产品成本

有些产品属于季节性产品或者需求波动较大的产品,此时若根据需求状况组织生产,则可能有时生产能力得不到充分利用,有时又超负荷生产,造成产品成本的上升。为了降低生产成本,实现均衡生产,就要储备一定的成品,并相应地保持一定的原材料。

(四) 降低存货取得成本

在一般情况下,当企业进行采购时,进货总成本与采购物资的单价和采购次数有密切关系。而许多供应商为鼓励客户多购买其产品,往往在客户采购量达到一定数量时给予价格折扣,所以企业通过大批量集中进货,既可以享受价格折扣、降低购置成本,也可减少订货次数降低订货成本,使总的进货成本降低。

(五) 防止意外事件的发生

企业在采购、运输、生产和销售过程中,都可能发生意外事件。保持必要的存货,可以避免或减少意外事件带来的损失。

二、存货的成本

存货的成本是指存货所耗费的总成本,是企业为存货所发生的一切支出,主要包括以下三个项目:

(一) 取得成本

取得成本是指为取得某种存货而支出的成本,分为订货成本和购置成本。

1. 订货成本

订货成本是指取得订单的成本，如办公费、差旅费、邮资、电话费、运输费等。订货成本中有一部分与订货次数无关，如常设采购机构的基本开支等，称为订货固定成本；另一部分与订货次数有关，如差旅费、邮资等，称为订货变动成本。订货次数等于存货年需要量与每次进货量之商。

2. 购置成本

购置成本又称为采购成本，是指为购买存货本身所支出的成本，即存货本身的价值，经常用数量与单价的乘积来确定。

订货成本加上购置成本，就等于存货的取得成本。其计算公式为

取得成本=订货成本+购置成本=订货固定成本+订货变动成本+购置成本

（二）储存成本

储存成本是指为保持存货而发生的成本，包括存货占用资金所应计的利息、仓库费用、保险费用、存货破损和变质损失等。

储存成本也分为固定成本和变动成本。固定储存成本与存货数量的多少无关，如仓库折旧、仓库职工的固定工资等。变动储存成本与存货的数量有关，如存货资金的应计利息、存货的破损和变质损失、存货的保险费用等。

（三）缺货成本

缺货成本是指由于存货供应中断而造成的损失，包括材料供应中断造成的停工损失、产成品库存缺货造成的拖欠发货损失和丧失销售机会的损失，以及造成的商誉损失等。缺货成本能否作为决策的相关成本，应视企业是否允许出现存货短缺而定。如果企业允许缺货，则缺货成本与存货数量成反向变动关系，属于存货决策的相关成本；如果企业不允许发生缺货情形，此时缺货成本为零，也就无须考虑缺货成本了。

三、经济订货批量的确定

存货储备决策的目标是使存货始终保持在一个最优水平上。所谓最优水平，通常是指在一个能保证全年存货需求量的基础上来确定最佳的采购批量、最佳的订货次数、最佳的再订货点，从而使存货储备既能满足需求，又能使相关总成本最低。

经济订货批量是指在一定时期内能使存货相关总成本最低的每一次订货的数量。企业在确定经济订货批量时，需要设立一些假设条件，并在此基础上建立经济订货批量模型。经济订货批量模型需要设立的假设条件如下：

（1）存货总需求量是已知常数。

（2）订货提前期是常数。

（3）货物一次性入库。

(4) 单位货物成本为常数,无批量折扣。

(5) 库存储存成本与库存水平呈线性关系。

(6) 货物是一种独立需求的物品,不受其他货物影响。

(7) 不允许缺货,即无缺货成本。

设立上述假设后可知,在经济订货批量下,存货的相关成本只包括变动订货成本和变动储存成本。在全年存货需求量一定的前提下,订货成本的高低与采购批量成正比。因此,能够使一定时期订货成本和储存成本之和最低的采购批量即为经济订货批量,此时储存成本与订货成本相等,如图7-4所示。

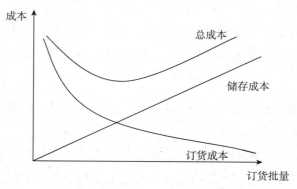

图 7-4 经济订货批量模型

据图7-4可得出经济订货批量模型下存货相关总成本的计算公式为

$$TC = \frac{Q}{2} \times C + \frac{D}{Q} \times K$$

式中,TC 表示存货相关总成本;Q 为每次订货批量;C 为单位存货年储存成本;D 为全年需求总量;$\frac{D}{Q}$ 为最佳采购次数;K 为每次订货的成本。

对上式求导可得

$$Q^* = \sqrt{\frac{2KD}{C}}$$

式中,Q^* 即为使存货相关总成本最低的经济订货批量,此时存货的储存成本等于订货成本,相关总成本可表示为

$$TC^* = \sqrt{2KDC}$$

在经济订货批量下平均占用资金 $W = \dfrac{PQ}{2}$

每年最佳订货次数 $N = \dfrac{D}{Q}$

式中,P 为采购单价。

【例7-7】假设某企业每年所需的原材料为80 000千克,单位成本为15元/千克。每次

订货的变动成本为 20 元，单位变动储存成本为 0.8 元/千克。一年按 360 天计算。则在经济订货批量下，变动订货成本为多少？变动储存成本为多少？

解： 经济订货批量 = $\sqrt{2\times80\,000\times20\div0.8}$ = 2 000（千克）

每年最佳订货次数 = 80 000÷2 000 = 40（次）

在经济订货批量下平均占用资金 = 2 000÷2×15 = 15 000（元）

与经济订货批量相关的存货总成本 = $\sqrt{2\times80\,000\times20\times0.8}$ = 1 600（元）

在经济订货批量下，

变动订货成本 = 40×20 = 800（元）

变动储存成本 = 2 000÷2 ×0.8 = 800（元）

四、存货的日常管理

存货是企业重要的流动资产，做好存货的日常管理，对改进企业的生产经营活动、提高流动资产的效率具有重要的作用。存货的日常管理主要包括以下两个方面：

（一）ABC 控制系统

ABC 控制系统就是把企业种类繁多的存货，依据其重要程度、价值大小或者资金占用标准分为三大类：A 类高价值存货，品种数量占整个存货的 10%～15%，但价值占全部存货的 50%～70%；B 类中等价值存货，品种数量占全部存货的 20%～25%，价值占全部存货的 15%～20%；C 类低价值存货，品种数量多，占整个存货的 60%～70%，价值占全部存货的 10%～35%。针对不同类别的存货分别采用不同的管理方法，A 类存货应作为管理的重点，实行重点控制、严格管理；而对 B 类和 C 类存货的重视程度则可依次降低，采取一般管理。

划分 A、B、C 三类存货的具体步骤如下：

（1）计算每一种存货在一定时期内的资金占用额。

（2）计算每一种存货资金占用额占全部资金占用额的百分比。

（3）根据测定的标准列表划分为三类：A 类为最重要的存货，应加以重点管理和控制；B 类为一般的存货，应进行次重点的管理；C 类为不重要的存货，只进行一般的管理。

【例 7-8】某公司共有原材料存货 10 种，其年需要量、单位成本及总金额如表 7-6 所示。请绘制 A、B、C 三类存货在数量和金额上的关系。

表 7-6　原材料存货基本情况

原材料	年需要量/千克	单位成本/元	总金额/元
A	1 000	40	40 000
B	40 000	200	8 000 000
C	1 200	400	480 000

续表

原材料	年需要量/千克	单位成本/元	总金额/元
D	4 000	100	400 000
E	3 000	8	24 000
F	180 000	4	720 000
G	20 000	180	3 600 000
H	10 000	140	1 400 000
I	120	600	72 000
J	180	300	54 000
合计	259 500	—	14 790 000

计算每项原材料存货数量百分比和金额百分比，编制该企业原材料 ABC 分类表，如表 7-7 所示。

表 7-7 原材料 ABC 分类表

原材料	数量百分比/%	金额百分比/%	类别确定
A	0.385	0.270	C
B	15.414	54.091	A
C	0.462	3.245	C
D	1.541	2.705	C
E	1.156	0.162	C
F	69.364	4.868	C
G	7.707	24.341	B
H	3.854	9.466	B
I	0.046	0.487	C
J	0.069	0.365	C
合计	100.000	100.000	—

根据对 10 种原材料的类别确定，编制 ABC 分类汇总分析表，如表 7-8 所示，A、B、C 三类存货在数量和金额上的关系如图 7-5 所示。

表 7-8 原材料 ABC 分类汇总分析表

类别	品种数	品种百分比/%	原材料金额/元	金额百分比/%
A	1	10	8 000 000	54.09
B	2	20	5 000 000	33.81
C	7	70	1 790 000	12.10
合计	10	100	14 790 000	100.00

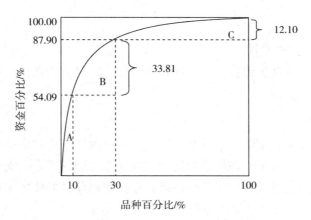

图7-5 A、B、C三类存货在数量和金额上的关系

(二) 适时制库存控制系统

适时制库存控制系统又称零库存管理、看板管理系统。它最早由丰田公司提出并应用于实践,是指制造企业事先和供应商和客户协调好,只有当制造企业在生产过程中需要原料或零件时,供应商才会将原料或零件送来;每当产品生产出来就被客户拉走。这样,制造企业的存货持有水平就可以大大下降,企业的物资供应、生产和销售形成连续的同步运动过程。显然,适时制库存控制系统需要的是稳定而标准的生产程序以及诚信的供应商,否则,任何一环出现差错,都将导致整个生产线停止。目前,已有越来越多的企业利用适时制库存控制系统减少甚至消除对存货的需求,即实行零库存管理,例如沃尔玛、丰田、海尔等。适时制库存控制系统进一步的发展被应用于企业整个生产管理的过程中,集开发、生产、库存和分销于一体,大大提高了企业运营管理效率。

第五节 流动负债管理

流动负债有三种主要来源:短期借款、短期融资券和商业信用,不同来源具有不同的获取速度、灵活性、成本和风险。

一、短期借款

企业的借款通常按其流动性或偿还时间的长短划分为短期借款和长期借款。短期借款是指企业向银行或其他金融机构借入的期限在1年以内(含1年)的各种借款。

目前,我国短期借款按照目的和用途分为生产周转借款、临时借款、结算借款、票据贴现借款等。按照国际惯例,短期借款往往按偿还方式不同分为一次性偿还借款和分期偿还借款;按利息支付方式不同分为收款法借款、贴现法借款和加息法借款;按有无担保分为抵押借款和信用借款。

短期借款可以根据企业的需要安排,便于灵活使用,但其突出的缺点是短期内要归还,且可能会有附加条件。

(一) 短期借款的信用条件

银行等金融机构对企业提供贷款时,通常会附带一定的信用条件。短期借款所附带的信用条件主要有以下六个方面:

1. 信贷额度

信贷额度即贷款限额,是借款企业与银行在协议中规定的借款最高限额。信贷额度的有限期通常为1年,一般情况下,在信贷额度内,企业可以随时按需要支用借款。但是,银行并不承担必须支付全部信贷数额的义务。如果企业信誉恶化,即使在信贷限额内,企业也可能得不到借款,此时,银行不会承担法律责任。

2. 周转信贷协定

周转信贷协定是银行具有法律义务地承诺提供不超过某一最高限额的贷款协定。在协定的有效期内,只要企业借款总额未超过最高限额,银行必须满足企业任何时候提出的借款要求。企业要享用周转信贷协定,通常要对贷款限额的未使用部分付给银行一笔承诺费用。

【例7-9】某企业与银行商定的周转信贷额度为5 000万元,年度内实际使用了2 800万元,承诺率为0.5%,企业应向银行支付的信贷承诺费为多少?

解:该企业应向银行支付的信贷承诺费为

$$信贷承诺费 = (5\ 000 - 2\ 800) \times 0.5\% = 11 (万元)$$

周转信贷协定的有效期通常超过1年,但实际上贷款每几个月发放一次,所以这种信贷具有短期借款和长期借款的双重特点。

3. 补偿性余额

补偿性余额是银行要求借款企业在银行中保持按贷款限额或实际借用额一定比例(通常为10%~20%)计算的最低存款余额。对银行来说,补偿性余额有助于降低贷款风险,补偿其可能遭受的风险;对借款企业来说,补偿性余额则提高了借款的实际利率,加重了企业负担。

【例7-10】某企业向银行借款800万元,利率为6%,银行要求保留10%的补偿性余额,则企业实际可动用的贷款为720万元,该借款的实际利率为多少?

解:该借款的实际利率为

$$借款实际利率 = \frac{800 \times 6\%}{720} = \frac{6\%}{1-10\%} = 6.67\%$$

4. 借款抵押

为了降低风险,银行发放贷款时往往需要有抵押品担保。短期借款的抵押品主要有应收账款、存货、应收票据、债券等。银行根据抵押品面值的30%~90%发放贷款,具体比例取决于抵押品的变现能力和银行对风险的态度。

5. 偿还条件

贷款的偿还有到期一次偿还和在贷款期内定期(每月、每季)等额偿还两种方式。一一般来讲，企业不希望采用后一种偿还方式，因为这会提高借款的实际年利率；而银行不希望采用前一种偿还方式，因为这会加重企业的财务负担，增加企业的拒付风险，同时会降低实际贷款利率。

6. 其他承诺

银行有时还会要求企业为取得贷款而做出其他承诺，如及时提供财务报表、保持适当的财务水平（如特定的流动比率）等。如企业违背承诺，银行可要求企业立即偿还全部贷款。

（二）短期借款的利息支付方式

短期借款的成本主要包括利息、手续费等，短期借款成本的高低主要取决于贷款利率的高低和利息的支付方式。短期贷款利息的支付方式有收款法、贴现法和加息法。付息方式不同，计算短期借款成本的方式也有所不同。

1. 收款法

收款法是在借款到期时向银行支付利息的方法。银行向企业贷款一般都是采用这种方法收取利息。采用收款法时，短期贷款的实际利率就是名义利率。

2. 贴现法

贴现法又称为折价法，是指银行向企业发放贷款时，先从本金中扣除利息部分，到期时借款企业偿还全部贷款本金的一种利息支付方法。在这种利息支付方式下，企业可以利用的贷款只是本金减去利息部分后的差额，因此，贷款的实际利率要高于名义利率。

【例7–11】某企业从银行取得借款200万元，期限1年，利率6%，利息12万元。按贴现法付息，企业实际可动用的贷款为188万元，该借款的实际利率为多少？

解：该企业借款的实际利率为

$$借款实际利率 = \frac{200 \times 6\%}{188} = \frac{6\%}{1-6\%} = 6.38\%$$

3. 加息法

加息法是银行发放分期等额偿还贷款时采用的利息收取方法。在分期等额偿还贷款情况下，银行把根据名义利率计算的利息加到贷款本金上，计算出贷款的本息和，要求企业在贷款期内分期偿还本息和。由于贷款本金分期均衡偿还，借款企业实际上只平均使用了贷款本金的一半，却支付了全额利息。这样，企业所负担的实际利率便要高于名义利率大约1倍。

【例7–12】某企业借入（名义）年利率为12%的贷款20 000元，分12个月等额偿还本息。该项借款的实际年利率为多少？

解：该项借款的实际年利率为

$$实际年利率 = \frac{20\,000 \times 12\%}{20\,000/2} = 24\%$$

二、短期融资券

短期融资券是由企业依法发行的无担保短期本票。在我国，短期融资券是指企业依照

《银行间债券市场非金融企业债务融资工具管理办法》的条件和程序,在银行间债券市场发行和交易并约定在一定期限内还本付息的有价证券,是企业筹措短期(1年以内)资金的直接融资方式。

(一) 短期融资券的种类

(1) 按发行人分类,短期融资券分为金融企业的融资券和非金融企业的融资券。在我国,目前发行和交易的是非金融企业的融资券。

(2) 按发行方式分类,短期融资券分为经纪人承销的融资券和直接销售的融资券。非金融企业发行融资券一般采用间接承销方式进行,金融企业发行融资券一般采用直接发行方式进行。

(二) 短期融资券的筹资特点

(1) 短期融资券的筹资成本较低。相对于发行企业债券筹资而言,发行短期融资券的筹资成本较低。

(2) 短期融资券筹资数额比较大。相对于银行借款筹资而言,短期融资券一次性筹资数额比较大。

(3) 发行短期融资券的条件比较严格。只有具备一定信用等级的实力强的企业,才能发行短期融资券筹资。

三、商业信用

商业信用是指企业在商品或劳务交易中,以延期付款或预收货款方式进行购销活动而形成的借贷关系,是企业之间的直接信用行为,也是企业短期资金的重要来源。商业信用产生于企业生产经营的商品、劳务交易之中,是一种自动性筹资。

(一) 商业信用的形式

1. 应付账款

应付账款是供应商给企业提供的一种商业信用。由于购买者往往在到货一段时间后才付款,商业信用就成为企业的短期资金来源。如企业规定对所有账单均在见票后若干日付款,商业信用就成为随生产周转而变化的一项内在的资金来源。当企业扩大生产规模时,其进货和应付账款相应增长,商业信用就提供了增产需要的部分资金。

商业信用条件通常包括两种:第一种,有信用期,但无现金折扣。如"$N/30$"表示30天内按发票金额全数支付;第二,有信用期和现金折扣,如"$2/10,N/30$"表示10天内付款享受现金折扣2%,若买方放弃折扣,30天内必须付清款项。供应商在信用条件中规定现金折扣,目的主要在于加速资金回收。企业在决定是否享受现金折扣时,应仔细考虑。通常,放弃现金折扣的成本是很高的。

1) 放弃现金折扣的信用成本

倘若买方企业购买货物后在卖方规定的折扣期内付款,可以获得免费信用。这种情况下,企业没有因为取得延期付款信用而付出代价。例如,某应付账款规定付款信用条件为

"2/10，N/30"，是指买方在 10 天内付款，可获得 2% 的现金折扣；若在 10～30 天内付款，则无现金折扣；允许买方付款期限最长为 30 天。

【例 7-13】某企业按 "2/10，N/30" 的付款条件购入货物 60 万元，如果企业在 10 天以后付款，便放弃了现金折扣 1.2 万元（60×2%），信用额为 58.8 万元（60-1.2）。放弃现金折扣的信用成本率为多少？

解：放弃现金折扣的信用成本率为

$$\text{放弃现金折扣的信用成本率} = \frac{\text{折扣百分比}}{1-\text{折扣百分比}} \times \frac{360}{\text{付款期}-\text{折扣期}}$$

$$= \frac{2\%}{1-2\%} \times \frac{360}{30-10} = 36.73\%$$

公式表明，放弃现金折扣的信用成本率与折扣百分比大小、折扣期长短和付款期长短有关，与贷款额和折扣额没有关系。企业在放弃折扣的情况下，推迟付款的时间越长，其信用成本便会越小。

2）放弃现金折扣的信用决策。

企业放弃应付账款现金折扣的原因，可能是企业暂时缺乏资金，也可能是将应付的账款用于临时性短期投资，以获得更高的投资收益。如果企业将应付账款用于短期投资，所获得的投资报酬率高于放弃现金折扣的信用成本率，则应当放弃现金折扣。

【例 7-14】某企业采购一批材料，供应商报价为 10 000 元，付款条件为 "3/10，2.5/30，1.8/50，N/90"。目前该企业用于支付账款的资金需要在 90 天时才能周转回来，在 90 天内付款，只能通过银行借款解决。如果银行利率为 12%，请确定企业材料采购款的付款时间和价格。

解：根据放弃现金折扣的信用成本率计算公式，10 天付款方案，放弃现金折扣的信用成本率为 13.92%；30 天付款方案，放弃现金折扣的信用成本率为 15.38%；50 天付款方案，放弃现金折扣的信用成本率为 16.50%。由于各种方案放弃现金折扣的信用成本率均高于借款利息率，因此初步结论是要取得现金折扣，借入银行借款以偿还货款。

10 天付款方案，得现金折扣 300 元，用资 9 700 元，借款 80 天，利息 258.67 元，净收益 41.33 元。

30 天付款方案，得现金折扣 250 元，用资 9 750 元，借款 60 天，利息 195 元，净收益 55 元。

50 天付款方案，得现金折扣 180 元，用资 9 820 元，借款 40 天，利息 130.93 元，净收益 49.07 元。

结论：第 30 天付款是最佳方案，其净收益最大。

2. 应付票据

应付票据是指企业在商品购销活动和对工程价款进行结算中，因采用商业汇票结算方式而产生的商业信用。商业汇票是指由付款人或存款人（或承兑申请人）签发，由承兑人承兑，并于到期日向收款人或被背书人支付款项的一种票据，它包括商业承兑汇票和银行承兑汇票。应付票据按是否带息分为带息应付票据和不带息应付票据。

3. 预收货款

预收货款是指销货单位按照合同和协议规定，在发出货物之前向购货单位预先收取部分或全部货款的信用行为。购买单位对于紧俏商品往往乐于采用这种方式购货；销货方对于生产周期长、造价较高的商品，往往采用预收货款方式销货，以缓和本企业资金占用过多的矛盾。

（二）商业信用筹资的优缺点

1. 商业信用筹资的优点

（1）商业信用容易获得。商业信用的载体是商品购销行为，企业总有一批既有供需关系又有相互信用基础的客户，所以对大多数企业而言，应付账款和预收账款是自然的、持续的信贷形式。商业信用的提供方一般不会对企业的经营状况和风险进行严格的考量，企业无须办理像银行借款那样复杂的手续便可取得商业信用，有利于应对企业生产经营之急需。

（2）企业有较大的机动权。企业能够根据需要，选择决定筹资的金额大小和期限长短，同样要比银行借款等其他方式灵活得多，如果在期限内不能付款或交货，一般还可以通过与客户协商，请求延长时限。

（3）企业一般不用提供担保。通常，商业信用筹资不需要第三方担保，也不会要求筹资企业用资产进行抵押。这样，在出现逾期付款或交货的情况时，可以避免像银行借款那样面临抵押资产被处置的风险，企业的生产经营能力在相当长的一段时间内不会受到限制。

2. 商业信用筹资的缺点

（1）筹资成本高。在附有现金折扣条件的应付账款融资方式下，其筹资成本与银行信用相比较高。

（2）容易恶化企业的信用水平。商业信用的期限短，企业的还款压力大，对企业现金流量管理的要求很高。如果长期和经常性地拖欠账款，会造成企业的信誉恶化。

（3）受外部环境影响较大。商业信用筹资受外部环境影响较大，稳定性较差，即使不考虑机会成本，也是不能无限利用的。一是受商品市场的影响，如当求大于供时，卖方可能停止提供信用；二是受资金市场的影响，当市场资金供应紧张或有更好的投资方向时，商业信用筹资就可能遇到障碍。

习 题

一、单项选择题

1. 在各项持有现金的动机中，下列属于为了应付企业意外情况而持有现金的动机是（   ）。

  A. 预防动机　　　　　　　　　　　　B. 交易动机

C. 投机动机 D. 以上均不是

2. 企业利用5C评估法评估客户信用状况时首先要考虑的因素是（　　）。

A. 质量 B. 资本

C. 能力 D. 品质

3. 机会成本与现金持有量成（　　）关系。

A. 正比例 B. 反比例

C. 同比例增长 D. 无关

4. 企业将资金占用在应收账款上而放弃的投资于其他方面的收益，称为应收账款的（　　）。

A. 机会成本 B. 短缺成本

C. 管理成本 D. 坏账成本

5. 企业给客户提供现金折扣，主要是为了（　　）。

A. 增加销售 B. 减少坏账损失

C. 鼓励客户提前还款 D. 减少存货

6. 若某企业预测的年度赊销收入净额为900万元，应收账款周转期为30天，则该企业应收账款的平均余额为（　　）万元。

A. 40 B. 70

C. 75 D. 60

7. 某公司信用条件为"3/10，1/20，N/50"，预计有30%的客户选择3%的现金折扣优惠，40%的客户选择1%的现金折扣优惠，其余在信用期付款，则该公司的平均收现期为（　　）天。

A. 20 B. 22

C. 24 D. 26

8. 下列变动不会引起放弃现金折扣的信用成本率变动的是（　　）。

A. 现金折扣率降低 B. 折扣期延长

C. 信用期延长 D. 折扣期与信用期等量延长

9. 以下与存货有关的成本费用中，不影响经济订货批量的是（　　）。

A. 常设采购机构的基本开支 B. 采购员的差旅费

C. 存货占用资金应计利息 D. 存货的保险费

10. 采用ABC控制法进行存货管理时，应该重点控制的存货类别是（　　）。

A. 品种较多的存货 B. 数量较多的存货

C. 库存时间较长的存货 D. 单位价值最大的存货

二、多项选择题

1. 以下成本中属于现金管理成本分析模式需要考虑的是（　　）。

A. 机会成本 B. 管理成本

C. 短缺成本　　　　　　　　　D. 转换成本

2. 企业的信用条件包括（　　）。

A. 现金折扣　　　　　　　　　B. 折扣期限

C. 商业折扣　　　　　　　　　D. 信用期限

3. 经济订货批量模型需要考虑的成本有（　　）。

A. 订货成本　　　　　　　　　B. 储存成本

C. 购买成本　　　　　　　　　D. 短缺成本

4. 企业运用存货模型确定最佳现金持有量所依据的假设包括（　　）。

A. 预算期内现金需求总量可以预测

B. 现金支出过程比较稳定

C. 证券利率及转换成本可以知悉

D. 所需现金只能通过银行借款取得

5. 以下属于5C评估法的是（　　）。

A. 品德　　　　　　　　　　　B. 能力

C. 资本　　　　　　　　　　　D. 条件

三、判断题

1. 现金的短缺成本与现金持有量成反向变动关系。（　　）
2. 现金管理的存货模型不需要考虑机会成本。（　　）
3. 合理利用现金浮游量可以达到延期支付账款的目的。（　　）
4. 在 ABC 分析法中，催款的重点对象是 C 类客户。（　　）
5. 现金折扣是企业为了鼓励客户多买商品而给予的价格优惠，如果购买的数量越多，那么价格也就会越便宜。（　　）
6. 净营运资金等于流动资产减去流动负债。（　　）
7. 机会成本是指企业因持有现金而放弃投资收益的机会损失。（　　）
8. 现金管理的转换成本与现金持有量成反比例关系。（　　）
9. 应收账款的机会成本等于应收账款的平均余额乘以资金成本率。（　　）
10. 在5C评估法中，能力经常被视为评价顾客信用的首要因素。（　　）

四、计算分析题

1. 乙公司使用存货模型确定最佳现金持有量。根据有关资料分析，2×15 年该公司全年现金需求量为 8 100 万元，每次现金转换的成本为 0.2 万元，持有现金的机会成本率为 10%。

要求：

（1）计算最佳现金持有量；

（2）计算最佳现金持有量下的现金转换次数；

（3）计算最佳现金持有量下的现金转换成本；

（4）计算最佳现金持有量下持有现金的机会成本；
（5）计算最佳现金持有量下的相关总成本。

2. B 公司是一家制造类企业，产品的变动成本率为 60%，一直采用赊销方式销售产品，信用条件为"N/60"。如果继续采用"N/60"的信用条件，预计 2×17 年赊销收入为 1 000 万元，坏账损失为 20 万元，收账费用为 12 万元。为扩大产品的销售量，B 公司拟将信用条件变更为"N/90"。在其他条件不变的情况下，预计 2×17 年赊销收入为 1 100 万元，坏账损失为 25 万元，收账费用为 15 万元。假定等风险投资最低报酬率为 10%，一年按 360 天计算，所有客户均于信用期满付款。

要求：
（1）计算信用条件改变后 B 公司收益的增加额；
（2）计算信用条件改变后 B 公司应收账款成本增加额；
（3）为 B 公司做出是否应改变信用条件的决策并说明理由。

3. 某企业每年需耗用 A 材料 45 000 件，单位材料年储存成本为 20 元，平均每次订货费用为 180 元，A 材料全年平均单价为 240 元。假定不存在数量折扣，不会出现陆续到货和缺货的现象。

要求：
（1）计算 A 材料的经济订货批量；
（2）计算 A 材料年度最佳订货批次；
（3）计算 A 材料的相关订货成本；
（4）计算 A 材料的相关储存成本。

第八章

利润分配管理

学习目标

(1) 了解利润分配的内容和原则。
(2) 了解股票回购和分割对企业财务的影响。
(3) 理解股利的种类和股利发放程序。
(4) 掌握股利理论和股利政策类型。
(5) 掌握利润分配的程序。

第一节 利润分配概述

利润分配是企业按照国家有关法律、法规以及企业章程的规定，在兼顾股东与债权人等其他利益相关者的利益基础上，将实现的利润在企业与企业所有者之间、企业内部进行分配的活动。利润分配管理作为现代企业财务管理的重要内容，对于维护企业与各相关利益主体的财务关系、提升企业价值具有重要意义。对于企业来说，收入分配不仅是资产保值、保证简单再生产的手段，而且是资产增值、实现扩大再生产的工具，通过收入分配还可以满足国家政治职能与经济职能的需要。同时，它也是处理所有者、经营者等各方面物质利益关系的基本手段。

一、利润分配的内容

企业通过经营活动取得收入后，要按照补偿成本、缴纳所得税、提取公积金、向投资者分配利润等顺序进行分配。所以，利润分配的内容就是企业利润的构成及去向。

(一) 营业利润

营业利润是指企业在一定期间从事生产经营活动取得的利润,是企业利润中最基本、最重要的组成部分,其计算公式为

$$营业利润=营业收入-营业成本-税金及附加-销售费用-管理费用-财务费用-资产减值损失-信用减值损失±公允价值变动收益±投资收益±资产处置收益+其他收益$$

(二) 利润总额

利润总额是指企业在一定时期内通过生产经营活动所实现的最终财务成果,其计算公式为

$$利润总额=营业利润+营业外收入-营业外支出$$

(三) 净利润

净利润是一个企业经营的最终成果,是指企业当期利润总额减去所得税费用后的金额,即企业的税后利润,其计算公式为

$$净利润=利润总额-所得税费用$$

二、利润分配的原则

利润分配,是将企业实现的净利润按照国家财务制度规定的分配形式和分配顺序,在企业和投资者之间进行的分配。利润分配的过程与结果,是关系所有者的合法权益能否得到保护、企业能否长期稳定发展的重要问题。为此,企业必须加强利润分配的管理和核算。在利润分配过程中,应遵循以下五项原则:

(一) 依法分配原则

企业的利润分配必须依法进行。为了规范企业的收益分配行为,国家颁布了相关法规,这些法规规定了企业利润分配的基本要求、一般程序和重要比例,企业应当认真执行,不得违反。

(二) 资本保全原则

资本保全原则是计量企业经营成果所必须遵循的财务概念。根据这一原则,只有在所有者投入企业的资本不受侵犯的前提下才能确认利润,并据以进行利润分配。资本保全原则要求企业在进行利润分配时应首先保证资本的完整,不能因为利润分配的原因而减少企业的资本。

(三) 分配与积累并重原则

企业的利润分配必须坚持分配与积累并重的原则。对企业来说,可用于向投资者分配的利润是否全部分配,要视企业的经营情况而定,企业应在可用于向投资者分配的利润中适当留存一部分用于企业生产。

(四) 兼顾各方利益原则

企业的利润分配必须兼顾各方面的利益。企业是经济社会的基本单元，企业的利润分配直接关系到各方的切身利益。投资者作为资本投入者、企业的所有者，依法享有净利润的分配权。企业的债权人在向企业投入资金的同时也承担了一定的风险，企业的利润分配应当体现出对债权人利益的充分保护，不能伤害债权人的利益。另外，企业的员工是企业净利润的直接创造者，企业的利润分配应当考虑员工的长远利益。因此，企业在进行利润分配时应当统筹兼顾，维护各利益相关团体的合法权益。

(五) 投资与利润对等原则

企业的利润分配必须遵循投资与利润对等的原则，即企业进行利润分配应当体现谁投资谁收益、收益与投资比例相适应的原则。投资与收益对等原则是正确处理企业与投资者利益关系的关键。投资者因其投资行为而享有收益权，投资收益应同其投资比例对等。企业在向投资者分配利润时，应本着平等一致的原则，按照投资者投入资本的比例来进行分配，不允许发生任何一方随意多分多占的情况。这样才能从根本上实现利润分配中的公开、公平、公正，保护投资者的利益，提高投资者的积极性。

三、利润分配的程序

企业可供分配的利润表达式为

$$企业可供分配的利润 = 本年净利润 + 年初未分配利润$$

只有当可供分配的利润大于零时，才能进行分配。企业利润分配应按照下列顺序进行：

(一) 弥补以前年度亏损

企业在提取法定公积金之前，应先用当年利润弥补以前年度的亏损。企业年度亏损可以用下一年度的税前利润弥补，不足的，可以在 5 年之内用税前利润连续弥补，连续 5 年未弥补的亏损，则用税后利润弥补。自 2018 年 1 月 1 日起，当年具备高新技术企业或科技型中小企业资格（以下统称"资格"）的企业，其具备资格年度之前 5 个年度发生的尚未弥补完的亏损，准予结转以后年度弥补，最长结转年限由 5 年延长至 10 年。其中，税后利润弥补亏损可以用当年实现的净利润，也可以用盈余公积转入。

(二) 提取法定盈余公积金

根据《中华人民共和国公司法》可知，法定公积金的提取比例为当年税后利润（弥补亏损后）的 10%。当年法定公积金的累积额已达注册资本的 50% 时，可以不再提取。法定公积金提取后，根据企业的需要，可用于弥补亏损或转增资本，但企业用法定公积金转增资本后，法定公积金的余额不得低于转增前公司注册资本的 25%。提取法定公积金的主要目的是增加企业内部积累，以利于企业扩大再生产。

(三) 提取任意盈余公积金

根据《中华人民共和国公司法》可知，公司从税后利润中提取法定公积金后，经股东会或股东大会决议,还可以从税后利润中提取任意公积金。这是为了满足企业经营管理的需要,控制向投资者分配利润的水平,以及调整各年度利润分配的波动。

(四)向投资者分配利润

根据《中华人民共和国公司法》可知,公司弥补亏损和提取公积金后所余税后利润,可以向股东(投资者)分配。其中,有限责任公司股东按照实缴的出资比例分取红利,全体股东约定不按照出资比例分取红利的除外;股份有限公司按照股东持有的股份比例分配,但股份有限公司章程规定不按照持股比例分配的除外。

【例8-1】某公司(非高新技术或科技型中小企业)2×11年年初未分配利润37万元,2×11年发生亏损100万元,2×12年至2×16年间每年税前利润为10万元,2×17年税前利润为15万元,2×18年税前利润为40万元。所得税税率为20%,法定盈余公积金计提比例为10%。

要求:

(1)计算2×17年是否缴纳所得税,是否计提法定盈余公积金。

(2)计算2×18年可供投资者分配的利润。

解:

(1)2×17年年初未分配利润=37−100+10×5=−13(万元)。也就是说,2×17年年初企业还有13万元的亏损没有弥补,需要用以后年度税后利润弥补。

$$2×17 \text{ 年应交所得税} = 15×20\% = 3 \text{(万元)}$$

$$2×17 \text{ 年税后利润} = 15−3 = 12 \text{(万元)}$$

$$2×17 \text{ 年企业可供分配的利润} = 12−13 = −1 \text{(万元)}$$

2×17年年末企业仍有1万元的亏损没有弥补,所以不计提法定盈余公积金。

(2)2×18年税后利润=40×(1−20%)=32(万元)

先弥补2×17年年末的亏损。

可供分配的利润为32−1=31(万元)

计提法定盈余公积金=31×10%=3.1(万元)

可供分配的利润=31−3.1=27.9(万元)

第二节 股利的种类和发放程序

根据我国《上市公司的信息披露管理办法》,我国的上市公司必须在每个会计年度结束的4个月内公布年度财务报告,且在年度报告中要公布利润分配预案,所以上市公司的分红派息工作一般都集中在次年的二、三季度进行。

一、股利的种类

按照股份有限公司对其股东支付股利的不同方式,股利支付形式可以分为不同的类型。

常见的类型有现金股利、股票股利、财产股利和负债股利。财产股利和负债股利应用较少。

（一）现金股利

现金股利是上市公司以货币形式支付给股东的股息红利，也是最普通、最常见的股利形式。我们常说每股派息多少元，就是指现金股利。上市公司发放现金股利主要出于三个原因，即投资者偏好、减少代理成本和传递公司的未来信息。

（二）股票股利

股票股利是公司以增发股票的方式所支付的股利，也就是通常所说的送红股。股票股利并不直接增加股东的财富，不导致公司资产的流出或负债的增加，因而不是公司资金的使用，同时也并不增加公司的财产，但会引起所有者权益各项目的结构发生变化。

公司发放股票股利虽然不直接增加股东的财富，也不增加公司的价值，但对股东和公司都有特殊意义。

对股东来讲，派发股票股利后，理论上每股市价会成比例下降。在股票市场上，投资者认为发放股票股利预示着公司会有较大的发展，这样的信号传递会稳定投资者的心理，进而稳定股价，股东可以获得股价上升的好处。

对公司来讲，发放股票股利不需要向股东支付现金，在再投资机会较多的情况下，公司就可以为再投资提供成本较低的资金，有助于公司的发展。

（三）财产股利

财产股利是以除现金以外的其他资产支付的股利，主要是以公司所拥有的其他公司的有价证券（如公司债券、公司股票等）作为股利发放给股东。

（四）负债股利

负债股利是以负债方式支付的股利，通常用公司的应付票据支付给股东，有时也用发行公司债券的方式支付股利。

财产股利和负债股利实际上是现金股利的替代，这两种股利方式目前在我国公司实务中使用较少，但并未被法律禁止。

二、股利发放程序

（一）股利宣告日

上市公司分派股利时，首先要由公司董事会制定分红预案，包括本次分红的数量与方式、股东大会召开的时间、地点及表决方式等。这些内容由公司董事会向社会公开发布，董事会将股利支付情况予以公告的日期即为股利宣告日。

（二）股权登记日

股权登记日是由公司在宣布分红方案时确定的一个具体日期。凡是在此指定日期收盘之前取得了公司股票，成为公司在册股东的投资者都可以作为股东享受公司发放的股利；在此日之后取得股票的股东则无权享受已宣布发放的股利。

（三）除息除权日

除息除权日简称除息日，在除息日，股票的所有权和领取股息的权利分离，股利权利不再从属于股票，所以在这一天购入公司股票的投资者不能享有已宣布发放的股利。另外，由于失去了附息的权利，除息日的股价会下跌，下跌的幅度约等于分派的股息。

（四）股利发放日

在股利发放日（股利支付日），公司按公布的分红方案向股权登记日在册的股东实际支付股利。

【例8-2】 某公司202×年4月15日公布上年度的分红方案："本公司董事会在202×年4月15日的会议上决定，本年度发放每股为0.3元的股利；本公司将于202×年5月10日至15日将上述股利支付给本公司的股东，股权登记日为202×年4月25日。"则该公司的股利宣告日、股权登记日、除息日和股利发放日分别是什么时候？

解：股利宣告日为202×年4月15日；股权登记日为202×年4月25日；除息日为202×年4月26日；股利发放日为202×年5月10日至15日。

第三节 股利理论与股利分配政策

企业的股利分配方案既取决于企业的股利分配政策，又取决于决策者对股利分配的理解与认识，即股利理论。股利理论是指人们对股利分配的客观规律的科学认识与总结，其核心问题是股利政策与公司价值的关系问题。

一、股利理论

公司在进行利润分配过程中常常面临几个重要问题：公司发放股利是否会影响公司价值？股东态度如何？公司又应当支付多少股利？学者们对这些问题进行了大量的研究，从不同的角度提出了许多观点，从而形成了不同的股利理论。股利理论就是研究股利分配与公司价值、股票价格之间的关系，探讨公司应当如何制定股利政策的基本理论。根据对以上关系的认识，股利理论分为两大派别，即股利无关理论和股利相关理论。

（一）股利无关理论

股利无关理论认为，在完美的资本市场条件下，如果公司的投资决策和资本结构保持不变，那么公司价值取决于公司投资项目的盈利能力和风险水平，而与股利政策不相关。也就是说，投资者不关心公司股利的分配，公司的市场价值是由公司所选择的投资决策的获利能力和风险组合所决定的，与公司的利润分配无关。

由于公司对股东的分红只能采取派现和股票回购等方式，因此，在完全有效的资本市场上，股利政策的改变就仅仅意味着股东的收益在现金股利与资本利得之间分配上的变化。如果投资者按理性行事的话，这种改变不会影响公司的市场价值及股东的财富。该理论的假设条件包括：第一，市场具有强式效率，没有交易成本，没有任何一个股东的实力足以影响股票价格；第二，不存在任何公司或个人所得税；第三，不存在任何筹资费用；第四，公司的投资决策与股利决策彼此独立，即投资决策不受股利分配的影响；第五，股东在股利收入和资本增值之间并无偏好。

（二）股利相关理论

在现实生活中，完美资本市场的条件通常无法满足。如果放开这些假设条件，公司价值和股票价格都会受到股利政策的影响，这就形成了各种股利相关理论。股利相关理论认为，在现实的市场环境下，公司的利润分配会影响公司价值和股票价格，因此，公司价值与股利政策相关。其代表性观点主要有："一鸟在手"理论、信号传递理论、税收差别理论和代理理论。

1. "一鸟在手"理论

股东的投资收益来自当期股利和资本利得两个方面，利润分配的核心问题是在当期股利收益与未来预期资本利得之间进行权衡。"一鸟在手"理论认为，由于公司未来的经营活动存在诸多不确定性因素，用留存收益再投资给投资者带来的资本利得收益具有较大的不确定性，并且投资的风险随着时间的推移会进一步加大，而当前的现金股利是有把握的报酬，风险较小，好比"在手之鸟"；未来的股利和出售股票的资本利得是不确定的报酬，风险较大，好比"林中之鸟"。"双鸟在林不如一鸟在手"，较高的股利支付率可以消除投资者心中对公司未来盈利风险的担忧，投资者所要求的必要报酬率也会降低，因而公司价值和股票价格都会上升；相反，较低的股利支付率则会使公司价值和股票价格下降。因此，厌恶风险的投资者会偏好确定的股利收益，而不愿将收益留存在公司内部去承担未来的投资风险。

以上观点说明，股利政策会对公司价值和股票价格产生影响，而"一鸟在手"理论强调的是为了实现股东价值最大化目标，企业应实行高股利分配率的股利政策。

2. 信号传递理论

股利无关理论假设资本市场信息完全对称，但在现实中，投资者与公司管理层之间往往存在信息不对称的情况。信号传递理论认为，在信息不对称的情况下，公司可以通过股利政策向市场传递有关公司未来获利能力的信息，从而影响公司的股价。一般来讲，预期未来获利能力强的公司往往愿意通过相对较高的股利支付水平把自己同预期获利能力差的公司区别开来，以吸引更多的投资者。对于市场上的投资者来讲，股利政策的差异或许是反映公司预期获利能力的有价值的信号。如果公司连续保持较为稳定的股利支付水平，那么，投资者就可能对公司未来的盈利能力与现金流量抱有乐观的预期，从而购买股票，引起股票价格上涨。另外，如果公司的股利支付水平在过去一个较长的时期内相对稳定，而现在突然降低，就等于向市场传递了利空信息，投资者会做出悲观判断，从而抛售股票，导致股票价格下跌。

根据信号传递理论，稳定的股利政策向外界传递了公司经营状况稳定的信息，有利于公司股票价格的稳定。因此，公司在制定股利政策时，应当考虑市场的反应，避免传递易被投资者误解的信息。

3. 税收差别理论

股利无关理论中的一个重要假设是现金股利和资本利得没有所得税的差异。实际上，二者的所得税税率经常是不同的。一般而言，股利收入的所得税税率高于资本利得的所得税税率。由于不对称税率的存在，因此股利政策会影响公司价值和股票价格。

税收差别理论认为，股利收入的所得税税率通常高于资本利得的所得税税率，这种差异会对股东财富产生不同影响。出于避税的考虑，投资者更偏爱低股利支付率政策，实行较低的股利支付率政策可以为股东带来税收利益，有利于增加股东财富，促进股票价格上涨，而高股利支付率政策将导致股票价格下跌。除了税率差异外，股利收入和资本利得的纳税时间也不同：股利收入在收到股利时纳税，而资本利得只有在出售股票获取收益时才纳税。这样，资本利得的所得税是延迟到将来才缴纳，股东可以获得资金时间价值的好处。所以，对于那些希望定期获得现金股利和享受较低税率的投资者而言，高现金股利仍然是较好的选择。

上述情况也不是一直成立的，如当存在较高的股票交易成本时，甚至当资本利得税与交易成本之和大于股利收益税时，投资者就会偏向于企业采用高股利支付率的政策。该理论并未明确提出应采用高现金股利还是低现金股利政策，只是强调在资本利得和股利收益之间进行权衡。

4. 代理理论

股利分配作为公司一种重要的财务活动，会受到各种委托—代理关系的影响。代理理论认为，公司分派现金股利可以有效地降低代理成本，提高公司价值，因此，在股利政策的选择上，主要应考虑股利政策如何降低代理成本。

代理成本

首先是股利政策有助于减缓管理者与股东之间的代理冲突，即股利政策是协调股东与管理者之间代理关系的一种约束机制。该理论认为，股利的支付能够有效地降低代理成本。一方面，股利的支付减少了管理者对自由现金流量的支配权，这在一定程度上可以抑制公司管理者的过度投资或在职消费行为，从而保护外部投资者的利益；另一方面，较多的现金股利发放减少了内部融资，导致公司进入资本市场寻求外部融资，从而使公司接受资本市场上更多、更严格的监督，这样便通过资本市场的监督减少了代理成本。因此，高水平的股利政策降低了企业的代理成本，但同时增加了外部融资成本，理想的股利政策应当使两种成本之和最小。

其次是股东与债权人之间的代理问题。由于股东拥有公司控制权，而债权人一般不能干涉公司经营活动，股东可能会利用其控制权损害债权人利益，如提高现金股利、减少公司现金持有量，从而增加债权人风险。债权人为了降低风险，也会在借款合同中规定限制条款或者要求公司对债务提供担保。这种代理问题会影响到公司的股利政策，股东和债权人之间会在债务合同中达成一个双方都能接受的股利支付水平。

最后是控股股东与中小股东之间的代理问题。一般情况下，控股股东会利用其持股比例的优势控制公司董事会和管理层，而中小股东在公司的权利常被忽视。代理理论认为，通过提高现金股利可以减少控股股东可支配的资本，降低其对公司利益的损害，从而保护中小股东的利益。

由此可见，代理理论主要主张高股利支付率政策，认为提高股利支付水平可以降低代理成本，有利于提高价值。但是，这种高股利支付率政策也会带来外部筹资成本增加和股东税负增加的问题。所以，在实践中，需要在降低代理成本与增加筹资成本和税负之间权衡，以制定出最符合股东利益的股利政策。

二、股利政策类型

目前，常见的股利政策主要有以下几种类型：

（一）剩余股利政策

1. 剩余股利政策的含义

剩余股利政策是指公司在有良好的投资机会时，根据一定的目标资本结构（最佳资本结构）测算出投资所需的权益资本，先从盈余中留用，然后将剩余的盈余作为股利予以分配的政策。剩余股利政策的理论依据是股利无关理论。根据股利无关理论，在完全理想的资本市场中，公司的股利政策与普通股每股市价无关，故而股利政策只需随着公司投资、融资方案的制定而自然确定。剩余股利政策的基本程序如下：

（1）确定企业的目标资本结构，以使在此结构下的综合资金成本最低。

（2）确定最佳资本结构下投资项目所需要的权益资本数额。

（3）最大限度地使用公司留存收益来满足投资方案所需的权益资本。

（4）投资方案所需权益资本已经满足后，若有剩余盈余，再将其作为股利发放给股东。

【例8-3】 某公司202×年净利润为1 000万元，下年计划投资支出1 400万元。假设该公司的最佳资本结构为40%的负债和60%的权益资本，该公司拟采取剩余股利政策，则该公司的股利发放额和股利支付率分别为多少？

解：根据最佳资本结构的要求，下年公司需权益资本数额为

$$1\ 400 \times 60\% = 840\ （万元）$$

净利润1 000万元，首先满足下年所需权益资本，剩余160万元可以作为股利发放，股利支付率为

$$\frac{160}{1\ 000} = 16\%$$

2. 剩余股利政策的优点

留存收益优先满足再投资的权益资金需要，有助于降低再投资的资金成本，保持最佳资本结构，实现企业价值的长期最大化。

3. 剩余股利政策的缺点

（1）若完全遵照执行剩余股利政策，股利发放额就会每年随着投资机会和盈利水平的波动而波动。

（2）在盈利水平不变的前提下，股利发放额与投资机会的多寡呈反方向变动；而在投资机会维持不变的情况下，股利发放额将与公司盈利呈同方向波动。

剩余股利政策不利于投资者安排收入与支出，也不利于公司树立良好的形象，一般适用于公司初创阶段。

（二）固定或稳定增长的股利政策

1. 固定或稳定增长的股利政策的含义

固定或稳定增长的股利政策是指公司将每年发放的股利固定下来，并使其在较长时间内保持不变，只有当公司确信未来收益能够维持在更高水平时才宣布增加股利的政策。其基本特点是，无论经济情况与企业经营如何，都不降低股利的发放额，每年的股利支付额均稳定在某一特定水平。只有当确信未来利润将显著且不可逆转地提高时，才会增加每年度的股利发放额，如图 8-1 中的虚线所示。

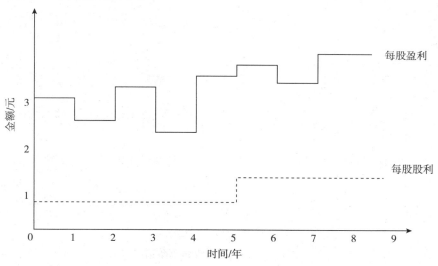

图 8-1　固定或稳定增长的股利政策

通常，固定或稳定增长的股利政策适用于盈利稳定或处于成长期的企业。

2. 固定或稳定增长的股利政策的优点

（1）稳定的股利向市场传递公司正常发展的信息，有利于树立公司良好的形象，增强投资者对公司的信心，稳定股票的价格。

（2）稳定的股利有利于投资者安排股利收入和支出。

（3）固定或稳定增长的股利政策可能会不符合剩余股利理论，但为了将股利维持在稳定的水平上，即使推迟某些投资方案或暂时偏离目标资本结构，也可能要比降低股利或降低股利增长率更为有利。

3. 固定或稳定增长的股利政策的缺点

（1）股利支付与盈余脱节。即便盈余较低，也要支付固定的股利，这可能会导致资金短缺，财务状况恶化。

（2）不能像剩余股利政策那样保持较低的资本成本。

（三）固定股利支付率政策

1. 固定股利支付率政策的含义

固定股利支付率政策是指公司将每年净利润的某一固定百分比作为股利分派给股东，这一百分比通常称为股利支付率。股利支付率一经确定，一般不得随意变更。在这一股利政策下，只要公司的税后利润计算确定，所派发的股利也就确定了。由于公司每年面临的投资机会、筹资渠道都不同，各年股利额会随着公司经营的好坏而上下波动，获得盈余多的年份股利高，获得盈余少的年份股利就低，如图8-2中的虚线所示。

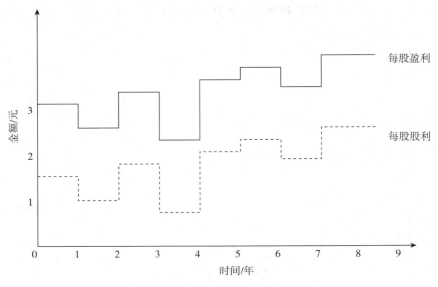

图8-2 固定股利支付率政策

由于该股利政策的股利支付水平不稳定，所以，一成不变地奉行固定股利支付率政策的公司在实际中并不多见，固定股利支付率政策只是较适用于那些处于稳定发展且财务状况也较稳定的公司。

2. 固定股利支付率政策的优点

（1）采用固定股利支付率政策，股利与公司盈余紧密地配合，体现了多盈多分、少盈少分、无盈不分的股利分配原则。

（2）由于公司的获利能力在年度间是经常变动的，因此，每年的股利也随着公司收益的变动而变动。采用固定股利支付率政策，公司每年按固定的比例从税后利润中支付现金股利，从企业支付能力的角度看，这是一种稳定的股利政策。

3. 固定股利支付率政策的缺点

（1）大多数公司每年的收益很难保持稳定，导致年度间的股利额波动较大。由于股利的信号传递作用，波动的股利很容易给投资者带来公司经营状况不稳定、投资风险较大的不良印象，成为影响股价的不利因素。

（2）容易使公司面临较大的财务压力。这是因为公司实现的盈利多，并不能代表公司有足够的现金流用来支付较多的股利额。

（3）合适的固定股利支付率的确定难度比较大。

（四）低正常股利加额外股利政策

1. 低正常股利加额外股利政策的含义

低正常股利加额外股利政策是指公司在一般情况下每年只支付较低的固定数额的股利，在盈余增长较多的年度再根据实际情况向股东分派额外股利的政策。但额外股利并不固定，不意味着公司永久地提高了规定的股利率，如图 8-3 中中间的虚线所示。

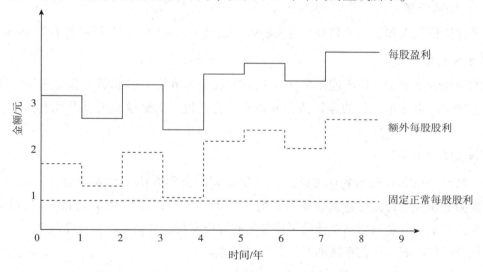

图 8-3 低正常股利加额外股利政策

低正常股利加额外股利政策是介于固定股利政策和固定股利支付率政策之间的一种股利政策。在一般情况下，公司每年发放的是固定的、数额较低的股利，如果公司的业绩好，除了按期支付给股东固定的股利外，还要附加额外的股利。该股利政策适用于盈利与现金流量较为波动的企业，通常被大多数企业采用。

2. 低正常股利加额外股利政策的优点

（1）赋予公司较大的灵活性，使公司在股利发放上留有余地，并具有较大的财务弹性。公司可根据每年的具体情况，选择不同的股利发放水平，以稳定和提高股价，进而实现公司价值的最大化。

（2）使那些依靠股利度日的股东每年至少可以得到虽然较低但比较稳定的股利收入，从而吸引住这部分股东。

3. 低正常股利加额外股利政策的缺点

（1）由于各年度之间公司盈利的波动使得额外股利不断变化，造成分派的股利不同，容易给投资者造成收益不稳定的感觉。

（2）当公司在较长时间持续发放额外股利后，可能会被股东误认为是"正常股利"，一旦取消，传递出的信号可能会使股东认为这是公司财务状况恶化的表现，进而导致股价下跌。

相对来说，对那些盈利随着经济周期而波动较大的公司或者盈利与现金流量很不稳定的公司来说，低正常股利加额外股利政策也许是一种不错的选择。

三、影响股利政策的因素

股利分配涉及企业各方面的利益，受多方面因素的影响，主要包括以下四个方面：

（一）法律因素

为了保护债权人和股东的利益，有关法律、法规对公司的利润分配经常有如下约束：

1. 资本保全约束

资本保全约束规定公司不能用资本（包括实收资本和资本公积等）发放股利。股利的支付不能减少法定资本，目的是维持企业资本的完整性，保障债权人及其他利益相关者的利益。

2. 企业积累约束

为了制约公司支付股利的任意性，公司税后利润必须先按10%提取法定盈余公积金。只有当盈余公积金累计额已达到注册资本的50%时，才可以不再提取。此外，还鼓励公司提取任意公积金。股利只能从企业的可供分配利润中支付，公司年度累计净利润为正数时才形成可供分配的利润，以前年度的亏损必须足额弥补。

3. 偿债能力约束

基于对债权人利益的保护，如果一个公司已经无力偿付负债或股利支付，会导致公司失去偿债能力，从而不能支付股利。

（二）公司因素

公司的经营情况与经营能力影响其股利政策。

1. 现金流量

现金流量对公司非常重要，是公司顺利开展经营活动、提高公司获利能力的重要保证。在一般情况下，公司的盈利与现金流量并不完全同步，有时公司的利润增加了，但公司并不一定拥有可供分配的现金流量。公司在进行利润分配的时候，首先要满足公司正常的生产经营活动对现金流量的需求，再按照利润的分配顺序分配利润。

2. 筹资能力

筹资能力是影响公司股利政策的一个重要因素。公司在分配现金股利时，应当根据自身的筹资能力来确定股利支付水平。如果公司筹资能力较强，能够较容易地在资本市场上筹集到资本，就可以采取比较宽松的股利政策，适当提高股利支付水平；如果筹资能力较弱，就应当采取比较紧缩的股利政策，少发放现金股利，增加留用利润。

3. 盈利状况

公司是自主经营、自负盈亏、独立核算的经济实体，如果公司不盈利，则会导致经营困难甚至倒闭破产。公司利润的分配很大程度上取决于其盈利状况，公司的盈利能力越强，则股利的支付能力也就越好；公司的盈利能力越差，则公司的股利支付能力也越差。

4. 投资机会

公司的投资机会与未来的盈利直接相关，良好的投资机会能给公司带来发展的机遇。当然，如果公司的投资机会多，需要的资金数量大，给公司带来的财务压力也大，公司可以采取低股利支付水平的分配政策；反之，如果公司的投资机会少，对资金的需求量小，公司可以采取高股利的分配政策，以稳定现有的投资者，吸引更多的投资者。如果公司将留存收益用于再投资所得的报酬低于股东个人单独将股利收入投资于其他投资机会所得的报酬，公司的留存收益不宜过多，而应该向股东多发放股利，提高股东的收益。

5. 资本成本

资本成本是公司筹集和使用资本的代价。与发行新股或举借债务相比，保留盈余不需要花费筹资费用，是一种比较经济的筹资渠道。因此，从资本成本角度考虑，如果公司有扩大资金的需要，应当采取低股利政策。

6. 生命周期

企业的生命周期分为创业期、成长期、成熟期和衰退期。创业期的企业往往尚未盈利或盈利很少，同时需要大量的资金用于产品生产、开拓市场，因此一般不发放现金股利。成长期的企业通过一段时间的经营发展后盈利逐步增加，但仍处于扩张阶段，资本性支出往往较大，一般不会有较大的资金结余，因此一般不发放现金股利或采用低股利支付率政策。成熟期的企业盈利能力比较强，盈利水平相对稳定，一般会增加现金股利的分配。衰退期的企业通常销售收入减少，经营业绩下降，经营活动产生的现金流量下降，企业所获取的利润降低甚至开始亏损，可能会采用特殊的股利政策。

（三）股东因素

公司的股利政策是由代表股东利益的董事会提出，最终由股东大会决定的。因此，股东从自身经济利益需要出发，对公司的股利分配往往会产生较大影响。

1. 追求稳定的收入

许多股东进行投资是希望从公司获取稳定的收益，因此要求公司能够支付较稳定的股利，让公司的留存收益尽量减少。公司增加留存收益引起股价上涨而获得资本利得是有较大风险的，因此现在分配给股东比未来获取资本利得的风险小一些，即使是现在较少的收益，也强于未来不确定的较高的收益。

2. 股权控制权的要求

公司支付较高的股利往往会导致公司的留存收益减少，这意味着将来当公司需要较多资金时，发行新股的可能性会大大增加。而发行新股必然牺牲公司的控制权，这是拥有公司控制权的股东不愿看到的局面。因此，大多数控股股东会倾向于现有的较低的股利支付水平。

3. 规避所得税

股利政策必须考虑股东的所得税负担。多数国家的股利所得税税率都高于资本利得所得税税率。在我国，现金股利收入的税率是20%，如果是个人投资者从上海、深圳交易所的上市公司取得的股利收入，将按50%征收个税，即税率是10%，但股票交易尚未征收资本利得税。因此，低股利支付政策可以给股东带来更多的资本利得收入，达到避税的目的。

（四）其他因素

除了上述因素以外，还有如下因素也会影响公司的股利政策选择：

1. 债务合同约束

一般来说，公司的股利支付水平越高，留存收益越少，企业面临破产的风险就越大，最终损害的是债权人的利益。因此，债权人为了保护自身的利益不受侵害，往往会在债务契约、租赁合同中加入借款公司股利政策的限制性条款，以保障自身的合法权益。

2. 股利政策的惯性

一般来说，股利政策的重大调整会成为投资者的不稳定因素，让投资者改变投资企业，可能导致股价下跌。此外，股利收入是一部分股东生产和消费资本的来源，多数投资者不愿意持有股利变动幅度较大的股票。因此，股利政策要保持一定的连续性和稳定性。

3. 通货膨胀的影响

通货膨胀是流通中的货币数量超过经济实际需要量而引起的货币贬值，表现为物价全面而持续上涨。通货膨胀使公司资本的购买力下降，维持现有的经营规模需不断地追加投入，因此，公司需要将较多的税后利润用于内部积累。在通货膨胀时期，公司股利政策往往偏紧。

第四节　股票分割与股票回购

一、股票分割

（一）股票分割的概念

股票分割，又称为拆股，即将一股股票拆分成多股股票的行为。股票分割一般只会增加发行在外的股票总数,但不会对公司的资本结构产生任何影响。股票分割与股票股利非常相似,都是在不增加股东权益的情况下增加了股份的数量;不同的是,股票股利虽不会引起股东权益总额的改变,但股东权益的内部结构会发生变化,而股票分割之后,股东权益总额及其内部结构都不会发生任何变化,变化的只是股票面值。

【例8-4】某上市公司202×年年末资产负债表上的股东权益如表8-1所示。

表8-1　202×年年末股东权益　　　　　　　　　　　　　　　　万元

股本（面值10元,200万股）	2 000
资本公积	1 000
盈余公积	500
未分配利润	800
股东权益合计	4 300

要求:

(1) 假设股票市价为20元,该公司宣布发放10%的股票股利,即现有股东每持有10股可获赠1股普通股。发放股票股利后,股东权益有何变化?

(2) 假设该公司按照1:2的比例分割股票,股东权益有何变化?每股净资产是多少?

解:

(1) 发放股票股利后的股东权益如表8-2所示。

表8-2　发放股票股利后的股东权益　　　　　　　　　　　　　　万元

股本（面值10元,220万股）	2 200
资本公积	1 000
盈余公积	500
未分配利润	600
股东权益合计	4 300

(2) 股票分割后的股东权益如表8-3所示。

表8-3　股票分割后的股东权益　　　　　　　　　　　　　　　　万元

普通股（面值5元,400万股）	2 000
资本公积	1 000
盈余公积	500
未分配利润	800
股东权益合计	4 300

(二) 股票分割的作用

1. 降低股票价格

股票分割会使每股市价降低、买卖该股票所需资金量减少,从而可以促进股票的流通和交易。流通性的提高和股东数量的增加，会在一定程度上加大对公司股票恶意收购的难度。此外，降低股票价格还可以为公司发行新股做准备，因为股价太高会使许多潜在投资者力不从心，从而不敢轻易对公司股票进行投资。

2. 传递发展良好信号

股票分割往往是成长中公司的行为，所以宣布股票分割后容易给人一种公司正处于发展之中的印象，可以向市场和投资者传递公司发展前景良好的信号，有助于提高投资者对公司股票的信心，从而在短时间内提高股价。

从经济的角度来看，股票分割和股票股利没有什么区别。但一般来说，只有在公司股价暴涨而且预期难以下降时，才会采用股票分割的办法降低股价；而在公司股价上涨幅度不大时，往往通过发放股票股利将股价维持在理想范围之内。当然，一些公司认为自己股票的价格过低，为了提高股价，会采取反分割（股票合并）的措施，即将数股面额较低的股票合并为一股面额较高的股票。

二、股票回购

（一）股票回购的含义及方式

股票回购是指上市公司出资将其发行在外的普通股以一定价格购买回来予以注销或作为库存股的一种资本运作方式。由《中华人民共和国公司法》可知，公司有下列情形之一的，可以收购本公司股份：

（1）减少公司注册资本。

（2）与持有本公司股份的其他公司合并。

（3）将股份用于员工持股计划或者股权激励。

（4）股东因对股东大会作出的公司合并、分立决议持异议，要求公司收购其股份。

（5）将股份用于转换上市公司发行的可转换为股票的公司债券。

（6）上市公司为维护公司价值及股东权益所必需。

属于"减少公司注册资本"收购本公司股份的，应当自收购之日起10日内注销；属于"与持有本公司股份的其他公司合并"和"股东因对股东大会作出的公司合并、分立决议持异议，要求公司收购其股份"的，应当在6个月内转让或者注销；属于其余三种情形的，公司合计持有的本公司股份数不得超过本公司已发行股份总额的10%，并应当在3年内转让或者注销。

上市公司将"股份用于员工持股计划或者股权激励""将股份用于转换上市公司发行的可转换为股票的公司债券"以及"上市公司为维护公司价值及股东权益所必需"这三种情形收购本公司股票的，应当通过公开的集中交易方式进行。上市公司以现金为对价，采取要约、集中竞价方式回购股份的，视同上市公司现金分红，纳入现金分红的相关比例计算。

（二）股票回购的动机

在证券市场上，股票回购的动机多种多样，主要有以下四点：

1. 现金股利的替代

现金股利政策会对公司产生未来的派现压力，而股票回购不会。当公司有富余资金时，通过购回股东所持股票的方式将现金分配给股东，这样股东就可以根据自己的需要选择继续持有股票或出售以获得现金。

2. 改变公司的资本结构

无论是现金回购还是举债回购股份，都会提高公司的财务杠杆水平，改变公司的资本结构。公司认为权益资本在资本结构中所占比例较大时，为了调整资本结构而进行股票回购，可以在一定程度上降低整体资本成本。

3. 传递公司信息

由于信息不对称和预期差异，证券市场上的公司股票价格可能会被低估，而过低的股价会对公司产生负面影响。一般情况下，投资者会认为股票回购是公司认为其股票价值被低估而采取的应对措施。

4. 基于控制权的考虑

控股股东为了保证其控制权不被改变，往往采取直接或间接的方式回购股票，从而巩固既有的控制权。另外，股票回购使流通在外的股份数变少，股价上升，从而可以有效地防止恶意收购。

（三）股票回购的影响

股票回购对上市公司的影响主要表现在以下五个方面：

（1）符合股票回购条件的多渠道回购方式允许公司选择适当时机回购本公司股票，将进一步提升公司调整股权结构和管理风险的能力，提高公司整体质量和投资价值。

（2）因实施持股计划和股权激励的股票回购，可形成资本所有者和劳动者的利益共同体，有助于提高投资者回报能力；将股份用于转换上市公司发行的可转换为股票的公司债券实施的股票回购，也有助于拓展公司融资渠道，改善公司的资本结构。

（3）当市场不理性、公司股价严重低于股票内在价值时，为了避免投资者遭受损失，适时进行股票回购、减少股票供应量，有助于稳定股价、增强投资者的信心。

（4）股票回购若用大量资金支付回购成本，一方面，容易造成资金紧张，降低资产流动性，影响公司的后续发展；另一方面，在公司没有合适的投资项目又持有大量现金的情况下回购股票，也能更好地发挥货币资金的作用。

（5）上市公司通过履行信息披露义务和公开的集中交易方式进行股票回购，有利于防止操纵市场、内幕交易等利益输送行为。

习 题

一、单项选择题

1. 企业利润分配应当遵循的原则不包括（　　）。
   A. 投资与收益对等原则　　　　　　B. 投资优先原则
   C. 兼顾各方利益原则　　　　　　　D. 积累与分配并重原则

2. 如果上市公司以其应付票据作为股利支付给股东，则这种股利支付方式称为（　　）。
   A. 现金股利　　　　　　　　　　　B. 股票股利
   C. 财产股利　　　　　　　　　　　D. 负债股利

3. 在（　　），股票价格会下降。
   A. 股利登记日　　　　　　　　　　B. 除息日
   C. 股利宣告日　　　　　　　　　　D. 股利发放日

4. 下列选项中，不属于发放股票股利产生的结果的是（　　）。
   A. 引起每股盈余下降　　　　　　　B. 使公司留存大量现金
   C. 使股东权益各项目的比例发生变化　D. 使股东权益总额发生变化

5. 企业采取剩余股利政策的根本理由是（　　）。
   A. 最大限度地用收益满足筹资的需要　B. 向市场传递企业不断发展的信息
   C. 使企业保持理想的资本结构　　　　D. 使企业在资金使用上有较大的灵活性

6. 剩余股利政策的优点是（　　）。
   A. 有利于树立企业良好的形象　　　B. 有利于投资者安排收支
   C. 有利于实现企业价值长期最大化　D. 体现了投资风险与收益的对等

7. 企业采用固定股利支付率政策发放股利的好处主要表现在（　　）。
   A. 降低资本成本　　　　　　　　　B. 实现资本保全
   C. 提高支付能力　　　　　　　　　D. 有利于树立企业良好的形象

8. 某公司近年来经营业务不断拓展，目前处于成长阶段，预计现有的生产经营能力能够满足未来10年稳定增长的需要，最适宜该公司的股利政策是（　　）。
   A. 剩余股利政策　　　　　　　　　B. 固定或稳定增长的股利政策
   C. 固定股利支付率政策　　　　　　D. 低正常股利加额外股利政策

9. （　　）适用于经营比较稳定或处于成长期的公司。
   A. 剩余股利政策　　　　　　　　　B. 固定或稳定增长的股利政策
   C. 固定股利支付率政策　　　　　　D. 低正常股利加额外股利政策

10. （　　）既可以在一定程度上维持股利的稳定性，又有利于企业达到目标资本结构，使灵活性与稳定性较好地结合。
    A. 剩余股利政策　　　　　　　　　B. 固定或稳定增长的股利政策
    C. 固定股利支付率政策　　　　　　D. 低正常股利加额外股利政策

11. 下列股利政策中，有利于稳定股票价格与树立公司良好形象，但股利的支付与公司盈利相脱节的股利政策是（　　）。

A. 剩余股利政策　　　　　　　　　B. 固定或稳定增长的股利政策

C. 固定股利支付率政策　　　　　　D. 低正常股利加额外股利政策

12. 下列各项中，不属于确定利润分配政策的公司因素是（　　）。

A. 举债能力　　　　　　　　　　　B. 偿债能力

C. 未来投资机会　　　　　　　　　D. 盈余稳定状况

13. 下列属于股票回购动机的是（　　）。

A. 改变企业的资本结构　　　　　　B. 与控制权无关

C. 降低股价，吸引更多的投资者　　D. 股票股利的替代

14. 股票回购的负面效应不包括（　　）。

A. 造成资金短缺　　　　　　　　　B. 发起人忽视公司的长远发展

C. 导致内部操纵股价　　　　　　　D. 降低公司的股票价值

二、多项选择题

1. 收益分配的基本原则有（　　）。

A. 投资与收益对等原则　　　　　　B. 依法分配原则

C. 兼顾各方利益原则　　　　　　　D. 积累与分配并重原则

2. 股利的主要类型有（　　）。

A. 现金股利　　　　　　　　　　　B. 股票股利

C. 财产股利　　　　　　　　　　　D. 负债股利

3. 发放股票股利的优点主要有（　　）。

A. 企业发放股票股利可免付现金

B. 因股票的变现能力强，易流通，所以易被股东接受

C. 可传递公司未来经营绩效的信号，增强投资者对公司未来发展的信心

D. 便于今后配股融通更多的资金和刺激股价

4. 公司进行股票分割会产生的影响有（　　）。

A. 使每股市价上升　　　　　　　　B. 使每股市价下降

C. 使发行在外的股数增加　　　　　D. 使每股盈余增加

5. 下列各项中，会导致企业采取低股利政策的有（　　）。

A. 企业的盈余不稳定　　　　　　　B. 物价持续上升

C. 金融市场利率走势下降　　　　　D. 企业资产的流动性较弱

6. 股票股利和股票分割的共同点有（　　）。

A. 有利于促进股票流通和交易　　　B. 每股收益下降

C. 普通股股数增加　　　　　　　　D. 股东权益总额减少

7. 发放股票股利会引起（　　）。

A. 所有者权益总额发生变化　　　　　B. 所有者权益结构发生变化
C. 每股市价下降　　　　　　　　　　D. 股东的市场价值总额发生变化

8. 企业采用固定股利支付率政策的优点在于（　　）。
A. 使投资收益与投资风险相对应　　　B. 有利于稳定股价
C. 有利于投资者安排收入和支出　　　D. 有利于增强投资者的信心

9. 剩余股利政策的缺点在于（　　）。
A. 不利于投资者安排收入与支出　　　B. 不利于公司树立良好的形象
C. 公司财务压力较大　　　　　　　　D. 不利于目标资本结构的保持

10. 股利理论包括（　　）。
A. 税收差别理论　　　　　　　　　　B. 代理理论
C. 净收益理论　　　　　　　　　　　D. MM 理论

11. 影响股利政策的公司自身因素有（　　）。
A. 投资机会　　　　　　　　　　　　B. 现金流量
C. 资金成本　　　　　　　　　　　　D. 举债能力

三、判断题

1. 信号传递理论认为，股利政策有助于减缓管理者与股东之间，以及股东与债权人之间的代理冲突。（　　）
2. 从除息日开始，新购入股票的投资者不能分享最近一期的股利。（　　）
3. 股份公司的利润总额在缴纳了所得税后，分配的程序是：弥补以前年度的亏损、计提法定盈余公积金、计提任意盈余公积金、向投资者分配利润。（　　）
4. 固定股利支付率政策使公司股利的支付具有较大灵活性。（　　）
5. "一鸟在手"理论认为公司分配的股利越多，公司的市场价值也就越大。（　　）
6. 采用剩余股利政策的优点是有利于保持理想的资金结构，降低企业的综合资金成本。（　　）
7. 在除息日之前，股利权从属于股票；从除息日开始，新购入股票的投资者不能分享本次已宣告发放的股利。（　　）
8. 企业发放股票股利会引起每股利润的下降，从而有可能导致每股市价下跌，因而每位股东所持股票的市场价值总额也将随之下降。（　　）

四、简答题

1. 利润分配要遵循哪些原则？
2. 利润分配的一般程序是什么？
3. 股利理论有哪些？
4. 常用的股利政策有哪些类型？

第九章

预算管理

> **学习目标**
>
> (1) 了解预算管理的特征及作用。
> (2) 理解预算管理体系及基本内容。
> (3) 理解并掌握全面预算的编制原理。
> (4) 掌握预算管理的分类。
> (5) 掌握预算编制的方法及程序。

第一节 预算管理概述

一、预算的特征与作用

(一) 预算的特征

预算是企业在预测、决策的基础上，用数量和金额以表格的形式反映企业未来一定时期内经营、投资、筹资等活动的具体计划，是为实现企业目标而对各种资源和企业活动所做的详细安排。预算是一种可据以执行和控制经济活动的、最为具体的计划，是目标的具体化，是企业战略导向预定目标的有力工具。

预算具有两个特征：第一，预算与企业的战略目标保持一致，因为预算是为实现企业目标而对各种资源和企业活动所做的详细安排；其次，预算是数量化的，且具有可执行性，因为预算是对未来活动的细致、周密安排，是未来经营活动的依据。数量化和可执行性是预算最主要的特征。

(二) 预算的作用

预算的作用主要表现在以下三个方面：

1. 使企业经营达到预期目标

通过预算指标可以控制实际活动过程，随时发现问题，采取必要的措施，纠正不良偏差，避免经营活动漫无目的、随心所欲，通过有效的方式实现预期目标。因此，预算具有规划、控制、引导企业经济活动有序进行、以最经济有效的方式实现预期目标的功能。

2. 实现企业内部各个部门之间的协调

从系统论的观点来看，局部计划的最优化对全局来说不一定是最合理的。为了使各个职能部门向着共同的战略目标前进，它们的经济活动必须密切配合，相互协调，统筹兼顾，全面安排，实现综合平衡，各部门预算的综合平衡，能促使各部门管理人员清楚地了解本部门在全局中的地位和作用，尽可能地做好部门之间的协调工作。各级各部门因其职责不同，往往会出现相互冲突的现象。各部门之间只有协调一致，才能最大限度地实现企业整体目标。例如，企业的销售、生产、财务等部门可以分别编制出对自己来说最好的计划，但该计划在其他部门却不一定能行得通。销售部门根据市场预测提出了一个庞大的销售计划，但生产部门可能没有那么大的生产能力；生产部门可能编制了一个充分利用现有生产能力的计划，但销售部门可能无力将这些产品销售出去；销售部门和生产部门都认为应该扩大生产能力，财务部门却认为无法筹到必需的资金。全面预算经过综合平衡后可以提供解决各级各部门冲突的最佳办法，代表企业的最优方案，可以使各级各部门的工作在此基础上协调地开展。

3. 业绩考核的重要依据

预算作为企业财务活动的行为标准，使各项活动的实际执行有章可循。经过分解落实的预算规划目标能与部门、责任人的业绩考核结合起来，成为奖勤罚懒、评估优劣的重要依据。

二、预算的分类

(一) 根据内容划分

企业预算可以根据内容分为业务预算（即经营预算）、专门决策预算和财务预算。

1. 业务预算

业务预算是指与企业日常经营活动直接相关的经营业务的各种预算。它主要包括销售预算、生产预算、直接材料预算、直接人工预算、制造费用预算、产品成本预算、销售费用预算和管理费用预算等。

2. 专门决策预算

专门决策预算是指企业不经常发生的、一次性的重要决策预算。专门决策预算直接反映相关决策的结果，是对实际中方案选择的进一步规划，如资本支出预算，其编制依据可以追溯到决策之前搜集到的有关资料，只不过预算比决策估算更细致、更精确一些。例如，企业对一切固定资产购置都必须在事先做好可行性分析的基础上来编制预算，具体反映投资额需要多少、何时进行投资、资金从何筹得、投资期限多长、何时可以投产、未来每年的现金流量是多少。

3. 财务预算

财务预算是指企业在计划期内反映有关预计现金收支、财务状况和经营成果的预算，主要包括现金预算和预计财务报表。财务预算作为全面预算体系的最后环节，是从价值方面总括地反映企业业务预算与专门决策预算的结果，故亦称为总预算，其他预算则相应称为辅助预算或分预算。显然，财务预算在全面预算中占有举足轻重的地位。

财务预算的广义与狭义之分

（二）根据预算指标覆盖时间长短划分

根据预算指标覆盖的时间长短，企业预算可分为短期预算和长期预算。

1. 短期预算

通常将预算期在 1 年以内（含 1 年）的预算称为短期预算。

2. 长期预算

预算期在 1 年以上的预算称为长期预算。预算的编制时间可以视预算的内容和实际需要而定，可以是 1 周、1 月、1 季、1 年或若干年等。在预算编制的过程中，往往应结合各项预算的特点，将长期预算和短期预算结合使用。在一般情况下，企业的业务预算和财务预算多为 1 年期的短期预算，年内再按季或月细分，而且预算期间往往与会计期间保持一致。

三、预算体系

预算是一个有机联系的整体。一般将由业务预算、专门决策预算和财务预算组成的预算体系称为全面预算体系，结构如图 9-1 所示，其中的财务预算是狭义概念。

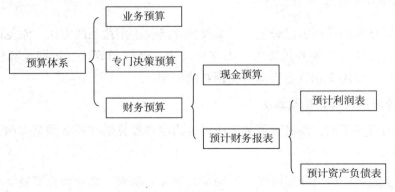

图 9-1　全面预算体系

四、预算工作的组织

《中华人民共和国公司法》规定：公司的年度财务预算方案、决算方案由公司董事会制定，经股东会审议批准后方可执行。预算工作的组织包括决策层、管理层、执行层和考核层，具体如下：

（1）企业董事会或类似机构应当对企业预算的管理工作负总责。企业董事会或者经理办公会可以根据情况设立预算管理委员会或指定财务管理部门负责预算管理事宜，并对企业法定代表人负责。

（2）预算管理委员会或财务管理部门主要拟订预算的目标、政策，制定预算管理的具体措施和办法，审议、平衡预算方案，组织下达预算，协调解决预算编制和执行中的问题，考核预算的执行情况，督促企业完成预算目标。

（3）企业财务管理部门具体负责企业预算的跟踪管理，监督预算的执行情况，分析预算与实际执行的差异及原因，提出改进管理的意见与建议。

（4）企业内部生产、投资、物资、人力资源、市场营销等职能部门具体负责本部门业务涉及的预算编制、执行、分析等工作，并配合预算管理委员会或财务管理部门做好企业总预算的综合平衡、协调、分析、控制与考核等工作。各部门主要负责人参与企业预算管理委员会的工作，并对本部门预算执行结果承担责任。

（5）企业所属基层单位是企业预算的基本单位，在企业财务管理部门的指导下，负责本单位现金流量、经营成果和各项成本费用预算的编制、控制、分析工作，接受企业的检查、考核。其主要负责人对本单位财务预算的执行结果承担责任。

第二节　预算的编制方法与程序

一、预算的编制方法

企业全面预算的构成内容比较复杂，编制预算需要采用适当的方法。常见的预算编制方法主要包括增量预算法与零基预算法、固定预算法与弹性预算法、定期预算法和滚动预算法。这些方法广泛应用于和营业活动有关预算的编制。

（一）增量预算法与零基预算法

按出发点的特征不同，编制预算的方法可分为增量预算法和零基预算法两大类。

1. 增量预算法

增量预算法是指以历史期实际经济活动及其预算为基础，结合预算期经济活动及相关影响因素的变动情况，通过调整历史期经济活动项目及金额形成预算的预算编制方法。增量预算法以过去的费用发生水平为基础，主张不在预算内容上做较大的调整，它的编制遵循如下假定：

（1）企业现有业务活动是合理的，不需要进行调整。
（2）企业现有各项业务的开支水平是合理的，在预算期内应予以保持。
（3）以现有业务活动和各项活动的开支水平，确定预算期各项活动的预算数。

增量预算法的缺陷是可能导致无效费用开支无法得到有效控制，使得不必要开支合理化，造成预算上的浪费。

2. 零基预算法

零基预算法是指企业不以历史期经济活动及其预算为基础，以零为起点，从实际需要出发分析预算期经济活动的合理性，经综合平衡形成预算的预算编制方法。零基预算法适用于企业各项预算的编制，特别是不经常发生的预算项目或预算编制基础变化较大的预算项目。零基预算法的应用程序如下：

（1）明确预算编制标准。企业应搜集和分析对标单位、行业等外部信息，结合内部管理需要形成企业各预算项目的编制标准，并在预算管理过程中根据实际情况不断分析评价，修订完善预算编制标准。

（2）制定业务计划。预算编制责任部门应依据企业战略、年度经营目标和内外环境变化等安排预算期经济活动，在分析预算期各项经济活动合理性的基础上制定详细、具体的业务计划，作为预算编制的基础。

（3）编制预算草案。预算编制责任部门应以相关业务计划为基础，根据预算编制标准编制本部门相关预算项目，并报预算管理责任部门审核。

（4）审定预算方案。预算管理责任部门应在审核相关业务计划合理性的基础上，逐项评价各预算项目的目标、作用、标准和金额等，按战略相关性、资源限额和效益性等进行综合分析和平衡，汇总形成企业预算草案，上报企业预算管理委员会等专门机构审议后报董事会等机构审批。

零基预算法的优点：一是以零为起点编制预算，不受历史期经济活动中不合理因素的影响，能够灵活应对内外环境的变化，预算编制更贴近预算期企业经济活动需要；二是有助于增加预算编制透明度，有利于进行预算控制。

零基预算法的缺点：一是预算编制工作量较大、成本较高；二是预算编制的准确性受企业管理水平和相关数据标准准确性影响较大。

（二）固定预算法与弹性预算法

编制预算的方法按其业务量基础的数量特征不同，可分为固定预算法和弹性预算法。

1. 固定预算法

固定预算法又称为静态预算法，是指以预算期内正常的、最可实现的某一业务量（指企业产量、销售量、作业量等与预算项目相关的弹性变量）水平为固定基础，不考虑可能发生的变动的预算编制方法。

固定预算法的缺点表现在以下两个方面：

（1）适应性差。因为编制预算的业务量基础是事先假定的某个业务量。在这种方法下，不论预算期内业务量水平实际可能发生哪些变动，都只按事先确定的某一个业务量水平作为编制预算的基础。

（2）可比性差。当实际的业务量与编制预算所依据的业务量发生较大差异时，有关预算指标的实际数与预算数就会因业务量基础不同而失去可比性。例如，某企业预计业务量为销售 100 000 件产品，按此业务量给销售部门的预算费用为 5 000 元。如果该销售部门实际销售量达到 120 000 件，超出了预算业务量，固定预算下的预算费用仍为 5 000 元。

2. 弹性预算法

弹性预算法又称为动态预算法，是指企业在分析业务量与预算项目之间数量依存关系的基础上，分别确定不同业务量及其相应预算项目所消耗资源的预算编制方法。理论上，弹性预算法适用于编制全面预算中所有与业务量有关的预算，但实务中主要用于编制成本费用预算和利润预算，尤其是成本费用预算。

1）弹性预算法的优点

（1）能适应不同经济活动情况的变化。弹性预算不是固定不变的，它随着业务量的大小而调整，且具有一定的伸缩性，扩大了计划的适用范围。

（2）使预算执行情况的评价与考核建立在更加客观且可比的基础上。

与按特定业务量水平编制的固定预算法相比，弹性预算法的主要优点是考虑了预算期可能的不同业务量水平，更贴近企业经营管理实际情况。

2）弹性预算法的缺点

（1）编制工作量大。

（2）市场及其变动趋势预测的准确性、预算项目与业务量之间依存关系的判断水平等会对弹性预算的合理性造成较大影响。

3）企业应用弹性预算法的一般程序

（1）选择或确定经济活动水平的计量标准，如产量单位、直接人工工时、机器工时等。

（2）确定不同情况下经营活动水平的范围，一般为正常生产能力的 70%～110%，其每一间隔为 5%～10%。

（3）根据成本和产量之间的关系分别计算确定变动成本、固定成本、半变动成本及多个具体项目在不同经营活动水平范围内的计划成本。

（4）通过一定的表格形式加以汇总，完成弹性预算。

（三）定期预算法与滚动预算法

编制预算的方法按其预算期的时间特征不同，可分为定期预算法和滚动预算法两大类。

1. 定期预算法

定期预算法是指在编制预算时，以不变的会计期间（如日历年度）作为预算期的一种预算编制方法。这种方法的优点是能够使预算期间与会计期间相对应，便于将实际数与预算数进行对比，也有利于对预算执行情况进行分析和评价。但这种方法固定以 1 年为预算期，在执行一段时期之后，往往会使管理人员只考虑剩下来的几个月的业务量，缺乏长远打算。

2. 滚动预算法

滚动预算法又称为连续预算法或永续预算法，是指在编制预算时，使预算期与会计期间脱离，随着预算的执行不断地补充预算，逐期向后滚动，使预算期始终保持为一个固定长度（一般为 12 个月）的一种预算编制方法。滚动预算法的基本做法是使预算期始终保持 12 个月，每过 1 个月或 1 个季度，立即在期末增列 1 个月或 1 个季度的预算，逐期往后滚动，因而在任何一个时期都使预算保持为 12 个月的时间长度。这种预算能使企业各级管理人员对未来始终保持整整 12 个月时间的考虑和规划，从而保证企业的经营管理工作稳定而有序地进行。

采用滚动预算法编制预算，按照滚动的时间单位不同可分为逐月滚动、逐季滚动和混合滚动。

1）逐月滚动

逐月滚动是指在预算编制的过程中，以月份为预算的编制和滚动单位，每个月调整一次预算的方法。如在 2019 年 1 月至 12 月的预算执行过程中，需要在 1 月末根据当月预算的执行情况修订 2 月至 12 月的预算，同时补充 2020 年 1 月的预算；到 2 月末可根据当月预算的执行情况，修订 3 月至 2020 年 1 月的预算，同时补充 2020 年 2 月的预算；以此类推。按照逐月滚动方式编制的预算比较精确，但工作量较大。逐月滚动预算方式示意如图 9-2 所示。

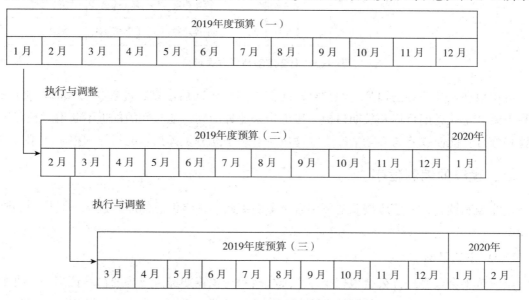

图 9-2　逐月滚动预算方式示意

2）逐季滚动

逐季滚动是指在预算编制过程中，以季度为预算的编制和滚动单位，每个季度调整一次预算的方法。逐季滚动编制的预算比逐月滚动的工作量小，但精确度较差。

3）混合滚动

混合滚动是指在预算编制过程中，同时以月份和季度作为预算的编制和滚动单位的方法。这种预算方法的理论依据是：人们对未来的了解程度具有对近期的预计把握较大、对远期的预计把握较小的特征。混合滚动预算方式示意如图9-3所示。

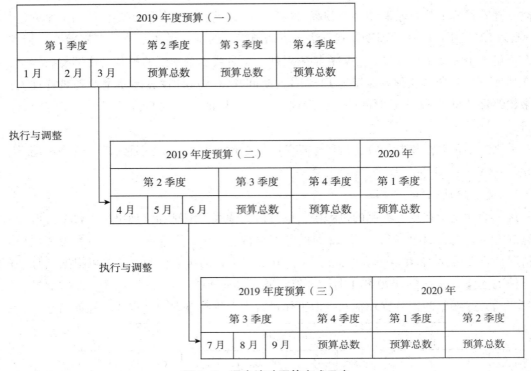

图9-3 混合滚动预算方式示意

运用滚动预算法编制预算，使预算期间依时间顺序向后滚动，能够保持预算的持续性，有利于结合企业近期目标和长期目标，考虑未来业务活动，随时间的推进不断地对预算进行调整和修订，能使预算与实际情况更加适应，有利于充分发挥预算的指导和控制作用。

二、预算的编制程序

企业编制预算，一般应按照上下结合、分级编制、逐级汇总的原则进行，具体的编制程序如下：

（一）下达目标

企业董事会或经理办公会根据企业发展战略和对预算期经济形势的初步预测，在决策的基础上，提出下一年度企业的预算目标，包括销售或营业目标、成本费用目标、利润目标和现金流量目标，并确定预算编制的政策，由预算管理委员会下达至各预算执行单位。

（二）编制上报

各预算执行单位按照企业预算管理委员会下达的预算目标和政策，结合自身特点及预算的执行条件，提出本单位详细的预算方案，上报企业财务管理部门。

（三）审查平衡

企业财务管理部门对各预算执行单位上报的财务预算方案进行审查、汇总，提出综合平衡的建议。在审查、平衡过程中，预算管理委员会应当进行充分协调，对发现的问题提出初步调整意见，并反馈给有关预算执行单位修正。

（四）审议批准

企业财务管理部门在有关预算执行单位修正调整的基础上，编制出企业预算方案，报企业预算管理委员会讨论。对于不符合企业发展战略或者预算目标的事项，企业预算管理委员会应当责成有关预算执行单位进一步修订、调整。在讨论、调整的基础上，企业财务管理部门正式编制企业年度预算草案，提交董事会或经理办公会审议批准。

（五）下达执行

企业财务管理部门对董事会或经理办公会审议批准的年度总预算，一般在次年3月底以前分解成一系列的指标体系，由预算管理委员会逐级下达至各预算执行单位执行。

第三节 预算编制

一、业务预算的编制

（一）销售预算

销售预算是指在销售预测的基础上编制的，用于规划预算期销售活动的一种业务预算。销售预算是整个预算的编制起点，其他预算的编制都以销售预算为基础。

销售预算的主要内容是销量、单价和销售收入。销量是根据市场预测或销货合同并结合企业生产能力确定的；单价是通过价格决策确定的；销售收入是两者的乘积，在销售预算中计算得出。表9-1是M公司全年的销售预算（为方便计算，本章均不考虑增值税）。

表9-1 M公司全年的销售预算

项　目	第1季度	第2季度	第3季度	第4季度	全　年
预计销售量/件	100	150	200	180	630
预计单位售价/元	200	200	200	200	200
销售收入/元	20 000	30 000	40 000	36 000	126 000
预计现金收入：	—	—	—	—	—
上年应收账款/元	6 200				6 200
第1季度/元	12 000	8 000			20 000
第2季度/元	—	18 000	12 000		30 000
第3季度/元			24 000	16 000	40 000

续表

项　目	第1季度	第2季度	第3季度	第4季度	全　年
第4季度/元	—	—	—	21 600	21 600
现金收入合计/元	18 200	26 000	36 000	37 600	117 800

销售预算通常要分品种、月份、销售区域和推销员来编制。为了简化，本例只划分了季度销售数据。

销售预算中通常还包括预计现金收入的计算，其目的是为编制现金预算提供必要的资料。第1季度的现金收入包括两部分，即上年应收账款在本年第1季度收到的货款以及本季度销售中可能收到的货款。在本例中，假设每季度销售收入中，本季度收到现金的60%，另外的40%现金要到下季度才能收到。

（二）生产预算

生产预算是为规划预算期生产规模而编制的一种业务预算，它是在销售预算的基础上编制的，可以作为编制直接材料预算和产品成本预算的依据。其主要内容有销售量、期初和期末产成品存货、生产量。在生产预算中，只涉及实物量指标，不涉及价值量指标。表9-2是M公司全年的生产预算。

表9-2　M公司全年的生产预算　　　　　　　　　　　　　　件

项　目	第1季度	第2季度	第3季度	第4季度	全　年
预计销售量	100	150	200	180	630
加：预计期末产成品存货	15	20	18	20	20
合计	115	170	218	200	650
减：预计期初产成品存货	10	15	20	18	10
预计生产量	105	155	198	182	640

通常，企业的生产和销售不宜做到同步同量，而是需要设置一定的存货，以保证能在发生意外需求时按时供货，并可均衡生产，节省赶工的额外支出。期末产成品存货数量通常按下期销售量的一定百分比确定，本例按10%安排期末产成品存货。期初产成品存货是编制预算时预计的，期末产成品存货根据长期销售趋势来确定。本例假设期初产成品存货10件，年末留存20件。

生产预算的预计销售量来自销售预算，其他数据在表9-2中，预计期末产成品存货、预计期初产成品存货和预计生产量的计算表达式为

预计期末产成品存货=下季度销售量×10%

预计期初产成品存货=上季度期末产成品存货

预计生产量=预计销售量+预计期末产成品存货-预计期初产成品存货

生产预算在实际编制时是比较复杂的，产量受到生产能力的限制，产成品存货数量受到仓库容量的限制，只能在此范围内来安排产成品存货数量和各期生产量。此外，有的季度可能销量很大，可以用赶工方法增产，为此要多付加班费。如果提前在淡季生产，会因增加产

成品存货而多付资金利息。因此,要权衡两者得失,选择成本最低的方案。

(三) 直接材料预算

直接材料预算是为了规划预算期直接材料采购金额的一种业务预算。直接材料预算以生产预算为基础编制,同时要考虑原材料存货水平。

表 9-3 是 M 公司全年的直接材料预算。其主要内容有预计生产量、单位产品材料用量、生产需用量、期初和期末存量等。预计生产量的数据来自生产预算表,单位产品材料用量的数据来自标准成本资料或消耗定额资料,生产需用量是上述两项的乘积。期初和期末的存货量,是根据当前情况和长期销售预测估计的。各季度期末存量根据下季度生产需用量的一定百分比确定,本例按 20% 计算。各季度期初存量等于上季度期末存量。各季度预计采购量的计算表达式为

预计采购量 = 生产需用量 + 期末存量 − 期初存量

表 9-3　M 公司全年的直接材料预算

项　目	第 1 季度	第 2 季度	第 3 季度	第 4 季度	全　年
预计生产量/件	105	155	198	182	640
单位产品材料用量/千克·件$^{-1}$	10	10	10	10	10
生产需用量/千克	1 050	1 550	1 980	1 820	6 400
加:预计期末存量/千克	310	396	364	400	400
减:预计期初存量/千克	300	310	396	364	300
预计采购量/千克	1 060	1 636	1 948	1 856	6 500
单价/元·千克$^{-1}$	5	5	5	5	5
预计采购金额/元	5 300	8 180	9 740	9 280	32 500
预计现金支出:	—	—	—	—	—
上年应付账款/元	2 350	—	—	—	2 350
第 1 季度/元	2 650	2 650	—	—	5 300
第 2 季度/元	—	4 090	4 090	—	8 180
第 3 季度/元	—	—	4 870	4 870	9 740
第 4 季度/元	—	—	—	4 640	4 640
现金支出合计	5 000	6 740	8 960	9 510	30 210

为了便于以后编制现金预算,通常要预计材料采购各季度的现金支出。每个季度的现金支出包括偿还上期应付账款和本期应支付的采购货款。本例假设材料采购的货款有 50% 在本季度内付清,另 50% 在下季度付清。这个百分比一般是根据经验确定的,如果材料品种很多,需要单独编制材料存货预算。

(四) 直接人工预算

直接人工预算是一种既反映预算期内人工工时消耗水平,又规划人工成本开支的业务预

算。直接人工预算也是以生产预算为基础编制的，主要内容有预计产量、单位产品工时、人工总工时、每小时人工成本和人工总成本。预计产量数据来自生产预算，单位产品工时和每小时人工成本数据来自标准成本资料，人工总工时和人工总成本是在直接人工预算中计算出来的。由于人工工资都需要使用现金支付，所以，不需要另外预计现金支出，可直接参加现金预算的汇总。M 公司全年的直接人工预算如表 9-4 所示。

表 9-4　M 公司全年的直接人工预算

项　目	第 1 季度	第 2 季度	第 3 季度	第 4 季度	全　年
预计产量/件	105	155	198	182	640
单位产品工时/（小时·件$^{-1}$）	10	10	10	10	10
人工总工时/小时	1 050	1 550	1 980	1 820	6 400
每小时人工成本/（元·小时$^{-1}$）	2	2	2	2	2
人工总成本/元	2 100	3 100	3 960	3 640	12 800

（五）制造费用预算

制造费用预算通常分为变动制造费用预算和固定制造费用预算两部分。变动制造费用预算以生产预算为基础来编制，如果有完善的标准成本资料，用单位产品的标准成本与产量相乘，即可得到相应的预算金额；如果没有标准成本资料，就需要逐项预计计划产量需要的各项制造费用。固定制造费用需要逐项进行预计，通常与本期产量无关，按每季度实际需要的支付额预计，然后求出全年的数额。表 9-5 是 M 公司全年的制造费用预算，其中，间接人工和间接材料、水电费的标准为 1 元/件，修理费的标准为 2 元/件。

表 9-5　M 公司全年的制造费用预算　　　　　　　　　　　　　　　　　元

项　目	第 1 季度	第 2 季度	第 3 季度	第 4 季度	全　年
变动制造费用：	—	—	—	—	—
间接人工	105	155	198	182	640
间接材料	105	155	198	182	640
修理费	210	310	396	364	1 280
水电费	105	155	198	182	640
小计	525	775	990	910	3 200
固定制造费用：	—	—	—	—	—
修理费	1 000	1 140	900	900	3 940
折旧	1 000	1 000	1 000	1 000	4 000
管理人员工资	200	200	200	200	800
保险费	75	85	110	190	460
财产税	100	100	100	100	400

续表

项　目	第1季度	第2季度	第3季度	第4季度	全　年
小计	2 375	2 525	2 310	2 390	9 600
合计	2 900	3 300	3 300	3 300	12 800
减：折旧	1 000	1 000	1 000	1 000	4 000
现金支出的费用	1 900	2 300	2 300	2 300	8 800

为了便于以后编制产品成本预算，需要计算小时费用率，即

变动制造费用小时费用率＝3 200÷6 400＝0.5（元/小时）

固定制造费用小时费用率＝9 600÷6 400＝1.5（元/小时）

为了便于以后编制现金预算，需要预计现金支出。制造费用中，除折旧费外都需支付现金，所以，将每个季度制造费用数额扣除折旧费后，即可得出现金支出的费用。

（六）产品成本预算

产品成本预算，是销售预算、生产预算、直接材料预算、直接人工预算、制造费用预算的汇总，主要内容是产品的单位成本和总成本。单位产品成本的有关数据来自前述三个预算。生产量、期末存货量来自生产预算，销售量来自销售预算。生产成本、存货成本和销货成本等数据，根据单位成本和有关数据计算得出。表9-6是M公司全年的产品成本预算。

表9-6　M公司全年的产品成本预算

项目	单位成本		成本/元	生产成本 （640件）/元	期末存货成本 （20件）/元	销货成本 （630件）/元
	每千克或每小时/元	投入量				
直接材料	5	10 千克	50	32 000	1 000	31 500
直接人工	2	10 小时	20	12 800	400	12 600
变动制造费用	0.5	10 小时	5	3 200	100	3 150
固定制造费用	1.5	10 小时	15	9 600	300	9 450
合计	—	—	90	57 600	1 800	56 700

（七）销售及管理费用预算

销售费用预算，是指为了实现销售预算所需支付的费用预算。它以销售预算为基础，分析销售收入、销售利润和销售费用的关系，力求实现销售费用的最有效使用。

在安排销售费用时，要利用本量利分析方法，费用的支出应能获取更多的收益。在草拟销售费用预算时，要对过去的销售费用进行分析，考察过去销售费用支出的必要性和效果。销售费用预算应和销售预算相配合，应有按品种、按地区、按用途的具体预算数额。

管理费用是搞好一般管理业务所必需的费用。随着企业规模的扩大，一般管理职能日益重要，其费用也相应增加。在编制管理费用预算时，要分析企业的业务成绩和一般经济状况，务必做到费用合理化。管理费用多属于固定成本，所以，一般是以过去的实际开支为基

础，按预算期的可预见变化来调整。重要的是，必须充分考察每种费用是否必要，以便提高费用使用效率。表9-7是M公司全年的销售及管理费用预算。

表9-7　M公司全年的销售及管理费用预算　　　　　　　　　　　　　　元

项　目	金　额
销售费用：	
销售人员工资	2 000
广告费	5 500
包装、运输费	3 000
保管费	2 700
折旧	1 000
管理费用：	
管理人员薪金	4 000
福利费	800
保险费	600
办公费	1 400
折旧	1 500
合计	22 500
减：折旧	2 500
每季度支付现金（20 000÷4）	5 000

二、专门决策预算的编制

专门决策预算主要是长期投资预算，又称为资本支出预算，通常是指与项目投资决策相关的专门预算。它往往涉及长期建设项目的资金投放与筹集，并经常跨越多个年度。编制专门决策预算的依据，是项目财务可行性分析资料以及企业筹资决策资料。M公司全年的专门决策预算如表9-8所示。

表9-8　M公司全年的专门决策预算　　　　　　　　　　　　　　　　元

项　目	第1季度	第2季度	第3季度	第4季度	全　年
投资支出预算	50 000	—	—	80 000	130 000
借入长期借款	30 000	—	—	60 000	90 000

三、财务预算的编制

（一）现金预算

现金预算是以业务预算和专门决策预算为依据编制的，专门反映预算期内预计现金收入与现金支出，以及为满足理想现金余额而进行筹资或归还借款等的预算。现金预算由可供使用现金、现金支出、现金余缺、现金筹措与运用四部分构成。M 公司全年的现金预算如表 9-9 所示。

表 9-9　M 公司全年的现金预算　　　　　　　　　　　　　　　元

项　　目	第 1 季度	第 2 季度	第 3 季度	第 4 季度	全　年
期初现金余额	8 000	3 200	3 060	3 040	8 000
加：现金收入（表 9-1）	18 200	26 000	36 000	37 600	117 800
可供使用现金	26 200	29 200	39 060	40 640	125 800
减：现金支出	—				
直接材料（表 9-3）	5 000	6 740	8 960	9 510	30 210
直接人工（表 9-4）	2 100	3 100	3 960	3 640	12 800
制造费用（表 9-5）	1 900	2 300	2 300	2 300	8 800
销售及管理费用（表 9-7）	5 000	5 000	5 000	5 000	20 000
所得税费用	4 000	4 000	4 000	4 000	16 000
购买设备（表 9-8）	50 000	—	—	80 000	130 000
股　利				8 000	8 000
现金支出合计	68 000	21 140	24 220	112 450	225 810
现金余缺	-41 800	8 060	14 840	-71 810	-100 010
现金筹措与运用					—
借入长期借款（表 9-8）	30 000			60 000	90 000
取得短期借款	20 000			22 000	42 000
归还短期借款	—		6 800		6 800
短期借款利息（年利 10%）	500	500	500	880	2 380
长期借款利息（年利 12%）	4 500	4 500	4 500	6 300	19 800
期末现金余额	3 200	3 060	3 040	3 010	3 010

表 9-9 中存在的关系式为

可供使用现金＝期初现金余额+现金收入

可供使用现金-现金支出＝现金余缺

现金余缺+现金筹措-现金运用＝期末现金余额

其中，期初现金余额是在编制预算时预计的，下一季度的期初现金余额等于上一季度的期末现金余额，全年的期初现金余额指的是年初的现金余额，所以等于第一季度的期初现金余额。

现金收入的主要来源是销货取得的现金收入，数据来自销售预算。

现金支出部分包括预算期的各项现金支出。直接材料、直接人工、制造费用、销售及管理费用、购买设备的数据分别来自前述有关预算。此外，还包括所得税费用、股利分配等现金支出，有关的数据分别来自另行编制的专门预算（本教材略）。

财务管理部门应根据现金余缺与理想期末现金余额的比较,并结合固定的利息支出数额以及其他因素,来确定预算期现金运用或筹措的数额。本例中理想现金余额是3 000元,如果资金不足,可以取得短期借款,银行的要求是借款额必须是1 000元的整数倍。本例中借款利息按季支付,作现金预算时假设新增借款发生在季度的期初,归还借款发生在季度的期末(如果需要归还借款,先归还短期借款,归还的数额为100元的整数倍)。本例中,M公司上年末的长期借款余额为120 000元,所以,第1季度、第2季度、第3季度的长期借款利息均为(120 000+30 000)×12%/4 = 4 500(元),第4季度的长期借款利息=(120 000+30 000+60 000)×12%/4 =6 300(元)。

由于第1季度的长期借款利息支出为4 500元,理想现金余额是3 000元,所以,(现金余缺+借入长期借款30 000元)的结果只要小于7 500元,就必须取得短期借款,而第1季度的现金余缺是-41 800元,所以,需要取得短期借款。本例中M公司上年末不存在短期借款,假设第1季度需要取得的短期借款为W元,则根据理想期末现金余额要求可知-41 800+30 000+W-W×10%/4-4 500 = 3 000(元),解得W=19 794.88(元),由于按照要求必须是1 000元的整数倍,所以,第1季度需要取得20 000元的短期借款,支付20 000×10%/4 =500(元)的短期借款利息,期末现金余额=-41 800+30 000+20 000-500-4 500 = 3 200(元)。

第2季度的现金余缺是8 060元,如果既不增加短期借款也不归还短期借款,则需要支付500元的短期借款利息和4 500元的长期借款利息,期末现金余额=8 060-500-4 500 = 3 060(元),刚好符合要求。如果归还借款,由于必须是100元的整数倍,所以,必然导致期末现金余额小于3 000元,因此,不能归还借款。期末现金余额为3 060元。

第3季度的现金余缺是14 840元,固定的利息支出为500+4 500 = 5 000(元),所以,按照理想现金余额3 000元的要求,最多可以归还14 840-5 000-3 000 = 6 840(元)的短期借款,由于必须是100元的整数倍,所以,可以归还短期借款6 800元,期末现金余额=14 840-5 000-6 800=3 040(元)。

第4季度的现金余缺是-71 810元,固定的利息支出=(20 000-6 800)×10%/4+6 300 = 6 630(元),第4季度的现金余缺+借入的长期借款=-71 810+60 000 =-11 810(元),小于(固定的利息支出6 630元+理想的现金余额3 000元),所以,需要取得短期借款。假设需要取得的短期借款为W元,则根据理想期末现金余额要求可知-11 810+W-W×10%/4-6 630=3 000(元),解得W=21 989.74(元),由于必须是1 000元的整数倍,所以,第4季度应该取得短期借款22 000元,支付短期借款利息(20 000-6 800+22 000)×10%/4=880(元),期末现金余额=-71 810 +60 000+22 000-880-6 300=3 010(元)。

全年的期末现金余额指的是年末的现金余额,即第4季度末的现金余额,所以,应该是3 010元。

(二)利润表预算

预计利润表用来综合反映企业在计划期的预计经营成果,是企业最主要的财务预算表之

一、通过编制利润表预算，可以了解企业预期的盈利水平。如果预算利润与最初编制方案中的目标利润有较大的不一致，就需要调整部门预算，设法达到目标，或者经企业领导同意后修改目标利润。编制利润表预算的依据是各业务预算、专门决策预算和现金预算。表9-10是M公司本年的利润表预算，它是根据上述各有关预算编制的。

表9-10　M公司本年的利润表预算　　　　　　　　　　　　　　　　　　元

项　　目	金　　额
销售收入（表9-1）	126 000
销售成本（表9-6）	56 700
毛利	69 300
销售及管理费用（表9-7）	22 500
利息（表9-9）	22 180
利润总额	24 620
所得税费用（估计）	16 000
净利润	8 620

在表9-10中，销售收入数据来自销售预算；销售成本数据来自产品成本预算；毛利数据是前两项的差额；销售及管理费用数据来自销售费用及管理费用预算；利息数据来自现金预算。

另外，所得税费用是在利润规划时估计的，并已列入现金预算。它通常不是根据利润总额和所得税税率计算出来的，因为有诸多纳税调整的事项存在。此外，从预算编制程序上看，如果根据利润总额和税率重新计算所得税，就需要修改现金预算，引起信贷计划修改，进而改变利息，最终又要修改利润总额，从而陷入数据的循环修改。

（三）资产负债表预算

预计资产负债表用来反映企业在计划期末预计的财务状况。编制预计资产负债表的目的在于判断预算反映的财务状况的稳定性和流动性。如果通过预计资产负债表的分析，发现某些财务比率不佳，必要时可修改有关预算，以改善财务状况。预计资产负债表的编制需以计划期开始日的资产负债表为基础，结合计划期间各项业务预算、专门决策预算、现金预算和预计利润表进行编制，它是编制全面预算的终点。表9-11是M公司本年的资产负债表预算。

表9-11　M公司本年的资产负债表预算　　　　　　　　　　　　　　　　元

资　　产	年初余额	年末余额	负债和股东权益	年初余额	年末余额
流动资产：			流动负债：		
货币资金（表9-9）	8 000	3 010	短期借款	0	35 200
应收账款（表9-1）	6 200	14 400	应付账款（表9-3）	2 350	4 640
存货（表9-3、表9-6）	2 400	3 800	流动负债合计	2 350	39 840
流动资产合计	16 600	21 210	非流动负债：		
非流动资产：			长期借款	120 000	210 000

续表

资产	年初余额	年末余额	负债和股东权益	年初余额	年末余额
固定资产	43 750	37 250	非流动负债合计	120 000	210 000
在建工程	100 000	230 000	负债合计	122 350	249 840
非流动资产合计	143 750	267 250	股东权益		
			股本	20 000	20 000
			资本公积	5 000	5 000
			盈余公积	10 000	10 000
			未分配利润	3 000	3 620
			股东权益合计	38 000	38 620
资产总计	160 350	288 460	负债和股东权益合计	160 350	288 460

在表 9-11 中，货币资金数据来源于表 9-9 中的现金年初和年末余额。

应收账款的年初余额 6 200 元来自表 9-3 的上年应收账款，年末余额 14 400＝36 000－21 600 或＝36 000×（1－60%）。

存货包括直接材料和产成品，直接材料年初余额＝300×5＝1 500（元），年末余额＝400×5＝2 000（元）。产成品成本年初余额＝（20+630－640）×90＝900（元），年末余额＝20×90＝1 800（元）。存货年初余额＝1 500＋900＝2 400（元），年末余额＝2 000+1 800＝3 800（元）。

固定资产的年末余额 37 250＝43 750－6 500（元），其中的 6 500（元）＝4 000+1 000+1 500，指的是本年计提的折旧，数字来源于表 9-5 和表 9-7。

在建工程的年末余额 230 000（元）＝100 000+130 000，本年的增加额 130 000 元来源于表 9-8（项目本年未完工）。

固定资产、在建工程的年初余额来源于 M 公司上年末的资产负债表（略）。

短期借款本年的增加额 35 200（元）＝20 000－6 800+22 000，数据来源于表 9-9。

应付账款的年初余额 2 350 元来源于表 9-3 中的上年应付账款，年末余额 4 640（元）＝9 280－4 640 或＝9 280×（1－50%）。

长期借款本年的增加额 90 000 元来源于表 9-8；短期借款、长期借款的年初余额来源于 M 公司上年末的资产负债表。

未分配利润本年的增加额 620 元＝本年的净利润 8 620 元，如表 9-10 所示；本年的股利为 8 000 元，如表 9-9 所示；股东权益各项目的期初余额均来源于 M 公司上年末的资产负债表。各项预算中都没有涉及股本和资本公积的变动。所以，股本和资本公积的余额不变。M 公司没有计提任意盈余公积金，由于法定盈余公积金达到股本的 50% 时可以不再提取，所以，M 公司本年没有提取法定盈余公积金，即盈余公积金的余额不变。

第四节 预算的执行与考核

一、预算的执行

企业预算一经批复下达，各预算执行单位就必须认真组织实施，将预算指标层层分解，从横向到纵向落实到内部各部门、各单位、各环节和各岗位，形成全方位的预算执行责任体系。

企业应当将预算作为预算期内组织、协调各项经营活动的基本依据，将年度预算细分为月份预算和季度预算，以分期预算控制确保年度预算目标的实现。

企业应当强化现金流量的预算管理，按时组织预算资金的流入，严格控制预算资金的支付，调节资金收付平衡，控制支付风险。

对于预算内的资金拨付，按照授权审批程序执行；对于预算外的项目支出，应当按预算管理制度规范支付程序；对于无合同、无凭证、无手续的项目支出，不予支付。

对于预算编制、执行和考核过程中的风险，企业应当采取一定的防控措施进行有效管理。必要时，可以建立企业内部负责日常预算管理需求的部门，加强员工风险意识，以个人为预算风险审查对象，并形成相应的奖惩机制，通过信息技术和信息管理系统控制预算流程中的风险。

企业应当严格执行销售、生产和成本费用预算，努力完成利润指标。在日常控制中，企业应当健全凭证记录，完善各项管理规章制度，严格执行生产经营月度计划和成本费用的定额、定率标准，加强实时监控。对预算执行中出现的异常情况，企业有关部门应及时查明原因，提出解决办法。

企业应当建立预算报告制度，要求各预算执行单位定期报告预算的执行情况。对于预算执行中发现的新情况、新问题及出现较大偏差的重大项目，企业财务管理部门和预算管理委员会应当责成有关预算执行单位查找原因，提出改进经营管理的措施和建议。

企业财务管理部门应当利用财务报表监控预算的执行情况，及时向预算执行单位、企业预算管理委员会、董事会或经理办公会提供财务预算的执行进度、执行差异及其对企业预算目标的影响等财务信息，促进企业完成预算目标。

二、预算的调整

企业正式下达执行的预算，一般不予调整。预算执行单位在执行中由于市场环境、经营条件、政策法规等发生重大变化，致使预算的编制基础不成立，或者导致预算执行结果产生重大偏差的，可以调整预算。

企业应当建立内部弹性预算机制，对于不影响预算目标的业务预算、资本预算、筹资预算的调整，可以按照内部授权批准制度执行，鼓励预算执行单位及时采取有效的经营管理对策，保证预算目标的实现。

企业调整预算应当由预算执行单位逐级向企业预算管理委员会提出书面报告，阐述预算执行的具体情况、客观因素变化情况及其对预算执行造成的影响程度，提出预算指标的调整幅度。

企业财务管理部门应当对预算执行单位的预算调整报告进行审核分析，集中编制企业年度预算调整方案，提交预算管理委员会、企业董事会或经理办公会审议批准，然后下达执行。

对于预算执行单位提出的预算调整事项，当企业进行决策时，一般应当遵循以下要求：

（1）预算调整事项不能偏离企业发展战略。

（2）预算调整方案应当在经济上能够实现最优化。

（3）预算调整重点应当放在预算执行中出现的重要的、非正常的、不符合常规的关键性差异方面。

三、预算的分析与考核

企业应当建立预算分析制度，由预算管理委员会定期召开预算执行分析会议，全面掌握预算的执行情况，研究、解决预算执行中存在的问题，纠正预算的执行偏差。

开展预算执行分析，企业财务管理部门及各预算执行单位应当充分收集有关财务、业务、市场、技术、政策、法律等方面的信息资料，根据不同情况分别采用比率分析、比较分析、因素分析、平衡分析等方法，从定量与定性两个层面充分反映预算执行单位的现状、发展趋势及其存在的潜力。

针对预算的执行偏差，企业财务管理部门及各预算执行单位应当充分、客观地分析产生的原因，提出相应的解决措施或建议，提交董事会或经理办公会研究决定。

企业预算管理委员会应当定期组织预算审计，纠正预算执行中存在的问题，充分发挥内部审计的监督作用，维护预算管理的严肃性。

预算审计可以采用全面审计或者抽样审计。在特殊情况下，企业也可组织不定期的专项审计。审计工作结束后，企业内部审计机构应当形成审计报告，直接提交预算管理委员会甚至董事会或经理办公会，作为预算调整、改进内部经营管理和财务考核的一项重要参考。

预算年度终了，预算管理委员会应当向董事会或者经理办公会报告预算执行情况，并依据预算完成情况和预算审计情况对预算执行单位进行考核。

企业内部预算执行单位上报的预算执行报告，应经本部门、本单位负责人按照内部程序审议通过，作为企业进行财务考核的基本依据。企业预算按调整后的预算执行，预算完成情况以企业年度财务会计报告为准。

企业预算执行考核是企业绩效评价的主要内容，应当结合年度内部经济责任制进行考核，与预算执行单位负责人的奖惩挂钩，并作为企业内部人力资源管理的参考。

习 题

一、单项选择题

1. 能够使预算期间与会计期间相对应的预算编制方法是（   ）。
   A. 定期预算法　　　　　　　　　　　　B. 滚动预算法
   C. 固定预算法　　　　　　　　　　　　D. 增量预算法

2. 在编制企业预算时应采用的编制程序是（   ）。
   A. 编制上报、下达目标、审议批准、审查平衡、下达执行
   B. 下达目标、编制上报、审查平衡、审议批准、下达执行
   C. 下达目标、编制上报、审议批准、审查平衡、下达执行
   D. 编制上报、下达目标、审查平衡、审议批准、下达执行

3. 在编制预算时，将预算期与会计期间脱离，随着预算的执行不断地补充预算，逐期向后滚动，使预算期始终保持为一个固定长度的预算编制方法是（   ）。
   A. 连续预算法　　　　　　　　　　　　B. 滑动预算法
   C. 定期预算法　　　　　　　　　　　　D. 增量预算法

4. 下列关于零基预算法的描述中，不正确的是（   ）。
   A. 可能导致无效费用开支
   B. 不受现有项目的限制
   C. 有助于增加预算编制透明度，有利于进行预算控制
   D. 不受历史期经济活动中不合理因素的影响

5. 现金预算的内容不包括（   ）。
   A. 经营现金收入　　　　　　　　　　　B. 经营现金支出
   C. 预计实现的利润　　　　　　　　　　D. 现金余缺

6. 某公司销售的电子产品得到了消费者的广泛认可，由于在市场上供不应求，公司现决定追加一项投资，购置专业设备来扩大生产，购置该固定资产的预算属于（   ）。
   A. 业务预算　　　　　　　　　　　　　B. 专门决策预算
   C. 财务预算　　　　　　　　　　　　　D. 短期预算

7. 关于企业预算，下列说法正确的是（   ）。
   A. 数量化和可执行性是预算最主要的特征
   B. 预算管理委员会对企业预算的管理工作负总责
   C. 预算的目标由财务管理部门拟订
   D. 总预算包括业务预算、专门决策预算和财务预算

8. 关于预算，下列说法中不正确的是（   ）。
   A. 可以通过规划、控制和引导经济活动，使企业经营达到预期目标
   B. 无法实现企业内部各个部门的协调
   C. 是业绩考核的重要依据
   D. 最主要的特征是数量化和可执行性

9. 某企业上年销售10万件产品，对应的制造费用是50万元，今年预计销量增加到12万件，仍然把制造费用预算定为50万元，由此看出该企业采用的预算编制方法是（   ）。

   A. 固定预算法　　　　　　　　　　B. 弹性预算法

   C. 增量预算法　　　　　　　　　　D. 零基预算法

10. 在直接人工预算中，预计产量数据来自（   ）。

    A. 制造费用预算　　　　　　　　　B. 生产预算

    C. 直接材料预算　　　　　　　　　D. 销售预算

11. 甲企业编制7月份A产品的生产预算，预计销售量是50万件，6月末A产品结存10万件，如果预计7月末结存12万件，那么7月份的A产品预计生产量是（   ）万件。

    A. 60　　　　　　　　　　　　　　B. 52

    C. 48　　　　　　　　　　　　　　D. 62

12. 甲企业采取的收账方式为本月销售收入本月收回50%，下月收回30%，下下月再收回20%，未收回的部分在"应收账款"科目进行核算。已知其3月初的应收账款余额为19万元，其中包含1月份发生的销售收入未收回的部分4万元，3月份发生的销售收入为25万元，则在4月初的时候，应收账款的余额为（   ）万元。

    A. 27.5　　　　　　　　　　　　　B. 18.5

    C. 21.5　　　　　　　　　　　　　D. 22.5

二、多项选择题

1. 下列各项预算中，属于总预算的有（   ）。

   A. 销售预算　　　　　　　　　　　B. 现金预算

   C. 利润表预算　　　　　　　　　　D. 专门决策预算

2. 下列各项预算中，与编制利润表预算直接相关的有（   ）。

   A. 销售预算　　　　　　　　　　　B. 生产预算

   C. 产品成本预算　　　　　　　　　D. 销售及管理费用预算

3. 下列选项中，属于产品成本预算编制基础的有（   ）。

   A. 制造费用预算　　　　　　　　　B. 直接材料预算

   C. 销售费用预算　　　　　　　　　D. 直接人工预算

4. 下列预算的编制与生产预算存在直接联系的有（   ）。

   A. 直接材料预算　　　　　　　　　B. 产品成本预算

   C. 专门决策预算　　　　　　　　　D. 直接人工预算

5. 编制生产预算中的"预计生产量"项目时，需要考虑的因素有（   ）。

   A. 预计销售量　　　　　　　　　　B. 预计期初产成品存货

   C. 预计期末产成品存货　　　　　　D. 前期实际销售量

6. 下列关于弹性预算法的说法中，正确的有（   ）。

   A. 实务中主要用于编制成本费用预算和利润表预算

   B. 能够保证预算期间与会计期间相对应

   C. 更贴近企业经营管理实际情况

D. 编制的工作量比固定预算法大

7. 对于预算执行单位提出的预算调整事项，企业进行决策时，一般应当遵循的要求有（   ）。

A. 预算调整事项不能偏离企业发展战略
B. 正式下达的预算方案可以随时调整
C. 预算调整方案应当在经济上能够实现最优化
D. 预算调整重点应当放在预算执行中出现的重要的、非正常的、不符合常规的关键性差异方面

8. 预算管理委员会的职责包括（   ）。

A. 审议、平衡预算方案　　　　　　B. 对企业预算的管理工作负总责
C. 制定预算管理的具体措施和办法　　D. 督促企业完成预算目标

9. 某企业本月支付当月货款的60%，支付上月货款的30%，支付上上月货款的10%，未支付的货款通过应付账款核算。已知7月份货款为20万元，8月份货款为25万元，9月份货款为30万元，10月份货款为50万元，则下列说法正确的有（   ）。

A. 9月份支付27.5万元　　　　　　B. 10月初的应付账款为14.5万元
C. 10月末的应付账款为23万元　　　D. 10月初的应付账款为11.5万元

10. 在预算执行过程中，可能导致预算调整的情形有（   ）。

A. 原材料价格大幅度上涨　　　　　B. 公司进行重大资产重组
C. 主要产品市场需求大幅下降　　　D. 公司税负大幅下降

三、判断题

1. 业务预算是全面预算编制的起点，因此专门决策预算应当以业务预算为依据。（   ）

2. 企业编制预算，一般应按照上下结合、分级编制、逐级汇总的原则进行。（   ）

3. 各种预算是一个有机联系的整体，一般将由销售预算、生产预算、专门决策预算和财务预算组成的预算体系称为全面预算体系。（   ）

4. 滚动预算中的逐月滚动编制方法是滚动编制，编制时只需补充下一月份的预算即可，不需要对中间月份的预算进行调整。（   ）

5. 财务预算能够综合反映各项业务预算和各项专门决策预算，因此称为总预算。（   ）

6. 弹性预算法可能会使预算期间与会计期间相分离。（   ）

7. 专门决策预算的要点是准确反映项目资金投资支出计划，它同时也是编制现金预算和资产负债表预算的依据。（   ）

8. 由于能够使预算期间与会计期间相对应，定期预算法有利于企业长远打算和长期稳定发展。（   ）

四、计算分析题

1. 甲公司编制销售预算的相关资料如下：

资料一：甲公司预计每季度销售收入中有70%在本季度收到现金，30%于下一季度收到现金，不存在坏账；2×16年年末应收账款余额为6 000万元；假设不考虑增值税及其影响。

资料二：甲公司2×17年的销售预算如表9-12所示。

表9-12　甲公司2×17年销售预算

季　度	第1季度	第2季度	第3季度	第4季度	全　年
预计销售量/万件	500	600	650	700	2 450
预计单价/（元·件$^{-1}$）	30	30	30	30	30
预计销售收入/万元	15 000	18 000	19 500	21 000	73 500
预计现金收入/万元					
上年应收账款/万元	*				*
第1季度	*	*			*
第2季度		(B)	*		*
第3季度			*	(D)	*
第4季度				*	*
预计现金收入合计/万元	(A)	17 100	(C)	20 550	*

要求：

(1) 确定表格中字母所代表的数值（不需要列示计算过程）；

(2) 计算2×17年年末预计应收账款余额。

2. 甲公司计划本年只生产一种产品，有关资料如下：

资料一：每季的产品销售货款有60%于当期收到现金，有40%于下个季度收到现金；预计第1季度末的应收账款为3 800万元，第2季度的销售收入为8 000万元，第3季度的销售收入为12 000万元；产品售价为1 000元/件。

资料二：每个季度末的库存产品数量等于下一季度销售量的20%；单位产品材料定额耗用量为5千克，第2季度末的材料结存量为8 400千克，第2季度初的材料结存量为6 400千克，材料计划单价10元/千克。

资料三：材料采购货款在采购的季度支付80%，剩余的20%在下季度支付，未支付的采购货款通过应付账款核算，第1季度末的应付账款为100万元。

要求：

(1) 确定第1季度的销售收入；

(2) 确定第2季度的销售现金收入合计；

(3) 确定第2季度的预计生产量；

(4) 确定第2季度的预计材料采购量；

(5) 确定第2季度采购的现金支出合计。

附 录

财务管理常用系数表

表1 复利终值系数表

期数	1%	2%	3%	4%	5%	6%	7%	8%	9%	10%
1	1.010 0	1.020 0	1.030 0	1.040 0	1.050 0	1.060 0	1.070 0	1.080 0	1.090 0	1.100 0
2	1.020 1	1.040 4	1.060 9	1.081 6	1.102 5	1.123 6	1.144 9	1.166 4	1.188 1	1.210 0
3	1.030 3	1.061 2	1.092 7	1.124 9	1.157 6	1.191 0	1.225 0	1.259 7	1.295 0	1.331 0
4	1.040 6	1.082 4	1.125 5	1.169 9	1.215 5	1.262 5	1.310 8	1.360 5	1.411 6	1.464 1
5	1.051 0	1.104 1	1.159 3	1.216 7	1.276 3	1.338 2	1.402 6	1.469 3	1.538 6	1.610 5
6	1.061 5	1.126 2	1.194 1	1.265 3	1.340 1	1.418 5	1.500 7	1.586 9	1.677 1	1.771 6
7	1.072 1	1.148 7	1.229 9	1.315 9	1.407 1	1.503 6	1.605 8	1.713 8	1.828 0	1.948 7
8	1.082 9	1.171 7	1.266 8	1.368 6	1.477 5	1.593 8	1.718 2	1.850 9	1.992 6	2.143 6
9	1.093 7	1.195 1	1.304 8	1.423 3	1.551 3	1.689 5	1.838 5	1.999 0	2.171 9	2.357 9
10	1.104 6	1.219 0	1.343 9	1.480 2	1.628 9	1.790 8	1.967 2	2.158 9	2.367 4	2.593 7
11	1.115 7	1.243 4	1.384 2	1.539 5	1.710 3	1.898 3	2.104 9	2.331 6	2.580 4	2.853 1
12	1.126 8	1.268 2	1.425 8	1.601 0	1.795 9	2.012 2	2.252 2	2.518 2	2.812 7	3.138 4
13	1.138 1	1.293 6	1.468 5	1.665 1	1.885 6	2.132 9	2.409 8	2.719 6	3.065 8	3.452 3
14	1.149 5	1.319 5	1.512 6	1.731 7	1.979 9	2.260 9	2.578 5	2.937 2	3.341 7	3.797 5
15	1.161 0	1.345 9	1.558 0	1.800 9	2.078 9	2.396 6	2.759 0	3.172 2	3.642 5	4.177 2
16	1.172 6	1.372 8	1.604 7	1.873 0	2.182 9	2.540 4	2.952 2	3.425 9	3.970 3	4.595 0
17	1.184 3	1.400 2	1.652 8	1.947 9	2.292 0	2.692 8	3.158 8	3.700 0	4.327 6	5.054 5
18	1.196 1	1.428 2	1.702 4	2.025 8	2.406 6	2.854 3	3.379 9	3.996 0	4.717 1	5.559 9
19	1.208 1	1.456 8	1.753 5	2.106 8	2.527 0	3.025 6	3.616 5	4.315 7	5.141 7	6.115 9

续表

期数	1%	2%	3%	4%	5%	6%	7%	8%	9%	10%
20	1.220 2	1.485 9	1.806 1	2.191 1	2.653 3	3.207 1	3.869 7	4.661 0	5.604 4	6.727 5
21	1.232 4	1.515 7	1.860 3	2.278 8	2.786 0	3.399 6	4.140 6	5.033 8	6.108 8	7.400 2
22	1.244 7	1.546 0	1.916 1	2.369 9	2.925 3	3.603 5	4.430 4	5.436 5	6.658 6	8.140 3
23	1.257 2	1.576 9	1.973 6	2.464 7	3.071 5	3.819 7	4.740 5	5.871 5	7.257 9	8.954 3
24	1.269 7	1.608 4	2.032 8	2.563 3	3.225 1	4.048 9	5.072 4	6.341 2	7.911 1	9.849 7
25	1.282 4	1.640 6	2.093 8	2.665 8	3.386 4	4.291 9	5.427 4	6.848 5	8.623 1	10.835
26	1.295 3	1.673 4	2.156 6	2.772 5	3.555 7	4.549 4	5.807 4	7.396 4	9.399 2	11.918
27	1.308 2	1.706 9	2.221 3	2.883 4	3.733 5	4.822 3	6.213 9	7.988 1	10.245	13.110
28	1.321 3	1.741 0	2.287 9	2.998 7	3.920 1	5.111 7	6.648 8	8.627 1	11.167	14.421
29	1.334 5	1.775 8	2.356 6	3.118 7	4.116 1	5.418 4	7.114 3	9.317 3	12.172	15.863
30	1.347 8	1.811 4	2.427 3	3.243 4	4.321 9	5.743 5	7.612 3	10.063	13.268	17.449
40	1.488 9	2.208 0	3.262 0	4.801 0	7.040 0	10.286	14.975	21.725	31.409	45.259
50	1.644 6	2.691 6	4.383 9	7.106 7	11.467	18.420	29.457	46.902	74.358	117.39
60	1.816 7	3.281 0	5.891 6	10.520	18.679	32.988	57.946	101.26	176.03	304.48

期数	12%	14%	15%	16%	18%	20%	24%	28%	32%	36%
1	1.120 0	1.140 0	1.150 0	1.160 0	1.180 0	1.200 0	1.240 0	1.280 0	1.320 0	1.360 0
2	1.254 4	1.299 6	1.322 5	1.345 6	1.392 4	1.440 0	1.537 6	1.638 4	1.742 4	1.849 6
3	1.404 9	1.481 5	1.520 9	1.560 9	1.643 0	1.728 0	1.906 6	2.097 2	2.300 0	2.515 5
4	1.573 5	1.689 0	1.749 0	1.810 6	1.938 8	2.073 6	2.364 2	2.684 4	3.036 0	3.421 0
5	1.762 3	1.925 4	2.011 4	2.100 3	2.287 8	2.488 3	2.931 6	3.436 0	4.007 5	4.652 6
6	1.973 8	2.195 0	2.313 1	2.436 4	2.699 6	2.986 0	3.635 2	4.398 0	5.289 9	6.327 5
7	2.210 7	2.502 3	2.660 0	2.826 2	3.185 5	3.583 2	4.507 7	5.629 5	6.982 6	8.605 4
8	2.476 0	2.852 6	3.059 0	3.278 4	3.758 9	4.299 8	5.589 5	7.205 8	9.217 0	11.703
9	2.773 1	3.251 9	3.517 9	3.803 0	4.435 5	5.159 8	6.931 0	9.223 4	12.167	15.917
10	3.105 8	3.707 2	4.045 6	4.411 4	5.233 8	6.191 7	8.594 4	11.806	16.060	21.647
11	3.478 5	4.226 2	4.652 4	5.117 3	6.175 9	7.430 1	10.657	15.112	21.199	29.439
12	3.896 0	4.817 9	5.350 3	5.936 0	7.287 6	8.916 1	13.215	19.343	27.983	40.038
13	4.363 5	5.492 4	6.152 8	6.885 8	8.599 4	10.699	16.386	24.759	36.937	54.451
14	4.887 1	6.261 3	7.075 7	7.987 5	10.147	12.839	20.319	31.691	48.757	74.053
15	5.473 6	7.137 9	8.137 1	9.265 5	11.974	15.407	25.196	40.565	64.359	100.71
16	6.130 4	8.137 2	9.357 6	10.748	14.129	18.488	31.243	51.923	84.954	136.97
17	6.866 0	9.276 5	10.761	12.468	16.672	22.186	38.741	66.461	112.14	186.28

续表

期数	12%	14%	15%	16%	18%	20%	24%	28%	32%	36%
18	7.690 0	10.575	12.376	14.463	19.673	26.623	48.039	85.071	148.02	253.34
19	8.612 8	12.056	14.232	16.777	23.214	31.948	59.568	108.89	195.39	344.54
20	9.646 3	13.744	16.367	19.461	27.393	38.338	73.864	139.38	257.92	468.57
21	10.804	15.668	18.822	22.575	32.324	46.005	91.592	178.41	340.45	637.26
22	12.100	17.861	21.645	26.186	38.142	55.206	113.57	228.36	449.39	866.67
23	13.552	20.362	24.892	30.376	45.008	66.247	140.83	292.30	593.20	1 178.7
24	15.179	23.212	28.625	35.236	53.109	79.497	174.63	374.14	783.02	1 603.0
25	17.000	26.462	32.919	40.874	62.669	95.396	216.54	478.90	1 033.6	2 180.1
26	19.040	30.167	37.857	47.414	73.949	114.48	268.51	613.00	1 364.3	2 964.9
27	21.325	34.390	43.535	55.000	87.260	137.37	332.96	784.64	1 800.9	4 032.3
28	23.884	39.205	50.066	63.800	102.97	164.84	412.86	1 004.3	2 377.2	5 483.9
29	26.750	44.693	57.576	74.009	121.50	197.81	511.95	1 285.6	3 137.9	7 458.1
30	29.960	50.950	66.212	85.850	143.37	237.38	634.82	1 645.5	4 142.1	10 143
40	93.051	188.88	267.86	378.72	750.38	1 469.8	5 455.9	19 427	66 521	*
50	289.00	700.23	1 083.7	1 670.7	3 927.4	9 100.4	46 890	*	*	*
60	897.60	2 595.9	4 384.0	7 370.2	20 555	56 348	*	*	*	*

表2 复利现值系数表

期数	1%	2%	3%	4%	5%	6%	7%	8%	9%	10%
1	0.990 1	0.980 4	0.970 9	0.961 5	0.952 4	0.943 4	0.934 6	0.925 9	0.917 4	0.909 1
2	0.980 3	0.961 2	0.942 6	0.924 6	0.907 0	0.890 0	0.873 4	0.857 3	0.841 7	0.826 4
3	0.970 6	0.942 3	0.915 1	0.889 0	0.863 8	0.839 6	0.816 3	0.793 8	0.772 2	0.751 3
4	0.961 0	0.923 8	0.888 5	0.854 8	0.822 7	0.792 1	0.762 9	0.735 0	0.708 4	0.683 0
5	0.951 5	0.905 7	0.862 6	0.821 9	0.783 5	0.747 3	0.713 0	0.680 6	0.649 9	0.620 9
6	0.942 0	0.888 0	0.837 5	0.790 3	0.746 2	0.705 0	0.666 3	0.630 2	0.596 3	0.564 5
7	0.932 7	0.870 6	0.813 1	0.759 9	0.710 7	0.665 1	0.622 7	0.583 5	0.547 0	0.513 2
8	0.923 5	0.853 5	0.789 4	0.730 7	0.676 8	0.627 4	0.582 0	0.540 3	0.501 9	0.466 5
9	0.914 3	0.836 8	0.766 4	0.702 6	0.644 6	0.591 9	0.543 9	0.500 2	0.460 4	0.424 1
10	0.905 3	0.820 3	0.744 1	0.675 6	0.613 9	0.558 4	0.508 3	0.463 2	0.422 4	0.385 5
11	0.896 3	0.804 3	0.722 4	0.649 6	0.584 7	0.526 8	0.475 1	0.428 9	0.387 5	0.350 5
12	0.887 4	0.788 5	0.701 4	0.624 6	0.556 8	0.497 0	0.444 0	0.397 1	0.355 5	0.318 6

续表

期数	1%	2%	3%	4%	5%	6%	7%	8%	9%	10%
13	0.878 7	0.773 0	0.681 0	0.600 6	0.530 3	0.468 8	0.415 0	0.367 7	0.326 2	0.289 7
14	0.870 0	0.757 9	0.661 1	0.577 5	0.505 1	0.442 3	0.387 8	0.340 5	0.299 2	0.263 3
15	0.861 3	0.743 0	0.641 9	0.555 3	0.481 0	0.417 3	0.362 4	0.315 2	0.274 5	0.239 4
16	0.852 8	0.728 4	0.623 2	0.533 9	0.458 1	0.393 6	0.338 7	0.291 9	0.251 9	0.217 6
17	0.844 4	0.714 2	0.605 0	0.513 4	0.436 3	0.371 4	0.316 6	0.270 3	0.231 1	0.197 8
18	0.836 0	0.700 2	0.587 4	0.493 6	0.415 5	0.350 3	0.295 9	0.250 2	0.212 0	0.179 9
19	0.827 7	0.686 4	0.570 3	0.474 6	0.395 7	0.330 5	0.276 5	0.231 7	0.194 5	0.163 5
20	0.819 5	0.673 0	0.553 7	0.456 4	0.376 9	0.311 8	0.258 4	0.214 5	0.178 4	0.148 6
21	0.811 4	0.659 8	0.537 5	0.438 8	0.358 9	0.294 2	0.241 5	0.198 7	0.163 7	0.135 1
22	0.803 4	0.646 8	0.521 9	0.422 0	0.341 8	0.277 5	0.225 7	0.183 9	0.150 2	0.122 8
23	0.795 4	0.634 2	0.506 7	0.405 7	0.325 6	0.261 8	0.210 9	0.170 3	0.137 8	0.111 7
24	0.787 6	0.621 7	0.491 9	0.390 1	0.310 1	0.247 0	0.197 1	0.157 7	0.126 4	0.101 5
25	0.779 8	0.609 5	0.477 6	0.375 1	0.295 3	0.233 0	0.184 2	0.146 0	0.116 0	0.092 3
26	0.772 0	0.597 6	0.463 7	0.360 7	0.281 2	0.219 8	0.172 2	0.135 2	0.106 4	0.083 9
27	0.764 4	0.585 9	0.450 2	0.346 8	0.267 8	0.207 4	0.160 9	0.125 2	0.097 6	0.076 3
28	0.756 8	0.574 4	0.437 1	0.333 5	0.255 1	0.195 6	0.150 4	0.115 9	0.089 5	0.069 3
29	0.749 3	0.563 1	0.424 3	0.320 7	0.242 9	0.184 6	0.140 6	0.107 3	0.082 2	0.063 0
30	0.741 9	0.552 1	0.412 0	0.308 3	0.231 4	0.174 1	0.131 4	0.099 4	0.075 4	0.057 3
35	0.705 9	0.500 0	0.355 4	0.253 4	0.181 3	0.130 1	0.093 7	0.067 6	0.049 0	0.035 6
40	0.671 7	0.452 9	0.306 6	0.208 3	0.142 0	0.097 2	0.066 8	0.046 0	0.031 8	0.022 1
45	0.639 1	0.410 2	0.264 4	0.171 2	0.111 3	0.072 7	0.047 6	0.031 3	0.020 7	0.013 7
50	0.608 0	0.371 5	0.228 1	0.140 7	0.087 2	0.054 3	0.033 9	0.021 3	0.013 4	0.008 5
55	0.578 5	0.336 5	0.196 8	0.115 7	0.068 3	0.040 6	0.024 2	0.014 5	0.008 7	0.005 3

期数	12%	14%	15%	16%	18%	20%	24%	28%	32%	36%
1	0.892 9	0.877 2	0.869 6	0.862 1	0.847 5	0.833 3	0.806 5	0.781 3	0.757 6	0.735 3
2	0.797 2	0.769 5	0.756 1	0.743 2	0.718 2	0.694 4	0.650 4	0.610 4	0.573 9	0.540 7
3	0.711 8	0.675 0	0.657 5	0.640 7	0.608 6	0.578 7	0.524 5	0.476 8	0.434 8	0.397 5
4	0.635 5	0.592 1	0.571 8	0.552 3	0.515 8	0.482 3	0.423 0	0.372 5	0.329 4	0.292 3
5	0.567 4	0.519 4	0.497 2	0.476 1	0.437 1	0.401 9	0.341 1	0.291 0	0.249 5	0.214 9
6	0.506 6	0.455 6	0.432 3	0.410 4	0.370 4	0.334 9	0.275 1	0.227 4	0.189 0	0.158 0
7	0.452 3	0.399 6	0.375 9	0.353 8	0.313 9	0.279 1	0.221 8	0.177 6	0.143 2	0.116 2
8	0.403 9	0.350 6	0.326 9	0.305 0	0.266 0	0.232 6	0.178 9	0.138 8	0.108 5	0.085 4

续表

期数	12%	14%	15%	16%	18%	20%	24%	28%	32%	36%
9	0.360 6	0.307 5	0.284 3	0.263 0	0.225 5	0.193 8	0.144 3	0.108 4	0.082 2	0.062 8
10	0.322 0	0.269 7	0.247 2	0.226 7	0.191 1	0.161 5	0.116 4	0.084 7	0.062 3	0.046 2
11	0.287 5	0.236 6	0.214 9	0.195 4	0.161 9	0.134 6	0.093 8	0.066 2	0.047 2	0.034 0
12	0.256 7	0.207 6	0.186 9	0.168 5	0.137 2	0.112 2	0.075 7	0.051 7	0.035 7	0.025 0
13	0.229 2	0.182 1	0.162 5	0.145 2	0.116 3	0.093 5	0.061 0	0.040 4	0.027 1	0.018 4
14	0.204 6	0.159 7	0.141 3	0.125 2	0.098 5	0.077 9	0.049 2	0.031 6	0.020 5	0.013 5
15	0.182 7	0.140 1	0.122 9	0.107 9	0.083 5	0.064 9	0.039 7	0.024 7	0.015 5	0.009 9
16	0.163 1	0.122 9	0.106 9	0.093 0	0.070 8	0.054 1	0.032 0	0.019 3	0.011 8	0.007 3
17	0.145 6	0.107 8	0.092 9	0.080 2	0.060 0	0.045 1	0.025 8	0.015 0	0.008 9	0.005 4
18	0.130 0	0.094 6	0.080 8	0.069 1	0.050 8	0.037 6	0.020 8	0.011 8	0.006 8	0.003 9
19	0.116 1	0.082 9	0.070 3	0.059 6	0.043 1	0.031 3	0.016 8	0.009 2	0.005 1	0.002 9
20	0.103 7	0.072 8	0.061 1	0.051 4	0.036 5	0.026 1	0.013 5	0.007 2	0.003 9	0.002 1
21	0.092 6	0.063 8	0.053 1	0.044 3	0.030 9	0.021 7	0.010 9	0.005 6	0.002 9	0.001 6
22	0.082 6	0.056 0	0.046 2	0.038 2	0.026 2	0.018 1	0.008 8	0.004 4	0.002 2	0.001 2
23	0.073 8	0.049 1	0.040 2	0.032 9	0.022 2	0.015 1	0.007 1	0.003 4	0.001 7	0.000 8
24	0.065 9	0.043 1	0.034 9	0.028 4	0.018 8	0.012 6	0.005 7	0.002 7	0.001 3	0.000 6
25	0.058 8	0.037 8	0.030 4	0.024 5	0.016 0	0.010 5	0.004 6	0.002 1	0.001 0	0.000 5
26	0.052 5	0.033 1	0.026 4	0.021 1	0.013 5	0.008 7	0.003 7	0.001 6	0.000 7	0.000 3
27	0.046 9	0.029 1	0.023 0	0.018 2	0.011 5	0.007 3	0.003 0	0.001 3	0.000 6	0.000 2
28	0.041 9	0.025 5	0.020 0	0.015 7	0.009 7	0.006 1	0.002 4	0.001 0	0.000 4	0.000 2
29	0.037 4	0.022 4	0.017 4	0.013 5	0.008 2	0.005 1	0.002 0	0.000 8	0.000 3	0.000 1
30	0.033 4	0.019 6	0.015 1	0.011 6	0.007 0	0.004 2	0.001 6	0.000 6	0.000 2	0.000 1
35	0.018 9	0.010 2	0.007 5	0.005 5	0.003 0	0.001 7	0.000 5	0.000 2	0.000 1	*
40	0.010 7	0.005 3	0.003 7	0.002 6	0.001 3	0.000 7	0.000 2	0.000 1	*	*
45	0.006 1	0.002 7	0.001 9	0.001 3	0.000 6	0.000 3	0.000 1	*	*	*
50	0.003 5	0.001 4	0.000 9	0.000 6	0.000 3	0.000 1	*	*	*	*
55	0.002 0	0.000 7	0.000 5	0.000 3	0.000 1	*	*	*	*	*

表3 年金终值系数表

期数	1%	2%	3%	4%	5%	6%	7%	8%	9%	10%
1	1.0000	1.0000	1.0000	1.0000	1.0000	1.0000	1.0000	1.0000	1.0000	1.0000
2	2.0100	2.0200	2.0300	2.0400	2.0500	2.0600	2.0700	2.0800	2.0900	2.1000
3	3.0301	3.0604	3.0909	3.1216	3.1525	3.1836	3.2149	3.2464	3.2781	3.3100
4	4.0604	4.1216	4.1836	4.2465	4.3101	4.3746	4.4399	4.5061	4.5731	4.6410
5	5.1010	5.2040	5.3091	5.4163	5.5256	5.6371	5.7507	5.8666	5.9847	6.1051
6	6.1520	6.3081	6.4684	6.6330	6.8019	6.9753	7.1533	7.3359	7.5233	7.7156
7	7.2135	7.4343	7.6625	7.8983	8.1420	8.3938	8.6540	8.9228	9.2004	9.4872
8	8.2857	8.5830	8.8923	9.2142	9.5491	9.8975	10.260	10.637	11.029	11.436
9	9.3685	9.7546	10.159	10.583	11.027	11.491	11.978	12.488	13.021	13.580
10	10.462	10.950	11.464	12.006	12.578	13.181	13.816	14.487	15.193	15.937
11	11.567	12.169	12.808	13.486	14.207	14.972	15.784	16.646	17.560	18.531
12	12.683	13.412	14.192	15.026	15.917	16.870	17.889	18.977	20.141	21.384
13	13.809	14.680	15.618	16.627	17.713	18.882	20.141	21.495	22.953	24.523
14	14.947	15.974	17.086	18.292	19.599	21.015	22.551	24.215	26.019	27.975
15	16.097	17.293	18.599	20.024	21.579	23.276	25.129	27.152	29.361	31.773
16	17.258	18.639	20.157	21.825	23.658	25.673	27.888	30.324	33.003	35.950
17	18.430	20.012	21.762	23.698	25.840	28.213	30.840	33.750	36.974	40.545
18	19.615	21.412	23.414	25.645	28.132	30.906	33.999	37.450	41.301	45.599
19	20.811	22.841	25.117	27.671	30.539	33.760	37.379	41.446	46.019	51.159
20	22.019	24.297	26.870	29.778	33.066	36.786	40.996	45.762	51.160	57.275
21	23.239	25.783	28.677	31.969	35.719	39.993	44.865	50.423	56.765	64.003
22	24.472	27.299	30.537	34.248	38.505	43.392	49.006	55.457	62.873	71.403
23	25.716	28.845	32.453	36.618	41.431	46.996	53.436	60.893	69.532	79.543
24	26.974	30.422	34.427	39.083	44.502	50.816	58.177	66.765	76.790	88.497
25	28.243	32.030	36.459	41.646	47.727	54.865	63.249	73.106	84.701	98.347
26	29.526	33.671	38.553	44.312	51.114	59.156	68.677	79.954	93.324	109.18
27	30.821	35.344	40.710	47.084	54.669	63.706	74.484	87.351	102.72	121.10
28	32.129	37.051	42.931	49.968	58.403	68.528	80.698	95.339	112.97	134.21
29	33.450	38.792	45.219	52.966	62.323	73.640	87.347	103.97	124.14	148.63
30	34.785	40.568	47.575	56.085	66.439	79.058	94.461	113.28	136.31	164.49
40	48.886	60.402	75.401	95.026	120.80	154.76	199.64	259.06	337.88	442.59

续表

期数	1%	2%	3%	4%	5%	6%	7%	8%	9%	10%
50	64.463	84.579	112.80	152.67	209.35	290.34	406.53	573.77	815.08	1 163.9
60	81.670	114.05	163.05	237.99	353.58	533.13	813.52	1 253.2	1 944.8	3 034.8

期数	12%	14%	15%	16%	18%	20%	24%	28%	32%	36%
1	1.000 0	1.000 0	1.000 0	1.000 0	1.000 0	1.000 0	1.000 0	1.000 0	1.000 0	1.000 0
2	2.120 0	2.140 0	2.150 0	2.160 0	2.180 0	2.200 0	2.240 0	2.280 0	2.320 0	2.360 0
3	3.374 4	3.439 6	3.472 5	3.505 6	3.572 4	3.640 0	3.777 6	3.918 4	4.062 4	4.209 6
4	4.779 3	4.921 1	4.993 4	5.066 5	5.215 4	5.368 0	5.684 2	6.015 6	6.362 4	6.725 1
5	6.352 8	6.610 1	6.742 4	6.877 1	7.154 2	7.441 6	8.048 4	8.699 9	9.398 3	10.146
6	8.115 2	8.535 5	8.753 7	8.977 5	9.442 0	9.929 9	10.980	12.136	13.406	14.799
7	10.089	10.731	11.067	11.414	12.142	12.916	14.615	16.534	18.696	21.126
8	12.300	13.233	13.727	14.240	15.327	16.499	19.123	22.163	25.678	29.732
9	14.776	16.085	16.786	17.519	19.086	20.799	24.713	29.369	34.895	41.435
10	17.549	19.337	20.304	21.322	23.521	25.959	31.643	38.593	47.062	57.352
11	20.655	23.045	24.349	25.733	28.755	32.150	40.238	50.399	63.122	78.998
12	24.133	27.271	29.002	30.850	34.931	39.581	50.895	65.510	84.320	108.44
13	28.029	32.089	34.352	36.786	42.219	48.497	64.110	84.853	112.30	148.48
14	32.393	37.581	40.505	43.672	50.818	59.196	80.496	109.61	149.24	202.93
15	37.280	43.842	47.580	51.660	60.965	72.035	100.82	141.30	198.00	276.98
16	42.753	50.980	55.718	60.925	72.939	87.442	126.01	181.87	262.36	377.69
17	48.884	59.118	65.075	71.673	87.068	105.93	157.25	233.79	347.31	514.66
18	55.750	68.394	75.836	84.141	103.74	128.12	195.99	300.25	459.45	700.94
19	63.440	78.969	88.212	98.603	123.41	154.74	244.03	385.32	607.47	954.28
20	72.052	91.025	102.44	115.38	146.63	186.69	303.60	494.21	802.86	1 298.8
21	81.699	104.77	118.81	134.84	174.02	225.03	377.46	633.59	1 060.8	1 767.4
22	92.503	120.44	137.63	157.42	206.34	271.03	469.06	812.00	1 401.2	2 404.7
23	104.60	138.30	159.28	183.60	244.49	326.24	582.63	1 040.4	1 850.6	3 271.3
24	118.16	158.66	184.17	213.98	289.49	392.48	723.46	1 332.7	2 443.8	4 450.0
25	133.33	181.87	212.79	249.21	342.60	471.98	898.09	1 706.8	3 226.8	6 053.0
26	150.33	208.33	245.71	290.09	405.27	567.38	1 114.6	2 185.7	4 260.4	8 233.1
27	169.37	238.50	283.57	337.50	479.22	681.85	1 383.1	2 798.7	5 624.8	11 198
28	190.70	272.89	327.10	392.50	566.48	819.22	1 716.1	3 583.3	7 425.7	15 230
29	214.58	312.09	377.17	456.30	669.45	984.07	2 129.0	4 587.7	9 802.9	20 714

续表

期数	12%	14%	15%	16%	18%	20%	24%	28%	32%	36%
30	241.33	356.79	434.75	530.31	790.95	1 181.9	2 640.9	5 873.2	12 941	28 172
40	767.09	1 342.0	1 779.1	2 360.8	4 163.2	7 343.9	22 729	69 377	207 874	609 890
50	2 400.0	4 994.5	7 217.7	10 436	21 813	45 497	195 373	819 103	*	*
60	7 471.6	18 535	29 220	46 058	114 190	281 733	*	*	*	*

注：(1) *>999 999.99。

(2) 计算公式为，年金终值系数 = $\frac{(1+i)^n - 1}{i}$，$S = A \frac{(1+i)^n - 1}{i}$。其中，$A$ 为每期等额支付（或收入）的金额；i 为报酬率或利率；n 为计息期数；S 为年金终值或本利和。

表4 年金现值系数表

期数	1%	2%	3%	4%	5%	6%	7%	8%	9%	10%
1	0.990 1	0.980 4	0.970 9	0.961 5	0.952 4	0.943 4	0.934 6	0.925 9	0.917 4	0.909 1
2	1.970 4	1.941 6	1.913 5	1.886 1	1.859 4	1.833 4	1.808 0	1.783 3	1.759 1	1.735 5
3	2.941 0	2.883 9	2.828 6	2.775 1	2.723 2	2.673 0	2.624 3	2.577 1	2.531 3	2.486 9
4	3.902 0	3.807 7	3.717 1	3.629 9	3.546 0	3.465 1	3.387 2	3.312 1	3.239 7	3.169 9
5	4.853 4	4.713 5	4.579 7	4.451 8	4.329 5	4.212 4	4.100 2	3.992 7	3.889 7	3.790 8
6	5.795 5	5.601 4	5.417 2	5.242 1	5.075 7	4.917 3	4.766 5	4.622 9	4.485 9	4.355 3
7	6.728 2	6.472 0	6.230 3	6.002 1	5.786 4	5.582 4	5.389 3	5.206 4	5.033 0	4.868 4
8	7.651 7	7.325 5	7.019 7	6.732 7	6.463 2	6.209 8	5.971 3	5.746 6	5.534 8	5.334 9
9	8.566 0	8.162 2	7.786 1	7.435 3	7.107 8	6.801 7	6.515 2	6.246 9	5.995 2	5.759 0
10	9.471 3	8.982 6	8.530 2	8.110 9	7.721 7	7.360 1	7.023 6	6.710 1	6.417 7	6.144 6
11	10.367 6	9.786 8	9.252 6	8.760 5	8.306 4	7.886 9	7.498 7	7.139 0	6.805 2	6.495 1
12	11.255 1	10.575 3	9.954 0	9.385 1	8.863 3	8.383 8	7.942 7	7.536 1	7.160 7	6.813 7
13	12.133 7	11.348 4	10.635 0	9.985 6	9.393 6	8.852 7	8.357 7	7.903 8	7.486 9	7.103 4
14	13.003 7	12.106 2	11.296 1	10.563 1	9.898 6	9.295 0	8.745 5	8.244 2	7.786 2	7.366 7
15	13.865 1	12.849 3	11.937 9	11.118 4	10.379 7	9.712 2	9.107 9	8.559 5	8.060 7	7.606 1
16	14.717 9	13.577 7	12.561 1	11.652 3	10.837 8	10.105 9	9.446 6	8.851 4	8.312 6	7.823 7
17	15.562 3	14.291 9	13.166 1	12.165 7	11.274 1	10.477 3	9.763 2	9.121 6	8.543 6	8.021 6
18	16.398 3	14.992 0	13.753 5	12.659 3	11.689 6	10.827 6	10.059 1	9.371 9	8.755 6	8.201 4
19	17.226 0	15.678 5	14.323 8	13.133 9	12.085 3	11.158 1	10.335 6	9.603 6	8.950 1	8.364 9
20	18.045 6	16.351 4	14.877 5	13.590 3	12.462 2	11.469 9	10.594 0	9.818 1	9.128 5	8.513 6
21	18.857 0	17.011 2	15.415 0	14.029 2	12.821 2	11.764 1	10.835 5	10.016 8	9.292 2	8.648 7

续表

期数	1%	2%	3%	4%	5%	6%	7%	8%	9%	10%
22	19.660 4	17.658 0	15.936 9	14.451 1	13.163 0	12.041 6	11.061 2	10.200 7	9.442 4	8.771 5
23	20.455 8	18.292 2	16.443 6	14.856 8	13.488 6	12.303 4	11.272 2	10.371 1	9.580 2	8.883 2
24	21.243 4	18.913 9	16.935 5	15.247 0	13.798 6	12.550 4	11.469 3	10.528 8	9.706 6	8.984 7
25	22.023 2	19.523 5	17.413 1	15.622 1	14.093 9	12.783 4	11.653 6	10.674 8	9.822 6	9.077 0
26	22.795 2	20.121 0	17.876 8	15.982 8	14.375 2	13.003 2	11.825 8	10.810 0	9.929 0	9.160 9
27	23.559 6	20.706 9	18.327 0	16.329 6	14.643 0	13.210 5	11.986 7	10.935 2	10.026 6	9.237 2
28	24.316 4	21.281 3	18.764 1	16.663 1	14.898 1	13.406 2	12.137 1	11.051 1	10.116 1	9.306 6
29	25.065 8	21.844 4	19.188 5	16.983 7	15.141 1	13.590 7	12.277 7	11.158 4	10.198 3	9.369 6
30	25.807 7	22.396 5	19.600 4	17.292 0	15.372 5	13.764 8	12.409 0	11.257 8	10.273 7	9.426 9
35	29.408 6	24.998 6	21.487 2	18.664 6	16.374 2	14.498 2	12.947 7	11.654 6	10.566 8	9.644 2
40	32.834 7	27.355 5	23.114 8	19.792 8	17.159 1	15.046 3	13.331 7	11.924 6	10.757 4	9.779 1
45	36.094 5	29.490 2	24.518 7	20.720 0	17.774 1	15.455 8	13.605 5	12.108 4	10.881 2	9.862 8
50	39.196 1	31.423 6	25.729 8	21.482 2	18.255 9	15.761 9	13.800 7	12.233 5	10.961 7	9.914 8
55	42.147 2	33.174 8	26.774 4	22.108 6	18.633 5	15.990 5	13.939 9	12.318 6	11.014 0	9.947 1
期数	12%	14%	15%	16%	18%	20%	24%	28%	32%	36%
1	0.892 9	0.877 2	0.869 6	0.862 1	0.847 5	0.833 3	0.806 5	0.781 3	0.757 6	0.735 3
2	1.690 1	1.646 7	1.625 7	1.605 2	1.565 6	1.527 8	1.456 8	1.391 6	1.331 5	1.276 0
3	2.401 8	2.321 6	2.283 2	2.245 9	2.174 3	2.106 5	1.981 3	1.868 4	1.766 3	1.673 5
4	3.037 3	2.913 7	2.855 0	2.798 2	2.690 1	2.588 7	2.404 3	2.241 0	2.095 7	1.965 8
5	3.604 8	3.433 1	3.352 2	3.274 3	3.127 2	2.990 6	2.745 4	2.532 0	2.345 2	2.180 7
6	4.111 4	3.888 7	3.784 5	3.684 7	3.497 6	3.325 5	3.020 5	2.759 4	2.534 2	2.338 8
7	4.563 8	4.288 3	4.160 4	4.038 6	3.811 5	3.604 6	3.242 3	2.937 0	2.677 5	2.455 0
8	4.967 6	4.638 9	4.487 3	4.343 6	4.077 6	3.837 2	3.421 2	3.075 8	2.786 0	2.540 4
9	5.328 2	4.946 4	4.771 6	4.606 5	4.303 0	4.031 0	3.565 5	3.184 2	2.868 1	2.603 3
10	5.650 2	5.216 1	5.018 8	4.833 2	4.494 1	4.192 5	3.681 9	3.268 9	2.930 4	2.649 5
11	5.937 7	5.452 7	5.233 7	5.028 6	4.656 0	4.327 1	3.775 7	3.335 1	2.977 6	2.683 4
12	6.194 4	5.660 3	5.420 6	5.197 1	4.793 2	4.439 2	3.851 4	3.386 8	3.013 3	2.708 4
13	6.423 5	5.842 4	5.583 1	5.342 3	4.909 5	4.532 7	3.912 4	3.427 2	3.040 4	2.726 8
14	6.628 2	6.002 1	5.724 5	5.467 5	5.008 1	4.610 6	3.961 6	3.458 7	3.060 9	2.740 3
15	6.810 9	6.142 2	5.847 4	5.575 5	5.091 6	4.675 5	4.001 3	3.483 4	3.076 4	2.750 2
16	6.974 0	6.265 1	5.954 2	5.668 5	5.162 4	4.729 6	4.033 3	3.502 6	3.088 2	2.757 5
17	7.119 6	6.372 9	6.047 2	5.748 7	5.222 3	4.774 6	4.059 1	3.517 7	3.097 1	2.762 9

续表

期数	12%	14%	15%	16%	18%	20%	24%	28%	32%	36%
18	7.249 7	6.467 4	6.128 0	5.817 8	5.273 2	4.812 2	4.079 9	3.529 4	3.103 9	2.766 8
19	7.365 8	6.550 4	6.198 2	5.877 5	5.316 2	4.843 5	4.096 7	3.538 6	3.109 0	2.769 7
20	7.469 4	6.623 1	6.259 3	5.928 8	5.352 7	4.869 6	4.110 3	3.545 8	3.112 9	2.771 8
21	7.562 0	6.687 0	6.312 5	5.973 1	5.383 7	4.891 3	4.121 2	3.551 4	3.115 8	2.773 4
22	7.644 6	6.742 9	6.358 7	6.011 3	5.409 9	4.909 4	4.130 0	3.555 8	3.118 0	2.774 6
23	7.718 4	6.792 1	6.398 8	6.044 2	5.432 1	4.924 5	4.137 1	3.559 2	3.119 7	2.775 4
24	7.784 3	6.835 1	6.433 8	6.072 6	5.450 9	4.937 1	4.142 8	3.561 9	3.121 0	2.776 0
25	7.843 1	6.872 9	6.464 1	6.097 1	5.466 9	4.947 6	4.147 4	3.564 0	3.122 0	2.776 5
26	7.895 7	6.906 1	6.490 6	6.118 2	5.480 4	4.956 3	4.151 1	3.565 6	3.122 7	2.776 8
27	7.942 6	6.935 2	6.513 5	6.136 4	5.491 9	4.963 6	4.154 2	3.566 9	3.123 3	2.777 1
28	7.984 4	6.960 7	6.533 5	6.152 0	5.501 6	4.969 7	4.156 6	3.567 9	3.123 7	2.777 3
29	8.021 8	6.983 0	6.550 9	6.165 6	5.509 8	4.974 7	4.158 5	3.568 7	3.124 0	2.777 4
30	8.055 2	7.002 7	6.566 0	6.177 2	5.516 8	4.978 9	4.160 1	3.569 3	3.124 2	2.777 5
35	8.175 5	7.070 0	6.616 6	6.215 3	5.538 6	4.991 5	4.164 4	3.570 8	3.124 8	2.777 7
40	8.243 8	7.105 0	6.641 8	6.233 5	5.548 2	4.996 6	4.165 9	3.571 2	3.125 0	2.777 8
45	8.282 5	7.123 2	6.654 3	6.242 1	5.552 3	4.998 6	4.166 4	3.571 4	3.125 0	2.777 8
50	8.304 5	7.132 7	6.660 5	6.246 3	5.554 1	4.999 5	4.166 6	3.571 4	3.125 0	2.777 8
55	8.317 0	7.137 6	6.663 6	6.248 2	5.554 9	4.999 8	4.166 6	3.571 4	3.125 0	2.777 8

参 考 文 献

[1] 张翠红,刘毅. 财务管理 [M]. 成都:西南财经大学出版社,2017.
[2] 刘平,杨浩. 财务管理 [M]. 成都:四川大学出版社,2016.
[3] 张延泰. 财务管理 [M]. 上海:立信会计出版社,2016.
[4] 胡旭微,黄玉梅. 财务管理 [M]. 杭州:浙江大学出版社,2016.
[5] 荆新,王化成,刘俊彦. 财务管理学 [M]. 北京:中国人民大学出版社,2018.
[6] 王书君. 财务管理学 [M]. 武汉:武汉大学出版社,2017.
[7] 梁文涛,胡静丽. 财务管理实务 [M]. 北京:中央广播电视大学出版社,2015.
[8] 财政部会计资格评价中心. 财务管理 [M]. 北京:经济科学出版社,2020.
[9] 郭泽光. 财务管理学 [M]. 大连:东北财经大学出版社,2017.
[10] 许慧. 财务管理学 [M]. 杭州:浙江大学出版社,2016.
[11] 中国注册会计师协会. 财务成本管理 [M]. 北京:中国财政经济出版社,2020.
[12] 王振华. 财务管理 [M]. 北京:经济科学出版社,2015.
[13] 祝建军. 财务管理 [M]. 大连:东北财经大学出版社,2015.
[14] 王庆成,郭复初. 财务管理学 [M]. 4版. 北京:高等教育出版社,2015.
[15] 陈华庚,张健美,王超. 财务管理 [M]. 上海:上海交通大学出版社,2015.
[16] 汤谷良,王化成. 企业财务管理学 [M]. 北京:经济科学出版社,2000.